Workbook/Laboratory Manual
to accompany
In giro per l'Italia

Workbook/Laboratory Manual
to accompany
In giro per l'Italia
A BRIEF INTRODUCTION
TO ITALIAN

Graziana Lazzarino
University of Colorado, Boulder

Andrea Dini
Hofstra University

Boston   Burr Ridge, IL   Dubuque, IA   Madison, WI   New York   San Francisco   St. Louis
Bangkok   Bogotá   Caracas   Kuala Lumpur   Lisbon   London   Madrid   Mexico City
Milan   Montreal   New Delhi   Santiago   Seoul   Singapore   Sydney   Taipei   Toronto

McGraw-Hill Higher Education

*A Division of The **McGraw-Hill** Companies*

This is an  book.

Workbook/Laboratory Manual to accompany
In giro per l'Italia: A Brief Introduction to Italian
Graziana Lazzarino, Andrea Dini

1 2 3 4 5 6 7 8 9 0 CUS CUS 0 9 8 7 6 5 4 3 2

ISBN 0-07-248994-4

Vice president/Editor-in-chief: *Thalia Dorwick*
Sponsoring editor: *Christa Harris*
Development editor: *Lindsay Eufusia*
Senior marketing manager: *Nick Agnew*
Senior project manager: *Christina Gimlin*
Senior Production Supervisor: *Richard DeVitto*
Compositor: *TechBooks*
Typeface: *Palatino*
Printer: *Von Hoffman Graphics*

Grateful acknowledgment is made for use of the following material:
6 Disegnatori Riuniti; *38 Anna; 55* Università degli Studi di Bergamo; *62* © ALI Press Agency, Brussels; *72*
Anna; 82 Disegnatori Riuniti; *86 Grazia; 90* © ALI Press Agency, Brussels; *96 La Settimana Enigmistica; 105*
Relax Enigmistica; 115 Panorama; 132 Panorama; 141 © ALI Press Agency, Brussels; *146* Barilla Alimentare
S.p.A.; *157, 158* © ALI Press Agency, Brussels; *167, 170 Relax Enigmistica; 187* © ALI Press Agency,
Brussels; *189* Disegnatori Riuniti; *190* © ALI Press Agency, Brussels; *196 L'Espresso; 203* © ALI Press
Agency, Brussels; *204, 206, 207 Relax Enigmistica; 215 Oggi; 222* © ALI Press Agency, Brussels; *230 Oggi;*
241 Gioia; 245 Relax Enigmistica; 251 © ALI Press Agency, Brussels; *253 La Settimana Enigmistica; 257*
Panorama; 263 Disegnatori Riuniti; *271 Epoca; 273* © ALI Press Agency, Brussels; *276, 278 La Settimana*
Enigmistica; 281 Disegnatori Riuniti.

http://www.mhhe.com

Contents

Preface

This *Workbook/Laboratory Manual* is designed to accompany *In giro per l'Italia: A Brief Introduction to Italian*. The *Workbook/Laboratory Manual* offers a variety of written and audio exercises to reinforce the vocabulary and structures presented in the student text. The exercises place emphasis on vocabulary recycling and natural contexts.

The *Laboratory Manual* portion of the *Workbook/Laboratory Manual* is coordinated with the *Audio Program* for all chapters. Each chapter has thirty to forty minutes of recorded material. The speech on the audio program represents that of many regions of Italy; the language is authentic.

We suggest that students listen to the recorded material on a given vocabulary or grammar section only after that material has been covered in class. We also recommend that students spend no more than thirty minutes at a time in the language laboratory. A total of sixty minutes per week should allow students time to listen to the entire chapter at least once and to repeat any material on which they feel they need additional practice.

The *Laboratory Manual* is a guide to the audio. Directions for all recorded activities are in the manual, with a model provided for most. In some cases, cues and drawings to be used with exercises appear in the manual; at other times cues are heard on the recording only.

CHAPTER ORGANIZATION

Chapter headings in the *Workbook/Laboratory Manual* mirror those in the main text with the audio activities for a given section following the written activities for that section.

The **Capitolo preliminare** follows the corresponding chapter in the student text point-by-point. The exercises reinforce the practical, functional material presented in the text and introduce students to the basic sounds of Italian and to a variety of useful, everyday expressions.

Capitolo 1 through **Capitolo 18** are organized as follows:

- **Lezione 1: Vocabolario.** All thematic chapter vocabulary is practiced in a rich and varied selection of exercises, including cloze paragraphs, dialogues, listening comprehension activities, and crossword puzzles.

- **Lezioni 2 and 3: Grammatica:** These sections follow the sequence of material in the student text point-by-point. The grammar points of each chapter in the text are reviewed and integrated with the chapter vocabulary in both controlled and open-ended activities. Recorded mini-dialogues and additional listening comprehension activities provide students with further practice.

- **Lezione 4: Prospettive.** This section, as is done in the student text, contains a variety of features and activities to practice the four skills in the context of the chapter's vocabulary and grammar.

    —**Pronuncia.** For **Capitoli 1** through **13, Lezione 4** begins with this section, which presents focused practice of Italian sounds and intonation patterns.

    —**Lettura.** This insightful reading is accompanied by exercises to test reading comprehension and encourage cultural comparison analysis and discussions.

    —**Ed ora ascoltiamo!** These extended passages (including everyday conversations, a journalist's interview, and a professor's lecture) with follow-up activities help improve students' global listening comprehension skills.

    —**Un po' di scrittura.** This writing activity invites students to use their newly acquired skills to offer their personal views on cultural themes and issues. The writing topic presented in each chapter is coordinated with the cultural theme, vocabulary, and grammar of that chapter.

—**Dettato.** A brief dictation, providing practice in listening discrimination and writing, improves recognition of phonetic sounds and how to write them.

—**Attualità.** This realia-based section wraps up each chapter. The rich selection of authentic materials, including advertisements, cartoons, surveys, and school brochures, brings students face-to-face with the everyday language of contemporary Italy. The accompanying exercises sharpen reading skills and encourage reflection and self-expression.

- **Proverbi e modi di dire.** Boxes highlighting humorous and colorful bits of popular wisdom appear once or twice in each chapter. Proverbs have been chosen to spin off chapter themes and structures.

- **Prova-quiz.** This section, which gives students the opportunity to review vocabulary, grammar, and chapter themes in synthetic exercises, appears after every third chapter.

Answers to most of the *Laboratory Manual* exercises are on the recording. Answers to *Workbook* activities, to those exercises in the *Laboratory Manual* that require written responses, and to the dictations can be found at the back of this *Workbook/Laboratory Manual*. No answers are provided for open-ended activities, marked with the symbol ❖.

ACKNOWLEDGMENTS

The authors would like to thank Christa Harris and Lindsay Eufusia for their useful and creative contributions, and Thalia Dorwick for supporting the entire project.

Name _____

Date _____

Class _____

Cominciamo!

A. Saluti e espressioni di cortesia

A. Presentazioni e saluti (*Introductions and greetings*). Two students introduce themselves on the first day of class. Complete the brief dialogues.

DIALOGUE 1

Buon _____.¹

Mi _____² Chiara Martini.

_____³ studentessa d'italiano.

Sono _____ ⁴ Firenze.

DIALOGUE 2

Buon _____.¹

_____² chiamo Giampiero Crispolti.

Sono _____³ di psicologia.

_____⁴ di Perugia.

B. Espressioni di cortesia. What would you say in the following situations?

1. You've just pushed someone accidentally. _____

2. You do not understand what someone has just said to you. _____

3. You are shaking hands with someone you've just met. _____

4. Someone has just thanked you. _____

C. Presentazioni. You will hear two professors introduce themselves to their classes. The first time, listen carefully. Pay attention to rhythm and intonation. The second time, write the missing words. The third time, the introductions will be read with pauses for repetition. Repeat after the speakers and check what you have written. Then check your answers in the Answer Key.

1. Buon giorno. _____¹ chiamo Marco Villoresi. _____² professore d'italiano. Sono _____³ Firenze.

2. Buon _____.⁴ Mi _____⁵ Alessandra Stefanin. Sono _____⁶ d'italiano. Sono di Venezia.

D. E tu, chi sei? Now, following the examples, introduce yourself. Use the greetings you find most appropriate. First listen. Then introduce yourself.

ESEMPI: STUDENTE 1: Buon giorno. Mi chiamo Brian Johnson. Sono studente d'italiano. Sono di Knoxville.

STUDENTE 2: Salve. Mi chiamo Aliza Wong. Sono studentessa d'italiano. Sono di Portland. E tu, chi sei?

Now introduce yourself, following one of the preceding models.

E. Formale o informale? You will hear three different dialogues in which people introduce themselves to each other. The first time, listen carefully. Pay attention to rhythm and intonation. The second time, write the missing words. The third time, the dialogues will be read with pauses for repetition. After repeating the dialogues, decide whether the situation presented is formal or informal, **formale o informale.** You will hear the answers at the end of the exercise. Check your written answers in the Answer Key.

DIALOGUE 1: Professor Villoresi and Professoressa Stefanin meet for the first time at a professional meeting.

PROF. STEFANIN: Buon giorno. Mi chiamo Alessandra Stefanin.

PROF. VILLORESI: _____[1]? Come _____[2] chiama?

PROF. STEFANIN: Alessandra Stefanin.

PROF. VILLORESI: Ah, _____.[3] Marco Villoresi. Sono di Firenze. _____[4] Lei?

PROF. STEFANIN: _____[5] di Venezia. Piacere.

Now indicate whether the dialogue is formal or informal: formale   informale

DIALOGUE 2: A student sees his professor in a restaurant.

STUDENTE: Buona sera, professor Villoresi. Come va?

PROF. VILLORESI: _____,[1] grazie. E _____[2]?

STUDENTE: Non c'è _____.[3]

PROF. VILLORESI: Arrivederci.

STUDENTE: _____.[4]

Now indicate whether the dialogue is formal or informal: formale   informale

DIALOGUE 3: Laura meets her friend Roberto.

LAURA: Ciao, Roberto. Come _____[1]?

ROBERTO: Non c'è male. E _____[2]?

LAURA: Bene, grazie!

ROBERTO: _____[3]!

LAURA: Ciao!

Now indicate whether the dialogue is formal or informal: formale   informale

B. In classe

A. Espressioni, domande e istruzioni. Look back at the **In classe** section of your text, then give the appropriate expression, question, or instructions in Italian.

1. What do students say when they haven't understood?

   _____

2. What do students say to find out how to spell **cappuccino** in Italian?

   _____

3. What do students say to find out what **primavera** means?

   _____

4. What do instructors say when they want students to listen?

   _____

5. What do instructors say when they want students to repeat something together?

   _____

B. Nell'aula (*In the classroom*). Using the words from the following list, write the names of objects found in a classroom, as shown in the drawing.

un dizionario
una lavagna
un libro
una mappa
una matita
un voto

1. _____

2. _____

3. _____

4. _____

5. _____

6. _____

C. Come si dice? You will hear a series of brief classroom exchanges. You will hear each one twice. The first time, listen carefully. The second time, complete the dialogues with the expressions you hear. Check your answers in the Answer Key.

1. PROFESSORESSA: Paolo, _____¹ si _____² *alphabet* in italiano?
   STUDENTE: Alfabeto.
   PROFESSORESSA: Giusto! _____³!

2. STUDENTESSA: _____,⁴ professore, come si _____⁵ **classe?**
   PROFESSORE: C L A S S E.
   STUDENTESSA: Grazie, professore.
   PROFESSORE: _____,⁶ signorina.

3. PROFESSORESSA: _____⁷ il libro e fate l'esercizio.
   STUDENTE: _____⁸? Non _____.⁹ Ripeta, per _____.¹⁰

D. Ecco una classe. As you hear the word in Italian for each numbered object, find it listed in the box. Then write the word in the space provided next to the corresponding drawing. Check your answers in the Answer Key.

1. _____

2. _____

3. _____

4. _____

5. _____

6. _____

7. _____

8. _____

9. _____

10. _____

> un banco   un quaderno   una penna
> un compito
> un foglio di carta   una lavagna   una porta
> un gesso   una matita   una sedia

C. Alfabeto e suoni

A. L'alfabeto italiano e le parole straniere (*foreign words*). Answer the following questions about the Italian alphabet.

1. What are the five letters the Italian alphabet uses in words of foreign origin?

   ____ ____ ____ ____ ____

2. What letter in the Italian alphabet is never pronounced? _____

B. Come si scrive? Spell the following names of famous Italians.

ESEMPIO: Gianni Versace → Gi, i, a, enne, enne, i, Vu, e, erre, esse, a, ci, e

1. Andrea Bocelli _____

2. Sophia Loren _____

3. Roberto Benigni _____

4. Dante Alighieri _____

5. Umberto Eco _____

6. Guglielmo Marconi _____

C. L'alfabeto italiano. You will hear the names of the letters of the Italian alphabet, along with male and female Italian names. Listen and repeat, imitating the speaker. Starting in Chapter 1, you will practice the pronunciation of most of these letters individually.

a	a	Andrea	Antonella	n	enne	Nicola	Nora
b	bi	Bernardo	Beatrice	o	o	Osvaldo	Ombretta
c	ci	Carlo	Cecilia	p	pi	Paolo	Patrizia
d	di	Daniele	Donatella	q	cu	Quirino	Quirina
e	e	Emanuele	Enrica	r	erre	Roberto	Roberta
f	effe	Fabrizio	Federica	s	esse	Sergio	Simona
g	gi	Giacomo	Gabriella	t	ti	Tommaso	Teresa
h	acca*			u	u	Umberto	Ursola
i	i	Italo	Irene	v	vu	Vittorio	Vanessa
l	elle	Luca	Lorella	z	zeta	Zeno	Zita
m	emme	Marco	Marcella				

Now listen to the pronunciation of the following five letters, which are used in Italian with words of foreign origin. Repeat each one after the speaker.

j	i lunga		x	ics
k	cappa		y	ipsilon
w	doppia vu			

 D. Lettere. Repeat the following abbreviations or formulas after the speaker.

1. K.O.PC
2. PR
3. LP
4. H_2O
5. CD
6. PC
7. S.O.S
8. P.S.
9. DVD
10. Raggi X

 E. Vocali. Listen to and repeat the sounds of the seven Italian vowels and some words in which they are used. Note that vowels **e** and **o** have both closed and open forms.

Vocabolario preliminare
chiuso   *closed*
aperto   *open*

a	patata, casa, sala, banana
e chiuso	sete, e, sera, verde
e aperto	letto, è, bello, testa
i	pizza, vino, birra, timo
o chiuso	nome, dove, ora, volo
o aperto	posta, corda, porta, bosco
u	rude, luna, uno, cubo

 F. Ancora vocali. Repeat each word after the speaker.

1. pazzo / pezzo / pizzo / pozzo / puzzo
2. casa / case / casi / caso
3. lana / lena / Lina / luna
4. auto / aiuto / iuta / uva / uova / Europa / aiuola

*There are no Italian proper names beginning with **h**.

G. Consonanti *c* e *g*. C and **g** each have two sounds in Italian. Their sound is hard (as in English *cat* and *get*) when followed directly by **a, o, u,** or **h.** Their sound is soft (as in English *chain* and *giraffe*) when followed directly by **e** or **i.** Repeat each word after the speaker.

1. cane / casa / gatto / gamba
2. cibo / cera / gesso / gita
3. cena / che / getta / ghetto
4. Cina / chilo / giro / ghiro
5. gotta / Giotto / cotta / cioccolato
6. custode / ciuffo / gusto / giusto

H. Consonanti doppie. In this exercise you will practice the difference between single and double consonant sounds. Repeat each word after the speaker. Note that vowels before a double consonant are shorter in length than vowels before a single consonant. Notice the differences in pronunciation in the following two pairs of words.

> **carro** (short **a** sound) ≠ **caro** (long **a** sound)
> **cassa** (short **a** sound) ≠ **casa** (long **a** sound)

1. pala / palla
2. moto / motto
3. fato / fatto
4. nono / nonno
5. dita / ditta
6. sete / sette
7. papa / pappa
8. sono / sonno

I. Accento tonico. Can you hear where the stress falls in an Italian word? Underline the stressed vowel in each of the following words. You will hear each word twice. Then check your answers in the Answer Key.

1. grammatica
2. importanza
3. partire
4. partirò
5. musica
6. trentatré
7. subito
8. umiltà
9. abitano
10. cantavano

J. Accento scritto. Can you tell where a written accent is used in Italian? Remember, if written accents appear in Italian, they do so only on the final syllable of a word when that syllable is stressed. Add a grave accent (`) only when necessary to the following words. You will hear each word twice. Then check your answers in the Answer Key.

1. prendere
2. prendero
3. caffe
4. universita
5. cinquanta
6. civilta
7. virtu
8. tornare

D. Numeri da uno a cento

A. Quanti (*How many*)? Write out the numbers given in parentheses.

1. _____ (62) studentesse
2. _____ (23) professoresse
3. _____ (81) musei
4. _____ (19) numeri
5. _____ (100) attori
6. _____ (57) dottori

—...trentuno pecore,[a] signore;
trentadue pecore, signore;
trentatré pecore, signore...

[a]*sheep*

B. Operazioni matematiche. Complete these math problems. Write out all numbers.

1. tredici + _____ = ventiquattro

2. undici + _____ = sessantuno

3. due + _____ = settantacinque

4. quindici + _____ = quarantadue

5. venticinque + _____ = settantotto

6. sessanta − _____ = quarantotto

7. trenta − _____ = ventisette

8. cento − _____ = quindici

C. Numeri. Repeat the numbers after the speaker.

0	zero	11	undici	30	trenta		
1	uno	12	dodici	40	quaranta		
2	due	13	tredici	50	cinquanta		
3	tre	14	quattordici	60	sessanta		
4	quattro	15	quindici	70	settanta		
5	cinque	16	sedici	80	ottanta		
6	sei	17	diciassette	90	novanta		
7	sette	18	diciotto	100	cento		
8	otto	19	diciannove	900	novecento		
9	nove	20	venti	1000	mille		
10	dieci	21	ventuno	2000	duemila		

D. Prefissi e numeri di telefono (*Area codes and telephone numbers*). Repeat the following area codes and phone numbers after the speaker.

ESEMPIO: *You read and hear:* (0574) 46-07−87
You say: prefisso: zero-cinque-sette-quattro;
numero di telefono: quarantasei-zero sette-ottantasette

1. (0574) 46-86-30
2. (055) 66-43-27
3. (06) 36-25-81-48
4. (02) 61-11-50
5. (075) 23-97-08
6. (0573) 62-91-78

E. Calendario

A. Mesi e stagioni. Write the names of the seasons indicated by the dates. Then write the names of the corresponding four months. Some months are in two seasons. Remember that the day precedes the month in dates in Italian. The first season is done for you.

1. 21/12 → 19/3 _____*inverno*_____

_____*dicembre*_____ _____*febbraio*_____

_____*gennaio*_____ _____*marzo*_____

2. $20/3 \rightarrow 20/6$ _____

_____ _____

_____ _____

3. $21/6 \rightarrow 21/9$ _____

_____ _____

_____ _____

4. $22/9 \rightarrow 20/12$ _____

_____ _____

_____ _____

PROVERBI E MODI DI DIRE

As in English, there is a rhyme in Italian for remembering how many days are in each month of the year. Read it several times, until you have memorized it.

Trenta giorni ha novembre, con aprile, giugno e settembre; di ventotto ce n'è uno, tutti gli altri ne hanno trentuno.

❖ **B. Anni, date di nascita.** Answer the following personal questions.

1. Quando sei nato / nata (in quale giorno, mese e anno)? _____

_____

2. Quanti anni hai? _____

_____

3. Secondo te, quanti anni ha il professore o la professoressa d'italiano? _____

_____

C. Calendario. Answer the following questions according to the calendar.

1. Che giorno della (*of the*) settimana è la Festa della

   donna, l'otto marzo? _____

2. Che giorno della settimana è la Festa del lavoro, il

   primo maggio? _____

3. Che giorno della settimana è la Festa della liberazione,

   il 25 aprile? _____

4. Che giorno della settimana è il capo d'anno, il primo

   gennaio? _____

GENNAIO	FEBBRAIO	MARZO
L 2 9 16 23 30	L 6 13 20 27	L 6 13 20 27
M 3 10 17 24 31	M 7 14 21 28	M 7 14 21 28
M 4 11 18 25	M 1 8 15 22	M 1 8 15 22 29
G 5 12 19 26	G 2 9 16 23	G 2 9 16 23 30
V 6 13 20 27	V 3 10 17 24	V 3 10 17 24 31
S 7 14 21 28	S 4 11 18 25	S 4 11 18 25
D 1 8 15 22 29	D 5 12 19 26	D 5 12 19 26

APRILE	MAGGIO	GIUGNO
L 3 10 17 24	L 1 8 15 22 29	L 5 12 19 26
M 4 11 18 25	M 2 9 16 23 30	M 6 13 20 27
M 5 12 19 26	M 3 10 17 24 31	M 7 14 21 28
G 6 13 20 27	G 4 11 18 25	G 1 8 15 22 29
V 7 14 21 28	V 5 12 19 26	V 2 9 16 23 30
S 1 8 15 22 29	S 6 13 20 27	S 3 10 17 24
D 2 9 16 23 30	D 7 14 21 28	D 4 11 18 25

LUGLIO	AGOSTO	SETTEMBRE
L 3 10 17 24 31	L 7 14 21 28	L 4 11 18 25
M 4 11 18 25	M 1 8 15 22 29	M 5 12 19 26
M 5 12 19 26	M 2 9 16 23 30	M 6 13 20 27
G 6 13 20 27	G 3 10 17 24 31	G 7 14 21 28
V 7 14 21 28	V 4 11 18 25	V 1 8 15 22 29
S 1 8 15 22 29	S 5 12 19 26	S 2 9 16 23 30
D 2 9 16 23 30	D 6 13 20 27	D 3 10 17 24

OTTOBRE	NOVEMBRE	DICEMBRE
L 2 9 16 23 30	L 6 13 20 27	L 4 11 18 25
M 3 10 17 24 31	M 7 14 21 28	M 5 12 19 26
M 4 11 18 25	M 1 8 15 22 29	M 6 13 20 27
G 5 12 19 26	G 2 9 16 23 30	G 7 14 21 28
V 6 13 20 27	V 3 10 17 24	V 1 8 15 22 29
S 7 14 21 28	S 4 11 18 25	S 2 9 16 23 30
D 1 8 15 22 29	D 5 12 19 26	D 3 10 17 24 31

D. I mesi. Repeat the names of the months in Italian, after the speaker.

gennaio	maggio	settembre
febbraio	giugno	ottobre
marzo	luglio	novembre
aprile	agosto	dicembre

E. Compleanni (*Birthdays*). Your Italian cousin wants to update her electronic calendar with her Italian-American relatives' birthdays. Help her by giving your family's birthdays in Italian style. Read the dates aloud as in the example and repeat the response.

ESEMPIO: *You read:* Marcello, June 2, 1964
You hear: Quando è nato Marcello?
You say: Marcello, il due giugno millenovecentosessantaquattro.
You hear: Marcello, il due giugno millenovecentosessantaquattro.
You repeat: Marcello, il due giugno millenovecentosessantaquattro.

1. Andrea, August 21, 1965
2. Stefania, September 24, 1966
3. Fabrizio, June 19, 1987
4. Mario, March 29, 1932
5. Luca, February 5, 1981
6. Rossana, May 7, 1959

F. Giorni della settimana (*Days of the week*). Write down the days of the week as you hear them. Then say them in the correct order. Check your answers in the Answer Key.

1. _____
2. _____
3. _____
4. _____
5. _____
6. _____
7. _____

F. Parole simili

A. Parole corrispondenti. Give the English equivalents for the following Italian words.

1. nazionale _____
2. informazione _____
3. opportunità _____
4. eccelente _____
5. coraggioso _____
6. attore _____

B. Indovina (*Guess*)! Write out the Italian cognates of these English words. Guess if you are not sure.

1. solution _____
2. science _____
3. capacity _____
4. international _____
5. curious _____
6. impossible _____

C. Perché l'italiano? Listen to and repeat the correct pronunciation of Italian words that you probably use in English. Pay attention to the difference in pronunciation between the way you probably say the name and the way the native Italian speaker does.

1. I nomi della moda (*fashion*)
   Valentino, Armani, Versace, Dolce e Gabbana, Ferragamo, Laura Biagiotti, Gucci, Benetton
2. I nomi dell'arte
   Michelangelo, Giotto, Raffaello, Tiziano (*Titian*), Botticelli, Cellini
3. I nomi della letteratura
   Dante Alighieri, Giovanni Boccaccio, Niccolò Machiavelli, Giacomo Leopardi, Luigi Pirandello, Italo Calvino, Umberto Eco, Dario Fo
4. I nomi del cinema: registi (*directors*)
   Bernardo Bertolucci, Federico Fellini, Luchino Visconti, Pier Paolo Pasolini, Sergio Leone, Michelangelo Antonioni, Martin Scorsese, Francis Ford Coppola
5. I nomi del cinema: attori
   Sophia Loren, Marcello Mastroianni, Roberto Benigni, Robert DeNiro, Danny Aiello, Danny DeVito
6. I nomi della storia (*history*) e della politica
   Cristoforo Colombo, Giuseppe Garibaldi, Benito Mussolini, Fiorello La Guardia, Al Capone, Rudy Giuliani, Mario Cuomo, Geraldine Ferraro

D. Benvenuti in Italia! You will hear a person introduce himself twice. The first time, listen carefully for specific details. **Attenzione!** The information is not given exactly in the order requested in the list. The second time, listen and complete the information. Then check your answers in the Answer Key. Scan the list now.

1. nome   _____

   cognome   _____
2. data di nascita _____
3. città di residenza _____
4. città di nascita _____
5. professione _____
6. destinazione _____

E. Tocca a te! Now it is time to introduce yourself. You will be asked a few questions. Listen to each question, then stop the audio and write the answer in the space provided. When you are done and you start the audio again, the questions will be repeated and sample answers will be given, followed by a pause for you to say your answer. Check your answers in the Answer Key.

1. _____
2. _____
3. _____
4. _____

Benvenuti a tutti!

Lezione 1: Vocabolario

A. In una stazione italiana. You have just arrived in Italy and are at a train station. There is a customer in line ahead of you. Complete his conversation with the clerk in a logical manner. Then answer the questions that follow.

CLIENTE: _____ _____.[1] Ho (*I have*) una prenotazione per due persone per Venezia.

IMPIEGATO: Che _____,[2] _____[3]?

CLIENTE: Walker.

IMPIEGATO: Ecco qui, due biglietti per Venezia.

CLIENTE: Ah, _____,[4] un'informazione. C'è ____ _____ _____[5] qui in stazione?

IMPIEGATO: No, ma c'è ____ _____[6] qui vicino, in Piazza Verdi.

CLIENTE: Grazie e _____.[7]

IMPIEGATO: _____[8]! Buona giornata.

B. I mezzi di trasporto. Look at each drawing and write down the name of the means of transportation.

ESEMPIO:

_____*un treno*_____

1. _____

2. _____

3. _____

4. _____

C. Dove sono? (*Where are they?*) Tell where the following people are. Follow the example.

ESEMPIO:

I tre studenti sono *in una stazione*.

1.

Carla e Daniela sono

_____.

2.

Ugo, Marina, Sandro e Ida sono

_____.

3.

Paolo e Francesca sono

_____.

4.

Luigino e Mariella sono

_____.

5.

Stefano e Sergio sono

_____.

6.

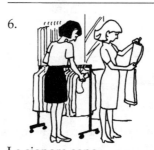

Le signore sono

_____.

7.

Grazia, Alberto, Lucia e Fabio sono

_____.

8.

I tre amici sono

_____.

D. Un biglietto per Venezia. You will hear a short dialogue from the main text followed by a series of statements about the dialogue. Each statement will be read twice. Circle **vero** if the statement is true or **falso** if it is false.

CLIENTE: Buon giorno. Un biglietto per Venezia, per favore.

IMPIEGATO: Ecco. Sono 12 euro.

CLIENTE: Ah, scusi, un'informazione. C'è un ufficio cambi qui in stazione?

IMPIEGATO: No, ma c'è una banca qui vicino, in piazza Verdi.

CLIENTE: Grazie e arrivederci.

IMPIEGATO: Prego! Buona giornata.

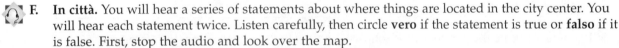

1. vero   falso

2. vero   falso

3. vero   falso

E. Luoghi. You will hear six sounds of places around town. Listen carefully, then name the place you associate with the sound you hear. Use **È** (*It's . . .*) in your answer. Repeat the response.

ESEMPIO: *You hear:*   (bells ringing)
            You say: È una chiesa.

1. ...   2. ...   3. ...   4. ...   5. ...   6. ...

F. In città. You will hear a series of statements about where things are located in the city center. You will hear each statement twice. Listen carefully, then circle **vero** if the statement is true or **falso** if it is false. First, stop the audio and look over the map.

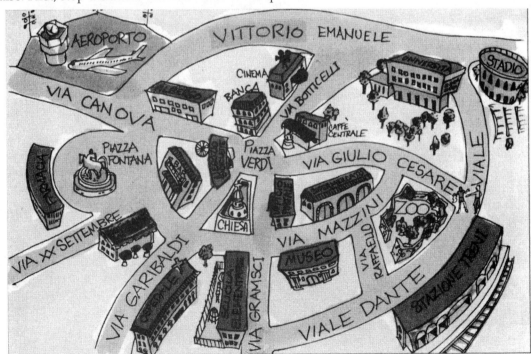

ESEMPIO: *You hear:*   C'è una farmacia in piazza Verdi.

            You circle: vero / (falso)

1. vero   falso   4. vero   falso

2. vero   falso   5. vero   falso

3. vero   falso   6. vero   falso

Lezione 2: Grammatica

A. Nomi: genere e numero

A. In una stazione. Alessandra, Irene, and Irene's son Leonardo are waiting for a train. It's past noon, and they are getting tired and hungry. What do they buy? Read the dialogue, then write what Irene bought for each person.

VENDITORE:	Panini, banane, gelati, vino, aranciata, caffè, birra...
IRENE:	Un caffè, Alessandra?
ALESSANDRA:	Sì, grazie. E per Leonardo?
IRENE:	Per Leonardo? Una banana e una bottiglia d'acqua minerale... Poi una birra, per me, e un caffè, per favore.
VENDITORE:	Sei euro.
LEONARDO:	Mamma, mamma, un panino!
IRENE:	E anche un panino allora.
VENDITORE:	Sette euro.
IRENE:	Ecco qui.
VENDITORE:	Grazie e buon viaggio!

Irene: _____

Alessandra: _____

Leonardo: _____

B. Sul genere. Indicate the gender of the following nouns with *m* (masculine) or *f* (feminine).

1. _____ amico
2. _____ piazza
3. _____ ristorante
4. _____ gelato
5. _____ studente
6. _____ bicicletta
7. _____ automobile
8. _____ negozio
9. _____ treno
10. _____ moto

C. Singolari → plurali. Make the following singular nouns plural.

ESEMPIO: bicchiere → bicchieri

1. lira _____
2. stazione _____
3. dollaro _____
4. caffè _____
5. panino _____
6. birra _____
7. ufficio _____
8. film _____

D. Plurali → singolari. Make the following plural nouns singular.

ESEMPIO: aeroporti → aeroporto

1. signore _____
2. professori _____
3. vini _____
4. aranciate _____
5. ragazzi _____
6. ragazze _____
7. università _____
8. lezioni _____

E. Un venditore e una turista. You will hear a dialogue from the main text. You will hear the dialogue twice. The first time, listen carefully. The second time, the dialogue will be read with pauses for repetition. Pay careful attention to rhythm and intonation.

VENDITORE: Panini, banane, gelati, vino, caffè, aranciata, birra...
TURISTA AMERICANA: Due panini e una birra, per favore!
VENDITORE: Ecco, signorina! Dieci euro.
TURISTA AMERICANA: Ecco dieci dollari. Va bene?

F. Maschile o femminile? You will hear eight words twice. Indicate their gender by circling **maschile** o **femminile** (*masculine* or *feminine*), as appropriate.

ESEMPIO: *You hear:* ristorante

You circle: (maschile) femminile

1. maschile   femminile   5. maschile   femminile

2. maschile   femminile   6. maschile   femminile

3. maschile   femminile   7. maschile   femminile

4. maschile   femminile   8. maschile   femminile

G. Singolare e plurale. Give the plural forms of the following words. Repeat the response.

ESEMPIO: *You hear:* macchina
          You say: macchine

1. ...   2. ...   3. ...   4. ...   5. ...   6. ...

B. Articolo indeterminativo e **buono**

A. Un, una... Fill in the blanks with the appropriate forms of the indefinite article.

ESEMPIO: _un_ albergo e _una_ banca

1. _____ professore e _____ professoressa

2. _____ stazione e _____ stadio

3. _____ aranciata e _____ caffè

4. _____ studente e _____ studentessa

5. _____ anno e _____ mese

6. _____ automobile e _____ treno

7. _____ zio e _____ zia

8. _____ cornetto (*croissant*) e _____ cappuccino

B. Uno, non due! Gabriella seems to be seeing double today. Make her phrases singular.

ESEMPIO: due stazioni → una stazione

1. due treni _____

2. due aeroplani _____

3. due automobili _____

4. due autobus _____

5. due biciclette _____

6. due zoo _____

7. due foto _____

8. due motociclette _____

PROVERBI E MODI DI DIRE

Il riso fa buon sangue.
Laughter is the best medicine (lit., makes good blood).

Nella botte piccola sta il vino buono.
Good things come in small packages.
(Lit., Good wine comes from a small cask.)

C. Una buon'idea. Rewrite the following phrases, adding the appropriate form of **buono**.

ESEMPIO: un cappuccino → un buon cappuccino

1. un amico _____

2. un'amica _____

3. una cioccolata _____

4. uno zio _____

5. un'automobile _____

6. un ospedale _____

7. uno stipendio _____

8. un vino _____

D. Che buono! Everything tastes good to you today. Use **che** plus the appropriate form of **buono** to express your appreciation.

ESEMPIO: pizza → Che buona pizza!

1. pasta _____

2. cappuccino _____

3. panino _____

4. aranciata _____

5. tè _____

6. latte _____

7. caffè _____

8. gelato _____

E. Facendo le valigie (*Packing*). Fabio is packing his bags for a trip to the United States. He is listing all of the things he will need. Listen carefully to his list and check the items that he needs to take with him. You will hear the list twice. Check your answers in the Answer Key.

un biglietto aereo   un diario

una borsa grande   una mappa della città

una carta di credito   un passaporto

una carta d'identità   uno zaino

F. Un buon caffè in aeroporto... Fabio savors his last Italian coffee at the airport bar and comments on how good all the food is. First, stop the audio and complete the following passage with the correct form of **buono**. Then start the audio and listen to Fabio's praise. Check your answers in the Answer Key.

FABIO: Che _____ [1] bar è questo! Ha un _____ [2] espresso, un _____ [3]

cappuccino e _____ [4] panini, una _____ [5] aranciata, una _____ [6]

birra, un _____ [7] vino e _____ [8] liquori.

G. Auguri (*Best wishes*). At Fabio's departure his family exclaimed, **Buon viaggio!** Now send your wishes using the following list of words, with the appropriate forms of **buono**. Say each expression in the pause after the item number. Repeat the response.

ESEMPIO: *You read:* viaggio
You say: Buon viaggio!

1. Natale (*m., Christmas*)
2. Pasqua (*Easter*)
3. anno (*New Year*)
4. appetito
5. domenica
6. fortuna (*luck*)
7. fine settimana (*m., weekend*)
8. vacanza (*vacation*)

C. Presente di **avere** e pronomi soggetto

A. Io, tu... loro. Rewrite the following sentences, using the subject pronouns to give greater emphasis.

ESEMPIO: Abbiamo due libri. → Noi abbiamo due libri.

1.   Hanno parenti in Italia. _____

2.   Avete amici? _____

3.   Ha un buon lavoro. _____

4.   Non hai dollari. _____

5.   Abbiamo un gatto. _____

6.   Carlo? Non ha un cane. _____

7.   Teresa? Non ha soldi. _____

8.   Non hanno una bicicletta. _____

B.   Chi (*Who*) **ha?** Complete each sentence with the correct form of the verb **avere.**

ESEMPIO: Io _____*ho*_____ due lezioni.

1.   Io e Marcella _____ cugini in Australia.

2.   Daniela _____ una buona bicicletta?

3.   Stefania e Caterina _____ un appartamento.

4.   _____ un buon lavoro, tu e Valeria?

5.   Io _____ una macchina. Tu _____ un motorino.

6.   Voi _____ dollari?

C.   Curiosa! Stefania wants to know what everybody else has! Answer and change the number of items from plural to singular as in the example.

ESEMPIO: Oggi Elena ha tre lezioni, e tu? → Io ho una lezione.

1.   Ivana e Massimo hanno due gatti, e Daniele?

_____

2.   Carla ha due case, e voi?

_____

3.   Noi abbiamo quattro zii in Argentina, e loro?

_____

4.   Io ho due buoni amici, e tu?

_____

5.   Voi avete tre dollari, e Laura?

_____

6.   Tiziana ha due buoni libri, e tu?

_____

D. Parenti in America. You will hear a dialogue twice. The first time, listen carefully. The second time, it will be read with pauses for repetition. Pay careful attention to rhythm and intonation.

MASSIMO: E Lei, signora, ha parenti in America?

SIGNORA PARODI: No, Massimo, non ho parenti, solo amici. E tu, hai qualcuno?

MASSIMO: Sì, ho uno zio in California e una zia e molti cugini in Florida.

E. Parenti, amici, cugini in America. The following dialogue will be read twice. The first time, listen carefully. The second time, write the missing words. Check your answers in the Answer Key.

MASSIMO: Ecco qui, signora Parodi, in questa foto _____[1] sono con uno zio a Disneyland e qui sono a Miami, con un cugino. _____[2] sono (*They are*) di Los Angeles.

SIGNORA PARODI: _____[3] parenti in America?

MASSIMO: Sì, _____[4] uno zio e un cugino in California e una zia e cugini in Virginia.

SIGNORA PARODI: _____[5] molti cugini?

MASSIMO: Sì, otto. E _____[6] e il signor Parodi, _____[7] parenti in America?

SIGNORA PARODI: No, Massimo, non _____[8] parenti, solo amici.

F. Cosa abbiamo? Tell what the following people have, using the oral and written cues. Repeat the response.

ESEMPIO: *You read and hear:* tu
You hear: una macchina
You say: Tu hai una macchina.

1. Roberto ed io
2. Giancarlo e Patrizia
3. tu e Elisa
4. una studentessa
5. uno studente

G. Persone, persone... You will hear a series of statements. Circle the pronoun that refers to the subject of each sentence. As you know, Italian doesn't need to have an expressed subject in its sentences, since the verb endings tell who is doing what. Concentrate on the verb endings and circle the corresponding subject pronoun.

1. io   tu

2. noi   voi

3. io   lei

4. noi   loro

5. lui   voi

6. tu   lei

D. Espressioni idiomatiche con **avere**

A. Ho voglia di una pizza! Look at the drawings and complete each sentence with one of the following expressions.

Espressioni utili: avere... anni, avere fame, avere fretta, avere sete, avere sonno, avere voglia di

1. Oggi Marilena _____

_____

4. Voi _____

_____

2. Francesco e Vincenzo _____

_____

5. Il signor Cervaro _____

_____

3. Noi _____

_____

6. Stefania _____

_____

❖ **B.** **Io ho caldo, e tu?** Answer the following questions in complete sentences. You may answer either affirmatively or negatively. If your answer is affirmative, start with **Anche io** (**Anche tu,** etc.).

1. Vittorio e Susanna hanno caldo, e tu? _____

2. Laura ha freddo, e voi?_____

3. Io ho paura, e lei? _____

4. Noi abbiamo bisogno di aiuto, e tu? _____

C. **Una nuova compagna di stanza.** You are interviewing a prospective roommate. Ask her . . .

1. how old she is. _____

2. if she has a cat or a dog. _____

3. if she has a car. _____

4. if she feels like having a coffee. _____

5. if she has allergies (**allergie**). _____

D. **Ho...** You will hear a dialogue twice. The first time, listen carefully. The second time, write the missing words. Check your answers in the Answer Key.

ANGELO: Oh, che caldo. Non _____^{1} caldo, Silvia?

SILVIA: Un po', ma sto bene così.

ANGELO: E sete? Io _____^{2} proprio sete adesso. Hai _____^{3} di una birra?

SILVIA: No, grazie, ma ho _____.^{4} Ho voglia _____^{5} un panino.

ANGELO: Chissà se c'è un bar in questa stazione.

SILVIA: Sì, c'è, ma non _____^{6} tempo, solo cinque minuti.

ANGELO: _____^{7} _____,^{8} non è una buona idea. Oh, ma guarda, c'è un

venditore... Qui, per favore!

E. **Fame, freddo, sete, caldo, sonno.** State a logical conclusion to each sentence that you hear about the following people. Write your answer in the space provided. Check your answers in the Answer Key.

ESEMPIO: *You read:* Mario
You hear: Mario ha voglia di un panino.
You say and write: Ha fame.

1. Alessandro: _____

2. io: _____

3. Anna: _____

4. Sonia: _____

5. Riccardo: _____

6. tu: _____

F. **E tu?** Answer the following questions about yourself. Answer each question in the pause provided.

1. ...   2. ...   3. ...   4. ...   5. ...

🎧 Pronuncia: The Sounds of the Letter *c*

As you learned in the **Capitolo preliminare**, **c** represents two sounds: [k] as in the English word *cat*, and [č] as in the English word *cheese*. Remember that **c** *never* represents the [s] sound in Italian.

A. *C* **dura.** The [k] sound occurs when **c** is followed directly by **a, o, u, h,** or another consonant. Listen and repeat.

1. caldo
2. come
3. cugina
4. che
5. chi
6. clima
7. crema
8. macchina
9. fresche
10. ics

B. *C* **dolce.** The [č] sound occurs when **c** is followed directly by **e** or **i**. Listen and repeat.

1. cena
2. città
3. ciao
4. ciglio
5. ciuffo
6. piacere
7. ricetta
8. aranciata
9. diciotto
10. piaciuto

C. *C* **e doppia** *c*. Compare and contrast the single and double sound. Note the slight change in vowel sound when the consonant following is doubled. Listen and repeat.

1. aceto / accetto
2. caci / cacci
3. bacato / baccano
4. cucù / cucchiaio

D. Parliamo italiano! You will hear each sentence twice. Listen and repeat.

1. Il cinema è vicino al supermercato.
2. Cameriere, una cioccolata ed un caffè, per piacere!
3. Come si pronuncia bicicletta?
4. Michelangelo è un nome, non un cognome.
5. Ciao, Carlo, come va? Così così.

Lettura

Una bella città e una bella regione...

Michele parla della (*speaks of*) sua città, Venezia.

Ciao, sono Michele e sono di Venezia. Ho ventuno anni e abito vicino a una piazza molto famosa, Piazza San Marco. Venezia è in Veneto, una regione del nord d'Italia. È una città molto antica, con monumenti famosi, musei, piazze e una atmosfera magica. Venezia è costruita[a] su una laguna ed è circondata[b] dall'acqua. A Venezia non ci sono macchine; ci sono invece i vaporetti[c] e le gondole, famose in tutto il mondo. In questa città abbiamo sempre molti turisti, soprattutto in estate. Venezia è bella in inverno, quando c'è la nebbia[d] e non c'è molta gente. È una città misteriosa, e quando c'è il Carnevale è ancora più[e] misteriosa. Amo molto Venezia e le sue isole, Burano, Murano, Torcello: a Burano le case sono di molti colori, Murano è famosa per la produzione del vetro[f] e Torcello ha una famosa chiesa con bellissimi mosaici. Il Veneto è poi una regione da visitare. A nord, vicino all'Austria, ci sono le Alpi e le Dolomiti, montagne affascinanti;[g] c'è Verona,

[a]*built*
[b]*surrounded*
[c]*ferryboats*

[d]*fog*
[e]ancora... *even more*

[f]*glass*

[g]*fascinating*

la città di Romeo e Giulietta, con un grande anfiteatro romano; c'è Padova,
la città di Sant'Antonio; e c'è anche il fiume[h] Brenta, famoso per le ville che   [h]*river*
sono lungo[i] i suoi canali.   [i]*along*

1. Dov'è Venezia? _____

2. Caratteristiche di Venezia: _____

_____

3. Cosa sono Burano, Murano e Torcello? _____

4. Perché sono famose? _____

5. Bellezze (*Beautiful sites*) del Veneto: _____

_____

◈ Ed ora ascoltiamo!

You will hear a conversation between Dottor Ricci and Signora Bini. Listen carefully, as many times as
you need to. Pay attention to the possible location of the dialogue, and Dottor Ricci's needs and actions.

Now stop the audio and complete the sentences about Dottor Ricci.

1. Il dottor Ricci è in
   a. un bar.   b. una chiesa.
2. Il dottor Ricci ha
   a. fretta.   b. fame.
3. Il dottor Ricci ha... oggi.
   a. un appuntamento   b. una lezione
4. Il dottor Ricci ha bisogno di
   a. un caffè.   b. un libro.

Un po' di scrittura

❖**Una letterina.** Write a short letter to your family in which you describe your new roommates. If you
don't have any, just make some up! Write about 6 lines; use another sheet of paper.

ESEMPIO: Ho tre compagni di stanza! Abbiamo un appartamento proprio in centro. Marco ha
vent'anni; ha un buon lavoro all'università. Alessia e Lorenza hanno diciotto anni;
hanno un cane e un gatto. Non hanno un lavoro e hanno bisogno di soldi...

◈ Dettato

La punteggiatura (*Punctuation*). The following punctuation marks will be read with pauses for
repetition.

punto (.) *period*	apostrofo (') *apostrophe*
virgola (,) *comma*	aperta parentesi (*open parentheses*
punto e virgola (;) *semi-colon*	chiusa parentesi) *close parentheses*
due punti (:) *colon*	aperte virgolette « *open quote*
punto esclamativo (!) *exclamation mark*	chiuse virgolette » *close quote*
punto interrogativo (?) *question mark*	

What's in Filippo's suitcase? You will hear a brief dictation three times. The first time, listen carefully. The second time, the dictation will be read with pauses. Write what you hear. The third time, check what you have written. Pay particular attention to punctuation. Write on the lines provided. Check your dictation in the Answer Key.

Ecco che cosa _____

_____

_____

_____

_____

_____

_____

Attualità

❖**A.** *P come Perugia...* Julie has arrived in Umbria. She has decided to take a day trip to Bevagna, a small village not far from Assisi, to take pictures of the local medieval festival. She calls Barbara in Luino to let her know where she is.

BARBARA: Dove sei? (*Where are you?*) Lavagna??

JULIE: No! Bevagna! **B** come Bologna, **e** come Empoli, **v** come Venezia...

Now imagine you are traveling through Italy. Choose three towns from the list, **Città possibili,** and spell out their names the way Italians do, using the names of Italian cities. (If no name of an Italian city begins with a certain letter, the name of a foreign city or a common word is used.) Look over the table on the next page.

Città possibili: Fiesole, Piacenza, Jesi, Avellino, Eboli, Barletta, Milano, Ragusa, Nuoro, Ivrea, Asiago

ESEMPIO: S1: Dove sei? Miesole??
S2: No, Fiesole! **F** come Firenze, **i** come Imola...

1. S1: _____

   S2: _____

   _____

2. S1: _____

   S2: _____

   _____

3. S1: _____

   S2: _____

   _____

A	come Ancona	N	come Napoli
B	come Bologna	O	come Otranto
C	come Cagliari	P	come Palermo
D	come Domodossola	Q	come Quaderno
E	come Empoli	R	come Roma
F	come Firenze	S	come Sassari
G	come Genova	T	come Torino
H	come Hotel	U	come Udine
I	come Imola	V	come Venezia
*J	come Jolly	W	come Washington
†K	come Kaiser	X	come Xeres
L	come Livorno	Y	come York
M	come Milano	Z	come Zara

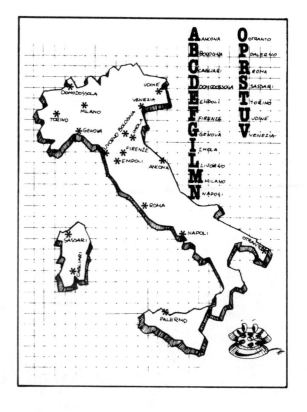

B. Buon viaggio! (*Have a nice trip!*) You say **Buon viaggio!** to people who are going on a trip. When you are in Italy, you will hear **Buona giornata!** (*Have a nice day!*) These are just two of the many expressions with the word **buono** that are used in Italian for special occasions.

Buon appetito!	*Enjoy your meal!*
Buon compleanno!	*Happy birthday!*
Buon divertimento!	*Have fun!*
Buona fortuna!	*Good luck!*
Buona giornata!	*Have a good day!*
Buon lavoro!	*Enjoy your work!*
Buon viaggio!	*Have a nice trip!*
Buon week-end!	*Have a nice weekend!*
Buon Anno!	*Happy New Year!*
Buon Natale!	*Merry Christmas!*
Buona Pasqua!	*Happy Easter!*

To many of these expressions you reply: **Grazie, altrettanto!** (*Thanks, the same to you!*) or simply **Altrettanto!** (*Likewise!*)

What would you say in the following situations?

1. You and your family are about to start eating. _____

2. It's January 1. _____

3. Your friends are about to board a plane. _____

4. Your roommate is going to a party. _____

5. Your cousin turns twenty today. _____

6. Tomorrow is Saturday. _____

7. Your sister is heading to the office. _____

8. Your roommates are leaving for job interviews. _____

*The word **jolly** is used in Italian to designate the wild card in some card games. It is also the name of a well-known chain of hotels.
†**Kaiser** is the German word for *emperor.*

La classe e i compagni

Lezione 1: Vocabolario

A. Come sono? Describe these people, circling the appropriate adjectives.

1. una studentessa (bassa / allegra)
    e uno studente (vecchio / triste)

3. un ragazzo (bruno / biondo)
    e una ragazza (bruna / bionda)

2. una ragazza (alta / giovane)
    e un uomo (stupido / vecchio)

4. un uomo (triste / basso)
    e una donna (alta / grassa)

B. Qualità! Give the opposite of the following adjectives.

1. giovane _____
2. grasso _____
3. allegro _____
4. biondo _____
5. grande _____
6. lungo _____
7. alto _____
8. riccio _____
9. simpatico _____
10. onesto _____
11. stressato _____
12. responsabile _____

C. Bandiere e colori! How many flags are you familiar with? Write as many colors as you can.

1. Di che colori è la bandiera americana?

    _____

2. Di che colori è la bandiera italiana?

_____

❖ 3. Di che colori è la bandiera del tuo (*of your*) stato?

_____

 D. Un'amica straordinaria. You will hear a dialogue from the main text. You will hear the dialogue twice. The first time, listen carefully. The second time, it will be read with pauses for repetition.

ANDREA: Ecco una foto di una mia amica, Pamela. Lei è di Boulder, una città del Colorado.
VALERIA: È davvero bella...
ANDREA: Oh sì, Pamela è straordinaria: è simpatica, divertente, sensibile ed è anche molto gentile...
VALERIA: Hai ragione, sono sicura che Pamela ha una grande pazienza, perché tu sei sempre stressato e nervoso.

E. La classe e i compagni. You will hear a passage in which Angelo describes his first day of class. The passage will be read three times. The first time, listen carefully. The second time, complete the chart. The third time, check what you have written. Check your answers in the Answer Key.

Aula: _____

Numeri di studenti: _____

Descrizione di Caterina: _____

Descrizione di Enrico: _____

Descrizione di Angelo: _____

F. Nazionalità. You find yourself in a classroom full of international students. Identify the students' nationality and the language they speak. Repeat the response.

ESEMPIO: *You read and hear:* Robert è di Minneapolis.
You say: Robert è americano e parla (*speaks*) inglese.

1. Amy è di Denver.
2. Marc è di Ottawa.
3. Keiko è di Tokio.
4. Angelo è di Torino.
5. Kurt è di Berlino.
6. Héctor è di Città del Messico.
7. María è di Madrid.
8. Jean-Paul è di Aix-en-Provence.

*Candles used to be painted green at the bottom; a candle that was **al verde** was almost totally consumed.

Lezione 2: Grammatica

A. Aggettivi

A. Ecco la foto di un amico... Cristina is showing her friend Valerio a picture of Massimo, an Italian friend of hers. Read the dialogue, then answer the questions that follow.

CRISTINA: Ecco una foto di un mio amico, Massimo, di Madison, una città del Wisconsin.

VALERIO: È italiano o americano?

CRISTINA: Massimo è italiano, di Firenze. È uno studente all'Università del Wisconsin, un bravo studente davvero. Lui studia[a] matematica ed è sempre molto serio, ma stressato e nervoso... Quando non studia è una persona divertente e allegra, però[b]!

[a]*is studying*

[b]*however*

1. Di dov'è Massimo? Di che nazionalità? _____

2. Che tipo di studente è Massimo? _____

3. Com'è Massimo quando studia? _____

4. Che tipo di persona è Massimo quando non studia? _____

B. Italiani e francesi. Complete the following sentences, using the correct form of the adjective in italics.

1. Io ho un professore *italiano;* voi avete una professoressa _____[1]? Loro hanno

   un'automobile _____[2] e una bicicletta _____[3] Io ho due amiche

   _____;[4] voi avete due amici _____[5]? Noi abbiamo uno zio

   _____[6] ed anche una zia _____.[7]

2. Ecco una parola *francese* in una ricetta (*recipe*) _____.[1] Voi avete un vino

   _____[2]? Noi abbiamo due automobili _____[3] Ecco due camerieri

   _____.[4] Io ho due studentesse _____;[5] il professor Tozzi ha due

   studenti _____[6]?

C. Plurali. Make the following phrases plural.

1. esercizio facile _____

2. lezione difficile _____

3. appartamento caro _____

4. ragazza cinese _____

D. Singolari. Make the following phrases singular.

1. camerieri simpatici _____

2. studentesse intelligenti _____

3. dollari canadesi _____

4. piazze italiane _____

E. Genova, una città poco conosciuta all'estero... Genova isn't well known abroad. Read the following passage and write the correct form of **molto** in the blanks.

Questa (*This*) è Genova, una città _____[1] famosa: la città di Cristoforo Colombo! È il capoluogo

della Liguria. Genova è un porto _____[2] importante per il Mediterraneo, ma questa città ha

anche _____[3] monumenti famosi, _____[4] musei e _____[5] chiese. Genova non è

_____[6] conosciuta (*known*). Purtroppo (*Unfortunately*) c'è anche _____[7] rumore (*noise, m.*) e

_____[8] traffico. Insomma, non c'è _____[9] pace (*peace and quiet, f.*) nel centro storico.

F. Dal maschile al femminile. Change each expression you hear from masculine to feminine. Repeat the response.

    ESEMPIO: *You hear:* bambino buono
                    You say: bambina buona

1. ... 2. ... 3. ... 4. ... 5. ... 6. ...

G. Opinioni divergenti. You and Claudio don't see eye to eye. For each of his remarks give the opposite reaction. Repeat the response.

    ESEMPIO: *You hear:* Che ragazzo simpatico!
                    You say: Che ragazzo antipatico!

1. ... 2. ... 3. ... 4. ... 5. ... 6. ...

H. Non uno, due! Point out two of the things Giovanna indicates. Repeat the response.

    ESEMPIO: *You hear:* Ecco una bella casa.
                    You say: Ecco due belle case.

1. ... 2. ... 3. ... 4. ... 5. ... 6. ...

I. Un americano a Firenze. Gerry has just arrived in Florence. He is calling Francesca, who is hosting him. They have a mutual friend, Salvatore, but have never met. You will hear the phone conversation twice. The first time, listen carefully. The second time, complete the sentences describing Gerry and Francesca.

    Parole utili:

Pronto?	*Hello?*
gli occhiali	*glasses*
la barba	*beard*
un vestito	*dress, suit*

1. Gerry è...
    a. alto, biondo, con gli occhiali
    b. alto, con la barba e gli occhiali
    c. basso, capelli neri, barba
2. Francesca è...
    a. di statura media, capelli lunghi
    b. alta, bionda, capelli corti
    c. bionda, con il vestito nero
3. Gerry ha anche...
    a. uno zaino rosso
    b. un vestito nero
    c. gli occhiali neri

B. Presente di **essere**

A. Siamo di... Complete the following sentences, using the correct form of **essere.**

1. Rosaria è di Roma. Io non _____ [1] di Roma. Loro due _____ [2] di Mantova. Anche noi _____ [3] di Mantova. Paolo _____ [4] di Padova. E tu, di dove _____ [5]? Voi _____ [6] di Verona.

2. Tu sei americana. E Davide, anche lui _____ [1] americano? Noi due _____ [2] americani, ma Luisa non _____ [3] americana: _____ [4] canadese. Anche Marianne e Philip _____ [5] canadesi.

B. Sei Luca? Franco is playing a game: he has been blindfolded and is trying to guess who his friends are by asking them questions about themselves. He doesn't seem to have any luck. Answer his questions negatively, as in the examples.

    ESEMPI: Sei biondo? → No, non sono biondo.
                 Siete biondi? → No, non siamo biondi.

1. Sei alta? _____

2. Siete bruni? _____

3. Sei giapponese? _____

4. Siete bassi? _____

5. Sei coreano? _____

6. Siete magri? _____

C. Non uno, ma due! Correct Silvia's statements—tell her there are two, not just one, of the things she sees.

    ESEMPIO: C'è una stazione. → No, ci sono due stazioni!

1. C'è un aeroporto. _____

2. C'è un cane. _____

3. C'è una macchina. _____

4. C'è uno studente. _____

5. C'è una studentessa. _____

D. Chi sono Simone, Emanuele e Roberto? You will hear a passage about these three roommates. You will hear the passage twice. The first time, listen carefully. The second time, complete the information. Check your answers in the Answer Key. Scan the list now.

    Età e professione di Simone: _____

    Età e professione di Emanuele: _____

    Com'è Emanuele? _____

    Età e professione di Roberto: _____

    Com'è Roberto? _____

    Chi sono Rodolfo e Macchia? _____

Com'è Rodolfo? _____

Com'è Macchia? _____

E. **Nazionalità.** You have friends from all over the world. Tell about them using the information you hear and the following nationalities. Repeat the response.

    ESEMPIO: *You hear:* Katia e Ivan
                         You read: russo
                         You say: Katia e Ivan sono russi.

1. polacco
2. italiano
3. irlandese
4. olandese
5. messicano
6. coreano
7. giapponese
8. tedesco

F. **Un viaggio in Italia.** You are showing Silvana a picture of the town where you stayed in Italy. Answer her questions, according to the cues. Repeat the response. First, take a moment to look at the drawing.

    ESEMPIO: *You hear:* C'è una banca?
                         You say: No, ci sono due banche.

1. ...   2. ...   3. ...   4. ...   5. ...   6. ...

Lezione 3: Grammatica

C. Articolo determinativo e **bello**

A. Ecco qui! Rewrite the following sentences, changing indefinite articles to definite articles.

ESEMPIO: Ecco un CD (*compact disc*)! → Ecco il CD!

1. Ecco un professore! _____

2. Ecco una professoressa! _____

3. Ecco uno studente! _____

4. Ecco un americano! _____

5. Ecco un'americana! _____

6. Ecco un ospedale! _____

7. Ecco un supermercato! _____

8. Ecco uno zoo! _____

B. Caratteristiche psicologiche. Complete the paragraph using the appropriate definite articles.

_____^{1} amico di Luisa è sempre stressato ma _____^{2} amica di Franco è sempre calmissima. _____^{3}

madre di Giovanni è spesso (*often*) contenta ma _____^{4} padre di Giovanni è spesso arrabbiato. _____^{5}

zio di Alberto è raramente (*rarely*) entusiasta ma _____^{6} zia di Alberto è raramente depressa. _____^{7}

cugine di Marco sono molto spesso nervose ma _____^{8} cugini di Marco sono sempre rilassati. _____^{9}

amici di Rosaria sono ospitali e generosi. Come sono _____^{10} studenti di questa classe?

C. Che bello! Piero is showing you around his hometown, and you are quite impressed with all you see. Give the appropriate exclamations, using the correct form of **bello.**

ESEMPIO: casa → Che bella casa!

1. negozi _____

2. piazza _____

3. stadi _____

4. università _____

5. chiese _____

6. zoo _____

7. albergo _____

8. stazione _____

D. Gli amici di Mark. Mark is describing a photo of some American friends to Rosaria and Alberto. Complete the paragraph, circling the correct forms of the definite article and **bello.**

John ha (i / gli)^1 capelli biondi e (i / gli)^2 occhi azzurri. (La / Le)^3 ragazza di John, Meg, ha (bei / begli)^4 capelli rossi e (bei / begli)^5 occhi verdi. (I / Gli)^6 cugini di John sono quei ragazzi con (il / i)^7 motorini neri. (L' / Lo)^8 amica di Meg è quella ragazza con quel bel sorriso. Questi sono (i / gli)^9 miei migliori amici!

 E. I parenti. You will hear a dialogue from the main text. You will hear the dialogue twice. The first time, listen carefully. The second time, it will be read with pauses for repetition. Pay careful attention to rhythm and intonation.

DONATELLA: Ecco la nonna e il nonno, la zia Luisa e lo zio Massimo, papà e mamma molti anni fa... Carini, no?
GIOVANNA: E i due in prima fila chi sono?
DONATELLA: Sono gli zii di Chicago.

 F. Una lista per un cocktail party... You and your roommate are writing down a list of items to buy for a cocktail party. Confirm your roommate's choices according to the cues. Add the definite article. Repeat the response.

ESEMPIO: *You hear:* rum?
You say: Il rum va bene!

1. aranciata?
2. vino?
3. scotch?
4. birra?
5. grappa?
6. espresso?
7. Coca-Cola?
8. acqua tonica?

 G. La nuova città. Describe your new city using the following adjectives. Repeat the response.

ESEMPIO: *You read:* grande
You hear: piazze
You say: Le piazze sono grandi.

1. nuovo
2. piccolo
3. vecchio
4. elegante
5. famoso
6. antico
7. grande

H. Che bello! You are impressed with everything in your new Italian town. Use a form of **bello** to describe each item. Repeat the response.

    ESEMPIO: *You hear:* museo
                You say: Che bel museo!

1. ... 2. ... 3. ... 4. ... 5. ... 6. ... 7. ... 8. ...

D. Ancora sui plurali

A. Singolari e plurali. Make the following phrases plural. Say that there are two of every person or thing.

    ESEMPIO: una magnifica toga → due magnifiche toghe

1. una valigia grigia _____

2. un vecchio ristorante _____

3. un negozio magnifico _____

4. un'amica greca _____

5. un amico simpatico _____

6. un lungo viaggio _____

B. Di tutto un po'. Make the following sentences plural.

    ESEMPIO: Leggiamo (*We're reading*) un classico greco. → Leggiamo molti classici greci.

1. Il medico ha una figlia simpatica.

    _____

2. Il gatto è un animale domestico.

    _____

3. Ecco lo spago (*string*) per legare (*tie*) il pacco!

    _____

4. Abbiamo una valigia di buona marca (*brand*).

    _____

5. Abbiamo una collega apatica (*apathetic*).

    _____

Proverbi e modi di dire

Al nemico che fugge, ponti d'oro.
Golden bridges to a fleeing enemy.

Troppi cuochi guastano il pranzo.
Too many cooks spoil the broth (lit., lunch).

♫ Pronuncia: The Sounds of the Letter *s*

The letter **s** represents two sounds in Italian: [s] as in the English word *aside,* and [z] as in the English word *reside.*

A. S sorda. The [s] sound occurs (1) at the beginning of a word, when **s** is followed by a vowel; (2) when **s** is followed by **ca, co, cu, ch,** or by **f, p, q,** or **t;** (3) when **s** is doubled. Listen and repeat.

1. salute
2. sete
3. simpatico
4. soldi
5. supermercato
6. scandalo
7. scolastico
8. scuola
9. schema
10. sfera
11. spaghetti
12. squadra
13. stadio
14. basso

B. S sonora. The [z] sound occurs (1) when **s** is followed by **b, d, g, l, m, n, r,** or **v** and (2) when **s** appears between vowels. Listen and repeat.

1. sbagliato
2. sdraio
3. sgobbare
4. slogan
5. smog
6. snob
7. sregolato
8. sveglio
9. posizione
10. uso
11. rose
12. visitare

C. S e doppia s. Contrast the pronunciation of single and double **s** in these pairs of words. Listen and repeat.

1. casa / cassa
2. base / basse
3. mesi / messi
4. risa / rissa
5. rose / rosse
6. illuso / lusso

D. Parliamo italiano! You will hear each sentence twice. Listen and repeat.

1. Sette studentesse sono snelle.
2. Non sono dei grossi sbagli di pronuncia.
3. Tommaso ha sei rose rosse.
4. Gli studenti sbadigliano spesso.
5. Non siete stanchi di sgobbare?

Lettura

Italiano a Perugia...

Parla Simone, uno studente italo-americano. Studia italiano in Italia quest'estate, a Perugia, all'Università per Stranieri.

La mia classe d'italiano è simpatica. Siamo venticinque studenti in un'aula grande con molte carte dell'Italia, banchi piccoli ma nuovi e una professoressa brava e entusiasta. Abbiamo molti libri per imparare[a] l'italiano, e gli studenti sono di molti stati del mondo. Ci sono americani, giapponesi, cinesi, tedeschi, spagnoli, greci, russi e polacchi. Il mio compagno di banco è un ragazzo di ventidue anni, Ivan. Lui è russo, di San Pietroburgo. È un ragazzo alto, robusto, biondo, con gli occhi azzurri. Parla[b] bene l'italiano ed è sempre molto gentile. L'altra compagna di banco è una ragazza spagnola, di Madrid, che si chiama Benita. Lei è piccola e magra, con i capelli bruni e lisci, e gli occhi neri. Ha ventisette anni, è molto seria e simpatica ed è molto contenta di imparare l'italiano. E io chi sono? Sono Simone, un italo-americano di New York. Ho parenti a Napoli e in Calabria, ma anche qui a Perugia: due zii e cinque cugini. E ho molti amici italiani: l'Università per Stranieri[c] è il posto ideale per fare amicizie.[d] Perugia è una città bella e interessante: ci sono molte piazze e

[a]*learning*

[b]*He speaks*

[c]*Foreigners*
[d]*fare... making friends*

monumenti, molte chiese e molti musei, e Assisi, con la sua Basilica di San Francesco, è vicina. D'estate c'è «Umbria Jazz», una manifestazione musicale importante. Mi piace^e questa città!

^eMi... *I like*

1. Caratteristiche della classe:

   _____

2. Nazioni degli studenti (esempio: studenti italiani = Italia):

   _____

3. Compagni di banco di Simone, descrizione fisica e del carattere (*personality*):

   _____

4. Chi è Simone? Perché è a Perugia?

   _____

5. Cosa c'è a Perugia? Perché è una città interessante?

   _____

Ed ora ascoltiamo!

Three people will introduce themselves to you. Listen carefully as many times as you need to. Write the name of the person next to the portrait that matches the description.

_____   _____   _____

Un po' di scrittura

❖ **Amici, amiche.** Write a brief composition about some friends of yours, American or foreign. Write 8 or 10 lines; use another sheet of paper.

    ESEMPIO: Ho due amici italiani, Simona e Francesco. Sono di Venezia, sono molto simpatici e generosi. Simona è bruna e ha gli occhi neri. Francesco...

 Dettato

You will hear a brief dictation three times. The first time, listen carefully. The second time, the dictation will be read with pauses. Write what you hear. The third time, check what you have written. Write on the lines provided. Check your dictation in the Answer Key.

In quest'aula _____

_____

_____

_____

_____

_____

Attualità

❖ **Il partner ideale.** Here are the results of a poll on the ideal partner conducted by the center «La Metropoli», published by the daily newspaper *La Repubblica* and the weekly magazine *Anna*. These are the answers of 1,010 young people between the ages of 16 and 25. Read over the results, then give your own descriptions of **l'uomo ideale** and **la donna ideale**.

Espressioni utili: che sappia scherzare (*with a sense of humor*); che sappia stupire (*surprising*), intraprendente (*enterprising*)

GIOVANI ANNI '90

Lui? Lo voglio ricco e famoso

Tramonta il mito dell'uomo tormentato. Oggi deve essere intraprendente e dinamico. Deve guadagnare bene. E loro, i ragazzi, che cosa si aspettano dalla donna della loro vita?

IL PARTNER DEVE ESSERE...

(in percentuale)	maschi	femmine
Bello/a	49	15
Gradevole	12	55
Muscoloso	6	26

L'uomo ideale
- Dolce e aggressivo
- Intraprendente
- Dinamico
- Sportivo
- Che sappia scherzare
- Muscoloso

La donna ideale
- Bella
- Decisa
- Avventurosa
- Che sappia stupire
- Comprensiva
- Coraggiosa

L'uomo ideale

_____

_____

_____

_____

_____

La donna ideale

_____

_____

_____

_____

_____

Capitolo

3

Mia sorella studia all'università

Name _____

Date _____

Class _____

Lezione 1: Vocabolario

A. Relazioni familiari. Provide the name of the family member defined.

1. È il fratello di mio padre: _____

2. È la sorella di mia madre: _____

3. È il figlio dei miei genitori: _____

4. È il padre di mio padre: _____

5. È la figlia dei miei nonni ed è anche uno dei miei genitori: _____

6. Sono figli dei miei zii: _____

❖ Now answer these questions about your family.

Hai un fratello? Come si chiama? Hai una sorella? Come si chiama? Quando sono nati? Quanti anni hanno? Hai molti parenti?

_____

_____

_____

B. Associazioni. Match up the topics in the two columns.

A

1. _____ economia e commercio
2. _____ lingue e letterature straniere
3. _____ scienze politiche
4. _____ psicologia
5. _____ informatica
6. _____ sociologia

B

a. il comportamento (*behavior*) del bambino
b. il linguaggio dei computer
c. i mass media e la società
d. le novelle cinesi
e. il sistema monetario europeo
f. il parlamento inglese

C. Un piccolo cruciverba (*crossword puzzle*)!

ORIZZONTALI

2, 1 È la materia di Aristotele.

5, 1 I dottori studiano questa materia.

5, 10 Questi esami sono più frequenti in Italia.

9, 1 Gli studenti che studiano questa materia amano costruire (*love to build*).

15, 6 Giulio Cesare, Carlo Magno, Napoleone: in un corso di _____ europea

17, 1 In quale (*which*) corso studiate la geometria e l'algebra?

VERTICALI

2, 2 Può (*It can*) essere fisica, nucleare o meccanica.

4, 13 Dante, Boccaccio, Shakespeare: in quale facoltà siete?

6, 7 storia, latino, fisica, biologia: sono _____

8, 7 le origini dell'uomo e il suo comportamento: corso di _____

11, 2 sinonimo di **legge;** gli avvocati studiano questa materia

13, 1 All'università gli studenti scelgono (*choose*) una _____.

13, 10 Questi esami sono più frequenti negli Stati Uniti.

	1	2	3	4	5	6	7	8	9	10	11	12	13	14
1														
2	F	I	L	O	S	O	F	I	A	■				
3														
4														
5								■						
6						■		■						
7								A						
8								N					■	
9								T					■	
10								R						
11								O						
12		■		■				P						
13								O						
14					■			L						
15				■				O				■		
16								G			■		■	
17								I			■		■	
18								A						
19								■						

❖ **D. La mia (*My*) settimana all'università.** Complete the chart with your class schedule.

	lunedì	martedì	mercoledì	giovedì	venerdì	sabato
8.00						
9.00						
10.00						
11.00						
12.00						
1.00						
2.00						
3.00						
4.00						
—						

Now write a paragraph telling what your week is like. Use another sheet of paper.

Espressioni utili: al mattino (*in the morning*); al pomeriggio (*in the afternoon*); impegnato (*busy*); libero (*free*)

ESEMPIO: Il martedì e il giovedì ho un corso di informatica al mattino e un corso di tennis al pomeriggio. Il lunedì e il mercoledì sono molto impegnata... Il venerdì sono libera tutto il giorno...

E. Un dialogo tra studenti. You will hear a dialogue from the main text, followed by three questions. You will hear the dialogue twice. The first time, listen carefully. The second time, it will be read with pauses for repetition. Then answer the questions. Repeat the response.

STEFANO: Ciao, mi chiamo Stefano, e tu?
PRISCILLA: Priscilla, sono americana.
STEFANO: Sei in Italia per studiare?
PRISCILLA: Sì, la lingua e la letteratura italiana.
STEFANO: Oh, parli bene l'italiano!
PRISCILLA: Grazie! Studio anche la storia dell'arte. E tu, cosa studi?
STEFANO: Studio storia e filosofia, ma l'arte è la mia passione!

1. ...   2. ...   3. ...

F. In che corso? You will hear five questions based on the following drawings. Answer each question and repeat the response. Scan the drawings now.

ESEMPIO: *You hear:* In che corso siamo?
          You say: In un corso di antropologia.

1.

2.

3.

4.

5.

G. Io studio... You will hear Annarita introduce herself and talk about her subjects of study. You will hear the monologue twice. The first time, listen carefully. The second time, write the missing words. The first one has been done for you. Check your answers in the Answer Key.

Ciao, mi chiamo Annarita e sono una studentessa di liceo (*high school*). Studio ____*filosofia*____,

_____[1] e _____[2] Purtroppo (*Unfortunately*) devo studiare (*I must study*) anche

_____[3] e _____[4] C'è anche una materia che detesto: _____[5] Infatti (*In fact*) non sono brava in _____;[6] sono brava in _____[7] La mia materia preferita è

_____.[8] _____[9] è invece (*instead*) per me una materia noiosa, e anche molto

difficile.

H. Una famiglia di professori e studenti. You will hear a dialogue between two students, Alberto and Raffaella, as they are waiting to take an oral exam at the university. You will hear the dialogue twice. The first time, listen carefully. The second time, it will be read with pauses for repetition. Then complete the sentences that follow.

Parole utili:

essere severo	*to be strict*
mi aiuta	*helps me*
essere fortunato	*to be lucky*

1. Raffaella ha un esame di...
   a. matematica.   b. fisica.   c. biologia.
2. Secondo Alberto i professori sono...
   a. molto severi.   b. bravi.   c. importanti.
3. La sorella di Alberto studia...
   a. matematica.   b. fisica.   c. ingegneria.
4. Il fratello di Raffaella studia...
   a. biologia.   b. chimica.   c. fisica.
5. Il padre di Raffaella, il professor Renzi, è un professore di...
   a. ingegneria.   b. fisica.   c. matematica.

Lezione 2: Grammatica
....

A. Presente dei verbi in -are

A. Che gruppo in gamba (*sharp*)! Marco talks about his college friends. Complete the paragraph with the correct verb endings.

Isabella studi_____¹ economia e commercio, lavor_____² part-time in una banca e parl_____³ molto

bene il tedesco. Monica e Sandro studi_____⁴ lingue e letterature moderne, parl_____⁵ bene il francese

e lo spagnolo. Alla sera mangi_____⁶ sempre in fretta perché lavor_____⁷ per un giornale e non

torn_____⁸ mai (*never*) a casa per cena (*dinner*). Io abit_____⁹ vicino all'università ma arriv_____¹⁰

sempre in ritardo (*late*)! Frequent_____¹¹ la facoltà di ingegneria e impar_____¹² molto; i miei

professori spieg_____¹³ molto bene. Isabella, Monica, Sandro ed io siamo buoni amici; studi_____,¹⁴

mangi_____¹⁵ e lavor_____¹⁶ spesso insieme (*together*). Ogni (*Every*) sabato (noi) suon_____¹⁷ in un

club del centro e guadagniamo un po' di soldi!

B. Io e la mia famiglia. Complete the following description of a family with the correct form of verbs from the list. Some of the verbs may be used more than once.

      abitare   amare   frequentare   parlare   portare   telefonare   tornare

Io _____¹ la mia famiglia. Io e mia sorella _____²

con mio padre e mia madre in una grande casa in centro città. Siamo una famiglia unita. Con noi

_____³ anche mia nonna. Quando mia sorella non è a casa perché

_____⁴ l'università in una città distante, i miei genitori

_____⁵ a lei molte volte al giorno per _____⁶

con lei. Quando mia sorella _____⁷ a casa il fine-settimana,

_____⁸ sempre un regalo per mia nonna.

C. Il mondo della scuola e il mondo del lavoro (*work*). Complete the sentences logically with the correct form of **-are** verbs. (Consult the lists in your textbook if you can't remember them all.)

1. Patrizia è una infermiera: _____ in un ospedale.

2. Sono professore d'italiano in una università americana: _____ lingua e letteratura italiana.

3. Voi siete studenti della facoltà di Medicina all'università: _____ anatomia.

4. Tu e Bruno siete musicisti: durante un concerto _____ il flauto e il clarinetto.

5. Sei uno studente con la memoria corta: _____ sempre tutto!

6. Angela è una studentessa: _____ il corso elementare di italiano.

7. Michele è un bravo ballerino: _____ il flamenco e il tango molto bene.

8. Luciano Pavarotti è un cantante d'opera: _____ al Met di New York e al Teatro alla Scala di Milano.

D. Un'altra famiglia di insegnanti e studenti. You will hear a passage twice. The first time, listen carefully. The second time, write the missing **-are** verb forms. Check your answers in the Answer Key.

Siamo una famiglia d'insegnanti e di studenti, questo è sicuro. La mamma è professoressa di matematica in una scuola media. Papà invece _____[1] francese in un liceo scientifico. I miei fratelli, Gigi e Daniela, _____[2] le elementari, e io _____[3] all'università. _____[4] la facoltà di Medicina, _____[5] materie come la biologia, la chimica, l'anatomia. Sono materie difficili. Tutti _____[6] e _____[7] molto. In famiglia abbiamo anche un gatto. Soltanto il gatto non _____[8] e non _____.[9] Beato lui!

E. Chi? You will hear a series of sentences. You will hear each sentence twice. Circle the subject to which the sentences refer.

ESEMPIO: *You hear:* Suonate la chitarra?
You circle: (a. voi) b. Virginia

1. a. questa ragazza   b. queste ragazze
2. a. io   b. lui
3. a. voi   b. tu
4. a. il signor Rossi   b. i signori Rossi
5. a. noi   b. loro
6. a. io   b. noi

F. Che confusione! You're at a party with Paolo, who has everything wrong about you and your friends. Correct him using the following information. Repeat the response.

ESEMPIO: *You read:* Voi lavorate in banca?
You hear: Sabrina e Ivan
You say: No, noi non lavoriamo in banca. Sabrina e Ivan lavorano in banca!

1. Tu parli spagnolo?
2. Michela abita a Firenze?
3. Voi studiate giapponese?
4. La professoressa Brown insegna italiano?
5. Tu suoni la chitarra?
6. Victor frequenta il corso di economia e commercio?

B. Dare, stare, andare e fare

A. Lezioni private. Anna has found a way to earn some money while at college. Everybody in the house has to tutor! Complete the paragraph with the correct forms of **dare.**

Io _____[1] lezioni di giapponese. Luca e Chiara _____[2] lezioni di musica. Tu _____[3] lezioni di chimica. Io e Luca _____[4] anche lezioni di matematica. Tu e Chiara _____[5] anche lezioni di filosofia. E Giusi? Lei _____[6] lezioni di fisica.

B. A un congresso. Now Anna is telling her friend Cristina how everybody is going to an important conference. Complete the paragraph with the correct forms of **andare.**

(Noi) Non _____[1] in aereo! Io _____[2] in treno; Luca e Chiara _____[3] in macchina; Giusi _____[4] in moto. E tu, Cristina, come _____[5]? Tu e Paolo _____[6] in pullman (*inter-city bus*)?

PROVERBI E MODI DI DIRE

Chi non fa, non falla.*
Those who do nothing make no mistakes.

Chi fa falla, e chi non fa sfarfalla.
Those who act, make mistakes; and those who do nothing really blunder.

C. Cosa facciamo stasera? Complete the following dialogue with the correct forms of **stare** and **fare.**

DANIELA: Ciao, Cinzia, come _____¹?

CINZIA: _____² benissimo, grazie! Cosa _____³ stasera?

DANIELA: Mah! Io e Giorgio non _____⁴ niente di speciale, _____⁵ in casa con amici;

(io) _____⁶ una bella spaghettata (*spaghetti dinner*). E voi, _____⁷ il solito

(*usual*) giro in centro?

CINZIA: Probabilmente sì! A proposito (*By the way*), come _____⁸ i tuoi (*your*) amici di

Bologna?

DANIELA: Loro _____⁹ bene; sono sempre molto energici, _____¹⁰ mille cose alla

volta (*a thousand things at once*).

CINZIA: E la loro (*their*) bambina, Caterina, come _____¹¹?

DANIELA: Adesso _____¹² meglio (*better*); va a scuola ed è contenta.

D. Che noia! Imagine that you're attending a really boring lecture. Using another sheet of paper, write a note to pass to a friend in which you:

1. ask what he is going to do tonight.   2. ask if Gianni is giving a party.   3. ask if Marco and Adele are staying home.   4. suggest that you go eat at a pizzeria and then go to the movies.   5. ask if he and Manuela are taking the sociology orals on Monday.   6. tell him that it's really hot in the class and tell him it's only (**solo**) 11:15.   7. tell him that tomorrow you are going home by train.   8. ask him why he is not paying attention when the professor speaks!

E. Dove andate? You will hear a dialogue from the main text. You will hear it twice. The first time, listen carefully. The second time, it will be read with pauses for repetition.

SERGIO: Che fai per il ponte di Pasqua?
GIACOMO: Patrizia ed io andiamo a casa mia a Napoli.
SERGIO: Andate in macchina, in aereo o in treno?
GIACOMO: Andiamo in treno perché abbiamo pochi soldi. E tu, che fai?
SERGIO: Non vado da nessuna parte. Sto a casa e studio. Mercoledì do gli scritti di chimica.

*The verb **sbagliare,** not **fallare,** is currently used to mean *to make a mistake.*

F. Con che cosa vanno? Look at the drawings and tell how these people are getting about. Use the subjects you hear and the following places. Repeat the response.

> ESEMPIO: *You see and read:* in Italia
> *You hear:* Giulia
> *You say:* Giulia va in Italia in aereo.

1. all'università

3. a Roma

2. a casa

4. in centro

 G. Una persona curiosa. Rebecca is very curious about everything today. You will hear her questions twice. Answer according to the cues. Repeat the response.

> ESEMPIO: *You hear:* Fai il letto tutti i giorni?
> *You read:* sì
> *You say:* Sì, faccio il letto tutti i giorni.

1. no 2. sì 3. no 4. sì 5. sì 6. no

 H. La vita degli studenti. Fabio and Laura have a tough week ahead of them. You will hear a dialogue about their week twice. The first time, listen carefully. The second time, write the missing verbs. Check your answers in the Answer Key.

LAURA: Ciao... come _____¹?

FABIO: Così così. Ho gli orali di storia dell'arte domani; è un esame terribile! _____² a casa a studiare stasera.

LAURA: _____³ altri esami questa settimana?

FABIO: Sì, mercoledì ho gli scritti di latino.

LAURA: Sei pronto?

FABIO: Sì, ma devo _____ ⁴ attento a non sbagliare i verbi. E tu, _____ ⁵ esami in

questa sessione?

LAURA: Sì, _____ ⁶ gli scritti di lingua e letteratura francese la settimana prossima.

_____ ⁷ a casa a studiare tutto il weekend. Il mio francese è così così, e gli scritti sono

difficili, il dettato specialmente!

FABIO: Perché non _____ ⁸ a studiare insieme a casa mia? Io studio storia dell'arte e latino e tu

prepari francese, va bene?

C. Aggettivi possessivi

A. Di chi sono? Whose objects are these? Complete the sentences with the correct possessive adjective. Remember to include the definite article.

1. Tu compri (*are buying*) (*my*) _____ _____ macchina.

2. Noi facciamo (*our*) _____ _____ compiti.

3. Franco studia (*his*) _____ _____ lezioni.

4. Io vedo (*I see*) (*my*) _____ _____ compagni di classe.

5. Giulia invita (*her*) _____ _____ amici.

6. Dove abitano (*their*) _____ _____ fratelli?

B. Sì o no? Bettina wants to know what belongs to whom, so she asks you and the following people about everything she sees. Answer her questions affirmatively or negatively.

ESEMPIO: tu / chitarra →
—È la tua chitarra?
—Sì, è la mia chitarra.

1. io / scuola _____

   No, _____

2. tu / compiti _____

   Sì, _____

3. voi / matite _____

   Sì, _____

4. Luisa / bicicletta _____

   No, _____

5. Stefano / gatti _____

   Sì, _____

6. io e tu / quaderni _____

   No, _____

C. Che lista lunga... Sonia is telling her friend Marco about a box she has found in her garage filled with many items belonging to her friends and family. Rephrase her statements using possessive adjectives.

SONIA: Marco, la mia visita in garage è stata (*was*) una sorpresa... Ecco, finalmente, il libro di Paolo, lo zaino di Marisa, la penna dello zio Beppe, il block-notes di Irene, la borsa di Giovanni, gli occhiali che tu e Marisa usate sempre e ci sono anche le chiavi della nostra macchina, e c'è il cellulare di Francesco. Ma è incredibile!

Cosa c'è di Paolo in garage? *il suo libro* _____

1. E di Marisa? _____

2. E dello zio Beppe? _____

3. E di Irene? _____

4. E di Giovanni? _____

5. E di Marco e Marisa? _____

6. E di Sonia e Marco? _____

7. E di Francesco? _____

D. Chi è il tuo professore preferito? You will hear a dialogue from the main text twice. The first time, listen carefully. The second time, Roberto's lines will be read with pauses for repetition.

GIANNI: Chi è il tuo professore preferito?

ROBERTO: Be', veramente ho due professori preferiti: il professore di biologia e la professoressa d'italiano.

GIANNI: Perché?

ROBERTO: Il professore di biologia è molto famoso: i suoi libri sono usati anche nelle università americane. Anche la professoressa d'italiano è molto brava; apprezzo la sua pazienza e il suo senso dell'umorismo.

E. La mia professoressa preferita è... You will hear a continuation of the dialogue between Gianni and Roberto, followed by three questions. You will hear the dialogue twice. The first time, listen carefully. The second time, the part of Gianni will be read with pauses for repetition. Then answer the questions in writing. Check your answers in the Answer Key.

Frasi utili: lo dico subito (*I'll say it outright*), anzi (*in fact*), affascinante (*fascinating*), scelta (*choice*), fidanzata (*girlfriend*)

ROBERTO: E i tuoi professori come sono?

GIANNI: Io non sono imparziale, lo dico subito: ho solo un professore preferito, anzi, una professoressa, l'assistente di astronomia. Le sue lezioni sono sempre super-affascinanti...

ROBERTO: Mmmmmm... Che bella scelta! Non è forse la tua fidanzata questa assistente? Non insegna astronomia qui all'università?

GIANNI: Vero, vero, è proprio la mia fidanzata, hehehehe.

1. Chi è l'insegnante preferito di Gianni? _____

2. Che cosa è super-affascinante? _____

3. Perché Gianni non è imparziale nella sua scelta? _____

F. Dov'è? You're very absent-minded today. Ask where your things are. Repeat the response.

ESEMPIO: *You hear:* libro
You say: Dov'è il mio libro?

1. ... 2. ... 3. ... 4. ... 5. ... 6. ... 7. ... 8. ...

Lezione 3: Grammatica

D. Possessivi con termini di parentela

A. Mini-dialoghi. Complete the following dialogues with the appropriate possessive adjective.

1. Beatriz e Jennifer parlano dei loro genitori.

   BEATRIZ: E _____*la tua*_____ mamma, è italiana?

   JENNIFER: Sì, _____[1] mamma è italiana, ma _____[2] papà è tedesco.

   E _____[3] genitori, sono italiani?

   BEATRIZ: No, _____[4] genitori sono messicani.

2. Danila e Valeria, Mario e Cesare parlano dei loro cugini.

   DANILA E VALERIA: Ciao, ragazzi (*guys*). Come stanno _____[1] cugini? Sono proprio

   simpatici!

   MARIO E CESARE: _____[2] cugini stanno molto bene. E _____[3] cugine?

   DANILA E VALERIA: _____[4] cugine stanno benissimo, grazie!

3. Loriana e Lisetta parlano della famiglia di Anna.

   LORIANA: Come'è il marito di Anna?

   LISETTA: _____[1] marito? È simpaticissimo. Ha un grande senso dell'umorismo (*a*

   great sense of humor).

   LORIANA: E hanno bambini, vero? Come sono?

   LISETTA: _____[2] bambini sono veramente carini, molto gentili e vivaci.

B. Chi arriva oggi? There are many arrivals in your neighborhood. Tell who is coming, as in the example.

   ESEMPIO: a friend (*f.*) of mine →
   Oggi arriva una mia amica.

1. a nephew of mine

   _____

2. two cousins of ours

   _____

3. two aunts of yours (*sing.*)

   _____

4. two sisters of yours (*pl.*)

   _____

5. a niece of theirs

   _____

6. a brother of hers

   _____

C. Un albero genealogico (*A family tree*). You will hear a passage in which Riccardo describes his family. You will hear the passage three times. The first time, listen carefully. The second time, complete the family tree with the appropriate relative term and that relative's profession (**professione**), The third time, check your answers. Check your completed information in the Answer Key. Then complete the statements, based on the passage. Scan the family tree illustration now.

Parole utili: nubile (*f., single*), parente (*relative*), sposata (*f., married*)

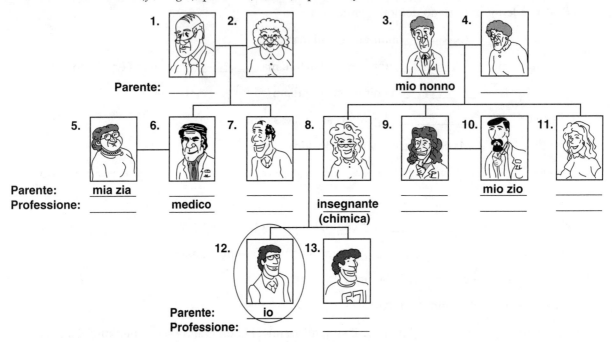

Now complete the following statements both in writing and orally. Repeat the response. Then check your written answers in the Answer Key. The first one has been done for you.

1. _____*Il*_____ _____*suo*_____ fratellino è studente di fisica.

2. _____ _____ insegna matematica.

3. _____ _____ insegna chimica.

4. La moglie di _____ _____ è professoressa di biologia.

5. _____ _____ _____ nubile è segretaria.

6. I _____ _____ sono dentisti.

7. _____ zio è medico.

8. _____ _____ nonni abitano a Napoli.

D. La mia famiglia. Riccardo is your guest at a family gathering. Point out your relatives to him. Repeat the response.

ESEMPIO: *You read:* lo zio Giulio, professore
You say: Ecco mio zio Giulio. Lui è professore.

1. le cugine Barbara e Daniela / studentesse di medicina
2. i nonni / in pensione (*retired*)
3. il papà / medico

4. la zia Anna / dentista
5. fratello / studente
6. il cugino Emanuele / architetto

E. E il tuo albero genealogico? Answer the following six questions orally based on your own family tree.

1. ... 2. ... 3. ... 4. ... 5. ... 6. ...

E. **Questo** e **quello**

A. Quello, non questo! Laura wants to decide everything today: whatever you say, she will say the opposite. Write what Laura says, according to the example.

> ESEMPIO: Andiamo a questi bar? → No, a quei bar!

1. Invitiamo questo ragazzo? _____

2. Prendiamo quest'automobile? _____

3. Telefoniamo a queste amiche? _____

4. Aspettiamo quest'autobus? _____

5. Visitiamo questo zoo? _____

6. Parliamo con questi studenti? _____

7. Compriamo vestiti in questi negozi? _____

8. Chiamiamo questi amici? _____

B. Questa o quella per me pari sono? Complete the sentences with the correct form of **questo** or **quello.**

1. (Questa/Quella/Questo) scooter funziona ancora (*still*).
2. (Questi/Quelle/Queste) professori sono eccellenti.
3. (Quel/Quella/Quell') amico non telefona mai.
4. (Quelle/Quei/Quegli) notti invernali sono lunghe.
5. (Questo/Questi/Questa) cinema non è buono.
6. (Quel/Quella/Quello) bar ha pochi clienti.

C. Compro questo o quello? You will hear a dialogue from the main text twice. The first time, listen carefully. The second time, the dialogue will be read with pauses for repetition.

MIRELLA: Quale compri, questo golf rosso o quel golf giallo e verde?
SARA: Compro quel golf giallo e verde. E tu, cosa compri? Questa maglietta blu è molto bella, ma è bella anche quella maglietta grigia.
MIRELLA: Non lo so. Tutt'e due sono belle.

D. Quale? Giacomo is unsure which people you're talking about. Answer the questions with the appropriate form of **quello.** Repeat the response.

> ESEMPIO: *You hear:* Quale ragazza?
> *You say:* Quella ragazza.

1. ... 2. ... 3. ... 4. ... 5. ... 6. ... 7. ... 8. ...

Pronuncia: The Sounds of the Letter *g*

As you learned in the **Capitolo preliminare,** the letter **g** represents two sounds in Italian: [g] as in the English word *go* and [ğ] as in the English word *giant.*

A. *G* dura. The [g] sound occurs when **g** is followed directly by **a, o, u, h,** or most other consonants. Listen and repeat.

1. gatto
2. gondola
3. guidare
4. ghetto
5. grasso

B. *G* dolce. The [ğ] sound occurs when **g** is followed directly by **e** or **i.** Listen and repeat.

1. gennaio
2. giapponese
3. giorno
4. giurisprudenza
5. antropologia

C. *G* e doppia *g*. Contrast the pronunciation of the single and double **g** sounds in these pairs of words. Listen and repeat.

1. fuga / fugga
2. lego / leggo
3. agio / maggio
4. pagina / paggio

D. *Gl* e *gn*. The clusters **gl** and **gn** have special sounds. Most of the time, **gl** is pronounced like the *ll* in the English word *million,* while **gn** is similar in sound to the first *n* in the English word *onion.* Listen and repeat.

1. gli
2. sbagliato
3. foglio
4. meglio
5. gnocchi
6. spagnolo
7. ingegneria
8. gnomo

E. Parliamo italiano! You will hear each sentence twice. Listen and repeat.

1. Lo spagnolo e l'inglese sono due lingue.
2. È uno sbaglio tagliare gli agli sulla tovaglia.
3. Ecco gli insegnanti di psicologia.
4. Gli ingegneri giapponesi arrivano in agosto.
5. Giugno e luglio sono due mesi meravigliosi.
6. Giovanna e Gabriella sono giovani.

Lettura

Studiare in Italia*

Per gli studenti italiani la scuola comincia a sei anni, con la scuola elementare, che dura[a] cinque anni. Continua poi per altri tre fino ai[b] quattordici anni, con la scuola media. Scuola elementare e media formano la «scuola dell'obbligo[c]». In questi otto anni gli studenti italiani studiano materie come la lingua italiana, la storia, la geografia, la matematica, le scienze, imparano il disegno[d] e fanno educazione fisica.

[a]*lasts* / [b]*fino... up to*

[c]*mandatory*

[d]*drawing*

*The Italian school system is currently under reform. The year 2000 general reform law has been approved, but its effects on elementary, middle, and secondary school education have yet to be finalized. The purpose of the reform law, however, is to make the educational systems of all the European Union nations similar.

Dall'età di otto anni gli studenti cominciano lo studio di una lingua
straniera, di solito l'inglese o il francese. Gli studenti italiani vanno a scuola
sei giorni alla settimana, sabato incluso; possono scegliere[e] di studiare, per
un'ora alla settimana, la religione cattolica. Gli esami sono orali e scritti: ci
sono le «interrogazioni» orali ed i «compiti in classe» che sono esami scritti.
Alla fine delle elementari e delle medie gli studenti devono superare degli
esami finali complessivi.[f]

[e]possono... *they can choose*

[f]*comprehensive*

Dopo la scuola media, gli studenti hanno varie possibilità: il liceo
(classico, scientifico, linguistico) e gli istituti tecnici o professionali. Queste
scuole, chiamate superiori, durano cinque anni, fino ai diciannove anni, e
sono divise[g] in un biennio (due anni) di materie generali e in un triennio (tre
anni) di maggiore[h] specializzazione. Materie comuni per la scuola superiore
sono italiano, storia, matematica, le scienze e la lingua straniera. Nel liceo
classico, gli studenti studiano anche il latino, il greco antico, la filosofia; nel
liceo scientifico, studiano la chimica, la fisica, la biologia.

[g]*divided*
[h]*further*

Alla fine dei cinque anni gli studenti hanno l'«esame di maturità». È un
esame lungo, complesso, con professori interni e esterni alla loro scuola: ci
sono tre materie scritte e un orale sulle materie studiate nell'ultimo anno.
L'esame di maturità è un esame che tutti gli studenti ricordano: è come un
rito di passaggio all'età adulta.

Dopo questo esame, se gli studenti passano, e continuano a studiare,
cominciano l'università. Se vanno a cercare un lavoro,[i] il diploma di
maturità è sufficiente per molti tipi di lavoro.

[i]*job*

Write down three types or levels of school and related information, based on the **Lettura.**

TIPO DI SCUOLA	DURATA	MATERIE FONDAMENTALI	TIPO DI ESAMI

1. _____

2. _____

3. _____

❖ Now compare the Italian system with yours.

1. Quanti anni studiano gli studenti in questo paese (*country*)? _____

2. Quando comincia la scuola per gli studenti in questo paese? _____

   _____

3. Quali lingue straniere studiano gli studenti nei licei in questo paese? _____

   _____

4. Quali materie di base i professori dei licei in questo paese insegnano? Ci sono materie diverse da
   quelle (*different from*) dei licei italiani? _____

   _____

5. Ci sono esami orali, le «interrogazioni», nei licei in questo paese? _____

   _____

🎧 Ed ora ascoltiamo!

You will hear a description of Lisa. Listen carefully, as many times as you need to. Then you will hear six statements. Circle **vero** or **falso.**

1. vero   falso

2. vero   falso

3. vero   falso

4. vero   falso

5. vero   falso

6. vero   falso

Un po' di scrittura

❖ **Un ricordo** (*recollection*) **di scuola.** Taking your inspiration from this chapter's **Lettura,** write about your memories of an important event in your school career: the first day of school, your friends in junior high, your instructors in high school. Write as if you were at that moment in time. Write about 10 lines; use another sheet of paper.

Espressioni utili: il compagno / la compagna di classe (*classmate*), al liceo (*in high school*), il maestro / la maestra (*elementary school teacher*), alle Medie (*in junior high*), primo (*first, adj.*)

> ESEMPIO: Sono le otto; suona la campana (*the bell rings*). Tutti arrivano in fretta! La nostra maestra aspetta gli studenti in classe. Ecco Fabrizio, il mio caro amico, in ritardo (*late*) come sempre...

🎧 Dettato

You will hear a brief dictation three times. The first time, listen carefully. The second time, the dictation will be read with pauses. Write what you hear. The third time, check what you have written. Write on the lines provided. Check your dictation in the Answer Key.

Mariella, Stefano e Patrizia, _____

_____

_____

_____

_____

_____

Attualità

❖ **Una scheda di iscrizione** (*application form*). Look over the following form from the **Università degli Studi di Bergamo** and fill it out with your own personal information.

CORSO ESTIVO INTENSIVO DI LINGUA E CULTURA ITALIANA PER STRANIERI
SCHEDA DI ISCRIZIONE

1. Cognome _____
   Nome _____
   Secondo nome _____
   Sesso _____
   Luogo di nascita _____
   Data di nascita _____
   Nazionalità _____
   Prima lingua _____

2. a. (solo lavoratori) (*only for working people*)
   Professione _____
   Titolo di studio (*Degree*) _____

   b. (solo studenti)
   Tipo di scuola frequentata _____
   _____
   Facoltà _____

3. a. (solo per chi ha già studiato l'italiano) (*only for those who have already studied Italian*)
   Quando _____
   Per quanto tempo (*For how long*) _____
   Dove _____

   b. Altre lingue conosciute _____
   A livello colloquiale _____
   A livello scolastico _____
   A livello professionale _____

4. Lo studio dell'italiano è motivato da interessi:
   Professionali _____
   Artistici _____
   Musicali _____
   Letterari _____
   Scientifici _____
   Politico-economici _____
   Turistici _____
   Altri (specificare) _____

5. È interessato
   • al corso di tre settimane (5/23 luglio)
   • al corso di quattro settimane (5/30 luglio)
   • al corso di tre settimane (solo livello avanzato) dal 12 al 30 luglio

6. Richiede la soluzione comprensiva di vitto e alloggio (*Request for full room and board*)
   Camera singola (*Single room*) _____
   Camera doppia (*Double room*) _____

   _____
   Firma (*Signature*)
   Data _____
   Indirizzo _____
   Telefono/Fax n. _____
   Indirizzo di posta elettronica _____

Prova-quiz

A. Ecco un esercizio! Fill in each blank with the appropriate form of the indefinite article.

ESEMPIO: Nadia ha _una_ foto.

1. Ecco _____ chiesa gotica ed ecco _____ museo orientale.

2. Julie ha bisogno di _____ lezione di geografia sull'Italia.

3. La Bocconi è _____ università privata a Milano.

4. Barbara ha _____ zio, _____ zia e _____ cugino a New York.

5. —C'è _____ stadio qui vicino? —Sì, diritto, poi a destra.

6. Julie, Barbara e Mauro sono in _____ caffè e bevono (*they're drinking*) _____ aranciata.

B. Anche lei. Complete each sentence with the appropriate form of **essere** + *adjective*.

ESEMPIO: Tu sei africano; anche lei è africana.

1. Tu sei irlandese; anche loro _____

2. Tu sei russa; anche lui _____

3. Tu sei inglese; anche Mary _____

4. Tu sei stanco; anche lui _____

5. Tu sei felice; anch'io _____

C. Io ricordo tutto! Describe what you and the following people do. Complete the sentences with the appropriate verb form.

1. Patrizia _____ (lavorare) in un ospedale.

2. Io _____ (insegnare) in questa scuola.

3. Voi _____ (studiare) biologia.

4. Silvia e Bruno _____ (suonare) il flauto.

5. Noi _____ (guidare) una Alfa-Romeo rossa.

6. Tu _____ (dimenticare) tutto!

7. Lei _____ (frequentare) un corso di russo.

8. Michele _____ (ballare) il twist.

9. Noi _____ (cominciare) la lezione.

10. Io _____ (cantare) spesso.

D. Traduzioni. Express in Italian. Use another sheet of paper.

1. I have a bicycle, you have a motorscooter, and she has a car.
2. They don't have an apartment. They have a house.
3. We have a good uncle; he is always in a hurry!
4. Peter has a job. He has a good job and a good salary.
5. Do you feel like having an ice cream?

4

Forza, Azzurri!

Lezione 1: Vocabolario

A. Cosa fanno? Look at each drawing and complete the phrase with the appropriate verb. (Consult the lists in your textbook if you can't remember them all.)

ESEMPIO:

Gli studenti _____*disegnano*_____.

1. Gianni e Danilo _____.

2. Noi _____.

3. La signora Lina _____.

4. Tu e Giovanna _____.

5. Voi _____.

6. Tu _____.

7. I signori Nieri _____.

8. Gina _____.

B. Com'è il tempo? Look at each drawing and describe the weather. (Consult the lists in your textbook if you can't remember the weather verbs.)

1. _____ 2. _____ 3. _____

4. _____ 5. _____

❖ **C. Mini-sondaggio** (*poll*). Which of these activities do you do regularly, rarely, or never? Complete the chart, by writing an **X** in the appropriate column.

ATTIVITÀ	regolarmente	raramente	mai
1. andare a un concerto			
2. correre			
3. dipingere			
4. dormire			
5. fare aerobica			
6. fare un giro in moto			
7. guardare la TV			
8. leggere il giornale			
9. prendere lezioni di ballo			
10. pulire la casa			
11. scrivere lettere			
12. uscire con gli amici			

D. I programmi del giorno. You will hear a dialogue from the main text twice. The first time, listen carefully. The second time, it will be read with pauses for repetition.

LORENZO: Ciao, Rita! Ciao, Alessandro! Cosa fate oggi?

ALESSANDRO: Vado a giocare a tennis con Marcello, e poi a casa: c'è un bel film alla TV.

RITA: Io invece vado a fare l'aerobica con Valeria, e poi abbiamo un appuntamento con Vittoria per studiare. C'è un esame di matematica domani.

ALESSANDRO: E tu, Lorenzo, che programmi hai?

LORENZO: Mah, oggi non ho voglia di fare niente...

RITA: Che novità, è il tuo passatempo preferito!

E. Cosa facciamo stasera? You will hear the following dialogue twice. The first time, listen carefully. The second time, write the missing words. Check your answers in the Answer Key.

Frasi utili:

alla TV non danno mai	on TV there's never
fare un giro a piedi	to go out for a walk
guardare le vetrine	to go window-shopping
un modo elegante per dire	a nice way of saying
le camere da letto	bedrooms
la sala da pranzo	dining room
il bagno	bathroom
la cucina	kitchen

PIERA: Romolo, cosa _____[1] stasera?

ROMOLO: Mah, non lo so... _____[2] al cinema? O _____[3] un film alla TV?

PIERA: No, non _____[4] _____[5] di andare al cinema... E alla TV non _____[6] mai niente d'interessante.

ROMOLO: E allora che _____[7] fare? Perché non _____[8] un giro a piedi, andiamo in centro e _____[9] le vetrine...

PIERA: Ma Romolo, nevica! _____[10] troppo freddo!

ROMOLO: Sì, nevica ma non tira vento, e cosa vuoi fare, _____[11] l'inverno in casa?

PIERA: Ma no...

ROMOLO: Insomma, che vuoi fare? Un caffè, allora?

PIERA: No, niente caffè... sai, piuttosto, _____[12] proprio bisogno di _____[13] la casa...

ROMOLO: Eh ora _____[14]! Qui no, là no, insomma, un modo elegante per dire che abbiamo bisogno di pulire la casa. E va bene, ma io _____[15] le camere da letto e la sala da pranzo, tu _____[16] il bagno e la cucina!

Lezione 2: Grammatica

A. Presente dei verbi in **-ere** e **-ire**

A. Cosa preferisci? Complete the following dialogues using **preferire** + *infinito.*

> ESEMPIO: s1: Io gioco a tennis, e tu?
>
> s2: Io _____*preferisco giocare*_____ a pallone.

1. s1: Io vado in biblioteca in macchina, e tu?

   s2: Io _____ a piedi.

2. s1: Io parto stasera, e voi?

   s2: Noi _____ domani.

3. s1: Io dormo in albergo, e Donata?

   s2: Donata _____ in un ostello.

4. s1: Io ricevo la posta (*mail*) a casa, e voi?

   s2: Noi _____ in ufficio.

5. s1: Io apro i regali (*presents*) stasera, e Piero?

   s2: Piero _____ domani mattina.

6. s1: Io pago in lire, e loro?

   s2: Loro _____ in dollari.

7. s1: Io scrivo poesie, e tu?

   s2: Io _____ racconti.

8. s1: Io servo la cena in sala da pranzo (*dining room*), e voi?

   s2: Noi _____ in terrazza.

B. Anch'io! Your friend Lucia is a little conceited. Point out that she isn't the only one who does certain things.

LUCIA: Io prendo lezioni di musica e di ballo!

TU: Anch'io _____[1]!

LUCIA: Io seguo un corso di giapponese!

TU: Anche mio fratello _____[2]!

LUCIA: Io ricevo sempre molti inviti (*invitations*)!

TU: Anche le mie sorelle _____[3]!

LUCIA: Io servo sempre vino rosso con la carne!

TU: Anche mia zia_____[4]!

LUCIA: Io leggo solo romanzi classici (*classic novels*)!

TU: Anch'io _____[5]!

LUCIA: Io corro tutti i giorni!

TU: Anche noi _____[6]!

C. *Capire, finire o pulire?* Complete the dialogues with the correct form of **capire, finire,** or **pulire.**

1. s1: A queste conferenze (*lectures*) io non _____ mai niente (*anything*)!

   s2: Noi non _____ mai niente perché non siamo informati!

2. s1: Rita e Giorgio _____ di lavorare stasera. E tu, quando _____?

   s2: Anch'io _____ stasera, così possiamo partire tutti per le vacanze domani mattina.

3. s1: Voi non _____ mai la vostra camera! È un disastro!

   s2: Noi non abbiamo tempo! Perché non _____ tu la nostra camera?

—Attento a[a] dove metti i piedi.[b]   [a]Attento... *Watch*
[b]i... *your feet*

PROVERBI E MODI DI DIRE

Chi dorme non piglia pesci.
The early bird catches the worm. (Lit., He who sleeps doesn't catch any fish.)

Non destare il cane che dorme.
Let sleeping dogs lie. (Lit., Don't wake a sleeping dog.)

D. A casa Bianchi. You will hear a monologue from the main text followed by three completion sentences. You will hear the monologue twice. The first time, listen carefully. The second time, it will be read with pauses for repetition. Then indicate the best completion to each sentence.

È una serata come tutte le altre in casa Bianchi: Franca e Sergio guardano la televisione, la mamma preferisce leggere una rivista e il padre legge il giornale. La nonna scrive una lettera ai parenti in America.

1. _____   a. preferisce scrivere una lettera.
            b. preferisce leggere una rivista.

2. _____   a. guarda la televisione.
            b. legge il giornale.

3. _____   a. scrive una lettera.
            b. legge un libro.

E. E tu, cosa fai la sera? You will hear ten questions about your own evening activities. You will hear each question twice. Tell how often you do the given activity by checking the appropriate column: **sempre, spesso,** or **mai** (*never*).

	SEMPRE	SPESSO	MAI
1.			
2.			
3.			
4.			
5.			
6.			
7.			
8.			
9.			
10.			

F. Una serata a casa Magnani... You will hear a monologue describing the evening activities at Francesco Magnani's house. You will hear the monologue twice. The first time, listen carefully. The second time, write notes on each person's evening activity. Then complete each statement orally, when you hear the name of the person. Repeat the response.

La nonna _____

La mamma _____

Il papà _____

I fratelli _____

Luigino _____

Francesco _____

B. **Dire, uscire** e **venire; dovere, potere** e **volere**

A. Chi viene al concerto? Lorenza wants to know who is coming to the concert tonight. Complete the dialogue with the correct form of **venire.**

LORENZA: Cinzia, tu _____^{1} al concerto stasera?

CINZIA: Sì, _____^{2} con Paolo.

LORENZA: E voi, _____^{3} in macchina con Cinzia?

MASSIMO: No, noi _____^{4} con Anna e Mimmo.

LORENZA: Ma _____^{5} anche loro?

MASSIMO: Sì, stasera _____^{6} proprio tutti (*everyone, pl.*)!

B. Abitudini (*Habits*) **di famiglia.** Everyone in Simone's family leaves the house at a different time. Complete his story using the verb **uscire.**

Io _____[1] di casa sempre presto la mattina: corro, compro il giornale, vado al bar a bere un

cappuccino. Mio fratello invece _____[2] di casa sempre tardi (*late*)! Non ha tempo di fare i

suoi esercizi di yoga, non ha tempo di leggere il giornale e non fa mai colazione (*breakfast*). I miei

genitori non _____[3] mai prima delle (*before*) nove: ascoltano il notiziario (*news*) alla radio

mentre bevono il caffè e poi vanno a fare un giro a piedi. Noi non _____[4] mai di casa alla

stessa ora! E tu, a che ora _____[5] di casa la mattina?

C. Cosa dicono? Complete the dialogues with the correct form of **dire.**

1. s1: Cosa _____ i giornali oggi?

   s2: _____ sempre le stesse cose! Niente di speciale.

2. s1: Perché (tu) _____ che il tuo passatempo preferito è la barca a vela? Non vai mai in barca!

   s2: Ma tu _____ sempre la verità (*truth*)?

3. s1: Io _____ che passeggiare è un'attività molto rilassante.

   s2: Io invece _____ che dipingere è un'attività ancora più (*even more*) rilassante.

4. s1: Voi parlate troppo (*too much*) e non _____ niente di interessante!

   s2: Almeno (*At least*) noi _____ qualcosa (*something*)!

D. Caccia al verbo (*Verb hunting*)! Rossana and Giovanna want and need to do many things; they're not always able to, however. Complete the dialogue with the appropriate forms of **dovere, potere,** and **volere.**

ROSSANA: Sabato (io) _____[1] andare alla manifestazione per la pace (*peace rally*), ma non so

se _____[2] Forse _____[3] stare a casa con mia sorella Monica perché la

mamma lavora...

GIOVANNA: Io ho una soluzione! (Noi) _____[4] portare Monica da Alessandra, così (lei)

_____[5] giocare con la figlia piccola di Alessandra.

ROSSANA: Ma anche Alessandra _____[6] andare alla manifestazione!

GIOVANNA: Infatti! Così la nonna che sabato non _____[7] cucinare perché il nonno

_____[8] andare al ristorante, fa la baby-sitter per Alessandra...

ROSSANA: Fantastico! _____[9] subito telefonare alla signora Maria. (Io) _____[10]

sapere se lei è d'accordo (*agrees*).

E. Voglio, devo, posso... How often we say these words! Complete the sentences with the appropriate verb form and information of your choice.

ESEMPIO: Barbara e Danilo ___*vogliono*___ (volere) venire ___*in America*___.

1. Mauro _____ (volere) prendere lezioni _____.

2. Cristina ed io _____ (dovere) andare _____.

3. Oggi (io) _____ (dovere) fare _____.

4. Stasera (voi) _____ (potere) venire _____?

5. Luigi e Maria _____ (volere) seguire un corso _____.

6. (Io) _____ (potere) fare un giro _____?

7. (Tu) _____ (volere) vedere _____?

8. Angelo non _____ (potere) suonare _____.

9. (Noi) _____ (volere) viaggiare _____.

10. Domenica (tu) _____ (dovere) giocare _____?

F. Grazie! You are teaching little Rebecca manners by pointing out to her who always says **grazie.** Answer her questions according to the cues. Repeat the response.

ESEMPIO: *You hear:* E Rossella?
You say: Rossella dice sempre «grazie»!

1. ... 2. ... 3. ... 4. ... 5. ...

G. Quando? Say what night of the week you and your friends go out. Repeat the response.

ESEMPIO: *You read:* il sabato
You hear: noi
You say: Noi usciamo il sabato.

1. il lunedì   4. il mercoledì
2. la domenica   5. il venerdì
3. il giovedì

H. Anch'io! It's a beautiful day, and everyone's coming to Marco's picnic. Answer his questions as in the example. Repeat the response.

ESEMPIO: *You hear:* E tu?
You say: Vengo anch'io!

1. ... 2. ... 3. ... 4. ... 5. ...

I. Doveri. Francesco cannot believe that people ever skip fun activities because they have to study. Answer his questions using the appropriate forms of **non potere** and **dovere studiare.** Repeat the response.

ESEMPIO: *You hear and read:* Perché non andate a ballare?
You say: Non possiamo andare a ballare. Dobbiamo studiare.

1. Perché non guardi la televisione?   3. Perché non va a nuotare?
2. Perché non giocano a tennis?   4. Perché non uscite con gli amici?

C. Pronomi di oggetto diretto*

A. Gusti diversi. You and Gabriele are totally different. Complete the following statements about you and him with the appropriate direct object pronouns.

> ESEMPIO: Lui ama i musei; io _____*li*_____ odio (*hate*).

1. Lui ama la musica country; io _____ odio.

2. Lui ama i gelati al limone; io _____ odio.

3. Lui ama le sigarette; io _____ odio.

4. Lui ama gli sport; io _____ odio.

5. Lui ama l'estate; io _____ odio.

6. Lui ama le mostre (*exhibits*); io _____ odio.

7. Lui ama gli animali; io _____ odio.

8. Lui ama il risotto; io _____ odio.

B. Posso parlarti? Fill in the blank with the correct form of the direct object pronoun.

> ESEMPIO: Vengo subito: potete aspettar*mi* in cucina.

1. Lo chef è molto occupato adesso: non potete disturbar_____.

2. Giulio, sei libero stasera? Posso veder_____?

3. Ragazzi, sabato do una festa per il mio compleanno: posso invitar_____?

4. Mamma, ho visto una bellissima crostata di mele da Angelo: posso comprar_____?

5. Signora Gatto, finalmente le Sue figlie sono arrivate! Posso invitar_____ a cena?

6. Arriviamo tra (*in*) mezz'ora: potete aspettar_____ in pizzeria.

7. Se non hai voglia di fare gli gnocchi adesso, puoi preparar_____ più tardi (*later*).

8. Professore, ha un momento dopo la lezione? Posso veder_____?

C. Che bravo è Benny! You will hear a dialogue followed by three questions. You will hear the dialogue twice. The first time, listen carefully. The second time, Clara's lines will be read with pauses for repetition. Then answer the questions. Repeat the response.

ANNAMARIA: Clara, in casa tua chi lava i piatti?
CLARA: Che domanda! Li lava Benny!
ANNAMARIA: E chi pulisce la casa?
CLARA: La pulisce Benny!
ANNAMARIA: E chi fa il letto ogni mattina?
CLARA: Lo fa Benny!

*In giro per l'Italia uses the term **pronomi di oggetto diretto** so that students will recognize these pronouns as direct object pronouns. In Italian, however, the correct term is **pronomi di complemento diretto.**

ANNAMARIA: E la cucina? E le altre faccende?

CLARA: Le fa Benny! Le fa Benny!

ANNAMARIA: Che marito adorabile! Come deve amarti Benny... E tu che fai tutto il giorno?

CLARA: Lavoro con i robot. Programmo Benny con il computer!

1. ... 2. ... 3. ...

D. Clara dà una festa... You will hear a dialogue followed by four questions. You will hear the dialogue twice. The first time, listen carefully. The second time, Clara's lines will be read with pauses for repetition. Then answer the questions orally by selecting the appropriate response. Repeat the response.

ANNAMARIA: Mi inviti alla festa?

CLARA: Certo che ti invito!

ANNAMARIA: Inviti anche Marco?

CLARA: Certo che lo invito!

ANNAMARIA: E Maria?

CLARA: Certo che la invito!

ANNAMARIA: Compri le pizze e le bibite?

CLARA: Certo che le compro!

ANNAMARIA: Prepari panini per tutti?

CLARA: Certo che li preparo. Così mangiamo bene e ci divertiamo!

> Sì, li invita.
> Sì, le compra.
> No, non lo compra.
> Sì, la invita.

1. ... 2. ... 3. ... 4. ...

E. Una ricetta (recipe) facile facile... Pasta alla carbonara! Your Italian roommate is teaching you to cook pasta carbonara. You will hear her say each line of the recipe carefully. Rephrase each sentence she says with the appropriate direct object pronoun. Repeat the response.

Parole utili:

prendere	*to take*
mettere	*to put*
l'acqua	*water*
bollire	*to boil*
il sale	*salt*
le uova	*eggs*
sbattere	*to beat*
il pepe	*pepper*
la pancetta	*bacon*
mescolare	*to mix*
al dente	*firm*
scolare	*to drain*

ESEMPIO: *You hear and read:* Prendo tutti gli ingredienti e metto gli ingredienti qui.

You say: Prendo tutti gli ingredienti e li metto qui.

1. Prendo l'acqua e metto l'acqua a bollire.
2. Prendo il sale e metto il sale nell'acqua.
3. Prendo gli spaghetti e metto gli spaghetti nell'acqua.
4. Prendo le uova e sbatto le uova.
5. Prendo il pepe e la pancetta e mescolo il pepe e la pancetta con le uova.
6. Quando gli spaghetti sono al dente, scolo gli spaghetti.
7. Prendo la salsa e metto la salsa sugli spaghetti.
8. Servo la pasta e mangio subito la pasta.

D. L'ora

A. Ancora una volta! Rewrite these sentences, using an alternate time expression.

ESEMPIO: Sono le quattro e cinquanta. → Sono le cinque meno dieci.

1. Sono le tre e quindici. _____

2. Sono le otto e quaranta. _____

3. È l'una e trenta. _____

4. Sono le undici e quarantacinque. _____

5. Sono le sette e cinquantanove. _____

6. Sono le nove e quarantatré. _____

❖ **B. La tua giornata** (*Your day*). Express these times in Italian, and tell what you personally do at that hour.

ESEMPIO: 8:00 A.M. → Sono le otto di mattina: ho lezione di matematica.

1. 9:00 A.M. _____

2. 10:00 A.M. _____

3. 1:30 P.M. _____

4. 2:45 P.M. _____

5. 5:15 P.M. _____

6. 7:00 P.M. _____

❖ **C. Qual è la tua routine di solito?** Answer these personal questions according to your own routine.

1. Che fai alle otto di mattina?

   _____

2. Dove sei a mezzogiorno la domenica?

   _____

3. Quando vai a letto il sabato sera?

   _____

4. A che ora fai colazione durante la settimana?

   _____

5. A che ora vai in biblioteca di solito?

   _____

6. Dove sei all'una di notte? Sei a casa o fuori?

   _____

PROVERBI E MODI DI DIRE

Tra il dire e il fare c'è di mezzo il mare.
Easier said than done. (Lit., Between saying and doing there's the sea in the middle.)

Volere è potere.
Where there's a will, there's a way.

D. La giornata di Luca. You will hear a passage from the main text describing Luca's day. You will hear the passage twice. The first time, listen carefully. The second time, write the time that he does each activity. The first one has been done for you. Check your answers in the Answer Key.

Orario:

1. ____*8.00*____ Studiare fisica

2. _____ Lezione di chimica

3. _____ Incontrare gli amici

4. _____ Pranzare

5. _____ Studiare in biblioteca

6. _____ Giocare a calcio

7. _____ Cenare con Gabriella

E. Che ore sono? Tell the time using the 12-hour clock and the appropriate time expression: **di mattina, del pomeriggio, di sera,** or **di notte.** Repeat the response.

ESEMPIO: *You see:*
You say: Sono le otto meno dieci di mattina.
o
Sono le sette e cinquanta di mattina.

1.

2.

3

4.

5.

6.

F. Adesso tocca a te! You will hear six questions about your daily routine. You will hear each question twice. Answer according to the cues.

1. Alle otto di mattina sono...
2. Faccio colazione alle...
3. A mezzogiorno sono...
4. Di solito vado in biblioteca alle...
5. Vado a letto alle...
6. All'una di notte sono...

Pronuncia: The Sounds of the Combination *sc*

The combination **sc** represents two sounds: [sk] as in the English word *sky,* and [š] as in the English word *shy.*

A. *Sc* **dura.** The [sk] sound occurs when **sc** is followed directly by **a, o, u, h,** or another consonant. Listen and repeat.

1. scandalo
2. sconto
3. scusa
4. schema
5. scrive
6. tedeschi

B. *Sc* **dolce.** The [š] sound occurs when **sc** is followed directly by **e** or **i.** Listen and repeat.

1. scena
2. scelta
3. scendere
4. scienza
5. sciopero
6. prosciutto

C. **Parliamo italiano!** Listen and repeat.

1. Cos'è il *Gianni Schicchi?* È un'opera; io ho il disco.
2. Tosca esce con uno scultore tedesco.
3. Perché non pulisci le scarpe?
4. Posso lasciare i pesci con il prosciutto?
5. Francesco preferisce sciare con questi sci.
6. «Capire fischi per fiaschi» significa capire una cosa per un'altra.

Lettura

La mia famiglia e il mio tempo libero

Ciao, mi chiamo Chiara e sono una bambina di undici anni. Abito in una città vicino a Firenze. Frequento la prima media, studio l'inglese e nel mio tempo libero vado a danza e gioco anche a tennis. Ascolto sempre la musica e ballo con mamma e papà quando hanno tempo. Sono figlia unica: non ho fratelli o sorelle, e ho solo una cugina. I miei genitori, Rossana e Fabrizio, hanno due fratelli: mio zio, il fratello di mio padre, si chiama Andrea e mia zia, la sorella di mia mamma, si chiama Antonella. Ho anche tre nonni: il padre di mio padre si chiama Giorgio, e la madre di mio padre Liria. Sono vecchi: hanno più di settant'anni. Mio nonno Mario, invece, è il papà della mamma. Purtroppo, la nonna non c'è più. È morta[a] prima della mia nascita.[b] Mia mamma ha quarant'anni adesso, non è più giovane, e non ho più[c] la speranza[d] di un fratellino o di una sorellina. C'è lo zio Andrea, che è sposato,[e] e spero in un'altra cugina o in un cugino. Chissà![f] Ho molti amici, ma è sempre bello stare con la famiglia e vedere i parenti. La famiglia di origine di mia mamma è una famiglia molto numerosa: mia mamma non ricorda mai i nomi di tutti gli zii, le zie, i cugini: la nonna aveva[g] sei sorelle e un fratello.

Com'è la tua famiglia? Quante persone ci sono? Come sono i tuoi nonni?

[a]*È... She died /* [b]*birth*
[c]*non... I no longer have*
[d]*hope*
[e]*married /* [f]*Who knows!*

[g]*had*

❖ Now write a paragraph about your own family. Give some information about yourself and then write about your relatives. Use another sheet of paper.

☉ Ed ora ascoltiamo!

You will hear a conversation between Patrizio and Graziella. Listen carefully as many times as you need to. Then you will hear five questions. Indicate the correct answer.

1. _____ a. Gianni Amelio   b. Roberto Benigni

2. _____ a. *La vita è bella*   b. *Il ladro di bambini*

3. _____ a. una recensione su Gianni Amelio   b. una mostra (*exhibit*) fotografica

4. _____ a. guardare un film in videocassetta   b. fare fotografie

5. _____ a. vanno al cinema   b. fanno fotografie

Un po' di scrittura

❖ **La mia giornata ideale.** Imagine that you have a wealth of free time. What are you going to do on your free day? Write about 12 lines; use another sheet of paper.

ESEMPIO: Oggi non devo studiare e non devo lavorare: posso finalmente fare tutto quello che (*everything that*) voglio! Per prima cosa (*First of all*), voglio andare a nuotare in piscina. Poi...

☉ Dettato

You will hear a brief dictation three times. The first time, listen carefully. The second time, write what you hear. The third time, check what you have written. Write on the lines provided. Check your dictation in the Answer Key.

Giovanna e Rossana _____

_____

_____

_____

_____

_____

_____

_____

_____

_____

Attualità

❖ **Da tutto il mondo** (*From all over the world*)! Here are two ads for au pairs published in the Italian magazine *Anna* with the addresses of two placement agencies. Write an ad according to the models.

Sabine Loesche.

Candidata

Nome: Sabine Loesche
Data e luogo di nascita: 30 maggio 1975 Wernigerode
Nazionalità: tedesca
Periodo di soggiorno: da maggio per 6/12 mesi
Lingue conosciute: inglese, russo e un po' d'italiano
Esperienza: bambini da uno a sei anni
Hobbies: il giardinaggio, la musica, fare jogging. Ha la patente, ama gli animali.

"Au pair"... da tutto il mondo! *[a cura di Elda Urban]*

Le ragazze più qualificate. Le agenzie più serie. Segnalazioni e indirizzi per dare un aiuto prezioso alla donna che lavora.

È già stata in Italia per studiare l'italiano.

Agenzia

Au Pair international
Organizza soggiorni «alla pari» in collaborazione con diverse organizzazioni pubbliche o private di vari paesi europei.
Le ragazze vengono selezionate in base a una domanda, completa di referenze, certificati medici e foto. Sede: via S. Stefano 32 - 40125 Bologna, tel. 051/267575, fax 051/236594.

Candidata

Nome: Stephanie Busnot, nata a Flers il 22.10.1979
Nazionalità: francese.
Si offre come au pair per i mesi di luglio e agosto. Studentessa universitaria
Esperienze: bambini dai due ai 12 anni
Note: non fuma, ama cucinare e adora gli animali
Hobbies: jogging, ginnastica
Lingue: italiano (molto buono) e inglese
Formula di rapporto richiesta: **au-pair-plus** (36 ore settimanali = 6 ore x 6 giorni).

Agenzia

La Lampada di Aladino
La Lampada di Aladino fornisce un esauriente dossier di ogni potenziale ragazza au pair, corredato di referenze, certificato medico, foto, diplomi scolastici.
Per informazioni: La Lampada di Aladino s.n.c., via delle Abbadesse 48 - 20124 Milano tel. 02/6884325, fax 02/66804071.
Sig.ra Chicca Bertoli.

CANDIDATA/CANDIDATO

Nome: _____

Data e luogo di nascita: _____

Nazionalità: _____

Periodo di soggiorno: _____

Lingue conosciute: _____

Esperienza: _____

Hobbies: _____

5

Name _____

Date _____

Class _____

Prendiamo un caffè?

Lezione 1: Vocabolario

A. Cosa ordinano? Choose the drink from the list most suitable for each person described. (Use each drink only once.)

Le bevande: un aperitivo, un bicchiere di vino rosso, un cappuccino, una cioccolata calda con panna, una Coca-Cola, una spremuta d'arancia, un succo di carota, un tè caldo con miele, un tè freddo

ESEMPIO: Giampiero è un signore molto elegante; prima di cena prende sempre *un aperitivo* .

1.   Daniela ha il raffreddore (*cold*) e ha bisogno di molta vitamina C. Prende

_____.

2.   A cena, in un ristorante italiano, Pietro prende _____.

3.   I ragazzi mangiano il solito hamburger con le patatine fritte (*french fries*). Da bere prendono

_____.

4.   Il signor Pieri ha mal di gola (*a sore throat*). Prende _____.

5.   Lidia e Paolo sciano da tre ore e hanno freddo! Prendono _____.

6.   Fa molto caldo; Davide prende _____.

7.   Francesca è vegetariana e mangia solo cibi (*foods*) naturali. Prende _____.

8.   Sono le otto di mattina; i ragazzi prendono _____ con una pasta.

B. Al bar. Read the following dialogue between Luca and Carolina. Then provide the information based on the dialogue.

LUCA: Carolina... cosa prendi?

CAROLINA: Una pasta va bene, grazie.

LUCA: Non bevi niente? Un tè, o un caffè...

CAROLINA: Un cappuccino allora, e anche un bicchiere di acqua minerale. Di solito non prendo niente nel pomeriggio, ma se insisti...

LUCA: Un cappuccino? Ma il cappuccino è per la mattina!

CAROLINA: No, non è vero, latte e caffè vanno sempre bene...

LUCA: (*alla cassiera*) Allora... un succo di arancia, un cappuccino, un'acqua minerale e due paste.

Al banco.

IL BARISTA: Desiderano?

LUCA: Un succo di arancia, ben fresco, un cappuccino, un'acqua minerale e due paste. Ecco lo scontrino.

IL BARISTA: Come vuole l'acqua?

CAROLINA: Naturale, per favore.

Lo spuntino di Carolina: _____

Lo spuntino di Luca: _____

❖ **C. Domande personali.** What do you drink at the following times or in the following situations?

1. alle otto di mattina: _____

2. a cena: _____

3. dopo attività sportive: _____

4. quando studiate: _____

5. con i salatini e le nocchioline, quando guardi la TV:_____

6. alle cinque del pomeriggio, con i biscotti: _____

D. Prendo solo un cappuccino. You will hear a dialogue from the main text. You will hear the dialogue twice. The first time, listen carefully. The second time, Andrea's lines will be read with pauses for repetition.

ANDREA:	Silvia... cosa prendi?
SILVIA:	Un cappuccino.
ANDREA:	Non mangi? Non fare complimenti. Io mangio sempre!
SILVIA:	No, di solito non faccio colazione la mattina.
ANDREA:	(*alla cassiera*) Allora... un cappuccino, un caffè e... tre paste.
SILVIA:	Tre paste? Hai proprio fame!
IL BARISTA:	Desiderano?
ANDREA:	Un cappuccino, un caffè e tre paste. Ecco lo scontrino.

E. E voi, cosa prendete di solito? You will hear three monologues in which Bruna, Mario, and Rolando tell about their breakfast habits. You will hear the three monologues twice. The first time, listen carefully. The second time, check the items that each one eats for breakfast. Listen to the audio for the answers. Scan the list of items now.

Espressioni utili:

di rado	*seldom*
qualche volta / certe volte	*at times*

	BRUNA	MARIO	ROLANDO
1. un caffè (un espresso)	☐	☐	☐
2. una brioche, un cornetto	☐	☐	☐
3. un cappuccino	☐	☐	☐
4. il latte	☐	☐	☐
5. un tramezzino	☐	☐	☐
6. una pasta	☐	☐	☐
7. una bibita in lattina	☐	☐	☐
8. i cereali	☐	☐	☐
9. un succo di frutta	☐	☐	☐
10. le uova strapazzate	☐	☐	☐

Lezione 2: Grammatica

A. Preposizioni articolate

A. Di chi sono queste cose? Indicate the owners of the following items, according to the example.

ESEMPIO: il sigaro / il dottore → Il sigaro è del dottore.

1. i biscotti / il bambino _____

2. la brioche / lo zio _____

3. i salatini / la nonna _____

4. le paste / le signore _____

5. le bibite / gli studenti americani _____

B. Di che cosa hanno paura? Tell what the following people need, want, or fear. Use **avere bisogno di, avere voglia di,** or **avere paura di** in your answer.

ESEMPIO: io / gli esami → Ho paura degli esami.

1. i bambini / il buio (*dark*) _____

2. noi / la bomba atomica _____

3. Anna / le vacanze _____

4. tu / il caffè macchiato _____

5. le persone ricche / le tasse (*taxes*) _____

6. lo zio Antonio / gli ospedali _____

7. Roberto / l'esame di matematica _____

8. io / ? _____

C. Da chi ricevono lettere? Tell from whom the following people receive letters.

ESEMPIO: Fabio / le amiche → Fabio riceve lettere dalle amiche.

1. la mamma / il papà _____

2. io e Grazia / la nonna _____

3. tu / la tua ragazza _____

4. i nonni / le zie _____

5. Francesca / gli amici _____

6. il signor Agnelli / l'avvocato (*lawyer*) _____

D. A che ora? Maria is a busy young woman. Based on the drawings, tell what she's doing and at what time.

ESEMPIO: Maria fa colazione alle sette.

1. _____

2. _____

3. _____

4. _____

5. _____

6. _____

7. _____

8. _____

E. Dove? Complete the sentences with **preposizioni semplici** or **preposizioni articolate,** as necessary.

1. —Dove mangiate? —Mangiamo _____ cucina o _____ sala da pranzo.

2. —Da dove venite? —Veniamo _____ biblioteca.

3. —Dove andate? —Andiamo _____ biblioteca.

4. Il libro _____ professoressa è _____ tavolo.

5. Francesca è molto diligente. Studia sempre _____ 1.00 _____ 9.00.

6. Valeria e Giacomo vanno _____ ufficio molto presto, ma escono _____ufficio

    tardi.

7. Quando ho bisogno _____ soldi, vado sempre _____ banca.

F. Le giornate di Silvia. You will hear a monologue about an Italian student, Silvia Tarrone, twice. The first time, listen carefully. The second time, the monologue will be read with pauses for repetition.

Tutte le mattine vado al bar alle otto. Faccio colazione di fretta. Prendo un espresso al banco e poi prendo l'autobus delle otto e un quarto per l'università. Frequento i corsi e all'una del pomeriggio mangio alla mensa universitaria con i miei amici. Dopo pranzo, andiamo al bar a prendere un caffè, e poi andiamo a studiare in biblioteca. Verso le quattro ho voglia di uno spuntino. Vado al bar e prendo un tè caldo, col miele. Mangio anche un tramezzino. Verso le cinque prendo l'autobus e torno a casa.

G. Di chi è? You're helping Luciano get things in order after a big party. Help him match up people with belongings using the names you hear and the following information. Repeat the response.

ESEMPIO: *You read:* il disco
You hear: la studentessa
You say: il disco della studentessa

1. la bicicletta
2. il giornale
3. la chiave
4. la chitarra
5. i libri
6. la giacca

H. La routine giornaliera di Silvia Tarrone. You will hear Silvia describe her daily routine again. Write notes in the space provided after the questions. Then answer the questions orally. Repeat the response.

1. A che ora va al bar? _____

2. Dove prende il caffè? _____

3. Quale autobus prende? _____

4. Quando va a mangiare? _____

5. Dove mangia? _____

6. Dove va dopo pranzo? _____

7. Dove studia? _____

8. Come prende il tè caldo? _____

B. Passato prossimo con **avere**

A. Che cosa fanno stasera e che cosa hanno fatto ieri sera? You and your friends don't like routines. What you do today is different from what you did yesterday. Complete the following sentences, using the **passato prossimo** of the italicized verb.

ESEMPIO: Stasera *mangio* al ristorante; ieri sera _____*ho mangiato*_____ a casa.

1. Stasera *scrive* una poesia; ieri sera _____ un racconto.

2. Stasera *finiamo* tardi; ieri sera _____ presto.

3. Stasera *ho* amici a cena; ieri _____ amici a pranzo.

4. Oggi *metto* il miele nel tè; ieri _____ lo zucchero.

5. Oggi *cantiamo* in italiano; ieri _____ in francese.

6. Stasera *leggete* il giornale; ieri sera _____ un libro.

7. Oggi *prendono* l'autobus; ieri sera _____ il treno.

8. Stasera *bevi* birra; ieri sera _____ vino.

9. Oggi *pulisco* il garage; ieri _____ la casa.

10. Oggi *dipingo* un ritratto (*portrait*); ieri _____ un paesaggio (*landscape*).

B. Questa sera e ieri sera. Read the following paragraph, then rewrite it using the **passato prossimo**. Use another sheet of paper.

Questa sera io finisco il romanzo (*novel*) di Antonio Tabucchi e Marianna incomincia i racconti di Enrico Deaglio. Alle dieci io telefono a Federico e parliamo della riunione del Centro sociale; Marianna chiama Rossana e parlano della lezione di fotografia. Alle undici Marianna prepara la camomilla, alle undici e mezza leggiamo una rivista. A mezzanotte guardo un po' di televisione mentre Marianna prepara un panino. All'una ascoltiamo un po' di musica... Questa sera abbiamo un po' d'insonnia?

ESEMPIO: Ieri sera io ho finito il romanzo...

Proverbi e modi di dire

Chi ha avuto ha avuto e chi ha dato ha dato.
What's done is done. (Lit., Those who've had have had and those who've given have given.)

Uomo avvisato, mezzo salvato.
Forewarned is forearmed. (Lit., An informed man is half saved.)

C. Cosa hai fatto ieri? Read the following dialogue between Tiziana and Sabrina.

TIZIANA: Cosa hai fatto ieri?

SABRINA: Più o meno le solite cose... Ho studiato per un esame d'italiano, ho mangiato al ristorante cinese, poi a casa ho letto il giornale, ho guardato la televisione, ho ascoltato un po' di musica, ho scritto un saggio al computer, ho fatto una doccia, ho giocato al computer e ho scritto due lettere...

❖ Now answer a few personal questions about your own routine yesterday.

1. Hai studiato?

   _____

2. Hai letto un libro?

   _____

3. Hai scritto al computer?

   _____

4. Hai mangiato al ristorante?

   _____

5. Hai fatto la doccia la mattina?

   _____

6. Hai bevuto un cappuccino a colazione?

   _____

7. Hai pulito la casa?

   _____

8. Hai fatto l'aerobica o degli esercizi fisici?

   _____

D. Cosa ha fatto Marcello? You will hear five sentences from the main text. You will hear each sentence twice. The first time, listen carefully. The second time, complete the sentences with the correct past participle from the box. Check your answers in the Answer Key.

| bevuto |
| dato |
| deciso |
| pagato |
| preparato |

1. Marcello ha _____ di entrare nel (*go into the*) bar.

2. Marcello ha _____ alla cassa.

3. Marcello ha _____ lo scontrino al barista.

4. Il barista ha _____ un espresso.

5. Marcello ha _____ l'espresso.

E. Già fatto! Explain why some people aren't doing certain things. They already did them! Repeat the response.

ESEMPIO: *You hear:* Perché non mangia Barbara?
You say: Perché ha già mangiato.

1. ... 2. ... 3. ... 4. ... 5. ... 6. ...

Lezione 3: Grammatica

C. Passato prossimo con **essere**

A. Questa mattina e ieri mattina. Read the following paragraph, then rewrite it using the **passato prossimo.** Use another sheet of paper.

Questa mattina alle nove arriva Margherita e insieme andiamo a fare colazione al bar. Alle dieci lei va alla Stazione Centrale e alle dieci e mezza parte per Torino. Io vado all'università perché a mezzogiorno una professoressa americana viene a fare una conferenza (*lecture*) sul femminismo. Anche Mauro e Federico vengono alla conferenza ma non Gianni: è impegnato (*busy*) fino alle tre del pomeriggio.

ESEMPIO: Ieri mattina alle nove è arrivata Margherita...

❖ **B. La tua giornata ieri.** Tell at what time you did these things yesterday.

ESEMPIO: uscire di casa → Ieri sono uscito/uscita di casa alle nove di mattina.

1. arrivare all'università

    _____

2. entrare in classe

    _____

3. andare in biblioteca

    _____

4. uscire con gli amici

    _____

5. tornare a casa

    _____

C. Viaggiare! Indicate where the people in Column A have been (Column B) and what sights they have seen (Column C). The first one has been done for you.

A PERSONE	B CITTÀ	C MONUMENTI
noi	Roma	il Colosseo
Marco	Parigi	la Torre Eiffel
gli zii	New York	la Statua della Libertà
tu	Venezia	il Ponte dei Sospiri
voi	Madrid	il Museo del Prado
io	Milano	il Teatro alla Scala

1. *Noi siamo stati a Roma e abbiamo visto il Colosseo.* _____

2. _____

3. _____

4. _____

5. _____

6. _____

D. *Essere* o *avere*? Complete the dialogue with the **passato prossimo** of the verbs.

MARIANNA: Federico, _____ [1] (tu / chiedere) il conto al cameriere?

FEDERICO: Sì, ma lui _____ [2] (andare) all'altro tavolo!

MARIANNA: _____ [3] (tu / Dire) che abbiamo fretta?

FEDERICO: Sì, ma lui _____ [4] (rispondere) che tutti hanno fretta!

MARIANNA: Ma quel signore _____ [5] (venire) dopo di noi!

FEDERICO: Sì, ma lui _____ [6] (salutare, *to greet*) tutti. Deve essere un cliente abituale (*regular*)!

MARIANNA: Ecco, è la solita storia! Ma se io _____ [7] (arrivare) prima e _____ [8] (chiedere) il conto prima, voglio andare via prima!

FEDERICO: E allora andiamo!

CAMERIERE: Signori... un momento! _____ [9] (io / Preparare) il conto!

E. Una serata al cinema. You will hear a dialogue from the main text. You will hear the dialogue twice. The first time, listen carefully. The second time, it will be read with pauses for repetition.

MARIANNA: Sei andata al cinema ieri sera, Carla?

CARLA: No, Marianna. Gli altri sono andati al cinema; io sono stata a casa e ho studiato tutta la santa sera!

F. *Avere* o *essere*? Say who did the following things, according to the cues. Choose either **avere** or **essere** as an auxiliary to form the **passato prossimo.** Repeat the response.

ESEMPIO: You hear: Federica
You read: fare la spesa ieri sera
You say: Federica ha fatto la spesa.

1. andare al mare nelle Marche
2. fare una passeggiata per Perugia
3. nascere lo stesso giorno
4. insegnare nello stesso liceo
5. uscire presto di casa
6. partire per New York
7. arrivare all'Isola d'Elba
8. scrivere una lettera a Anna

G. Cosa ha fatto Silvia ieri? You already know Silvia Tarrone's daily routine. She probably did exactly the same things yesterday. Say what she did yesterday beginning with **Ieri... .** Repeat the response.

ESEMPIO: You hear and read: Tutte le mattine vado al bar alle otto.
You say: Ieri è andata al bar alle otto.

1. Faccio colazione di fretta: prendo un espresso al banco.
2. Poi prendo l'autobus delle otto e un quarto per l'università.
3. Frequento i corsi e all'una del pomeriggio mangio alla mensa universitaria con gli amici.
4. Dopo mangiato, andiamo al bar a prendere un caffè.
5. Poi andiamo a studiare in biblioteca.
6. Verso le quattro ho voglia di uno spuntino.
7. Vado al bar e prendo un tè caldo, col miele. Mangio anche un tramezzino.
8. Alle cinque prendo l'autobus e torno a casa.

D. Conoscere e sapere

A. Sai fare questo esercizio? Complete the following sentences, using the appropriate form of **conoscere** or **sapere.**

1. Io non _____ questa signora.

2. Tu _____ giocare a tennis?

3. Voi _____ perché cantano?

4. Enrico _____ molti studenti stranieri.

5. Noi non _____ cucinare.

6. Loro _____ un buon ristorante.

B. Conosci l'Italia? Indicate whether you know the following people, places, or facts, and whether you have the following abilities.

ESEMPIO: San Francisco → Sì, conosco San Francisco. (*o* No, non conosco San Francisco.)
giocare a bridge → Sì, so giocare a bridge. (*o* No, non so giocare a bridge.)

1. un buon ristorante italiano _____

2. parlare francese _____

3. dove abita l'insegnante _____

4. Giuseppe Tornatore _____

5. chi è Isabella Rossellini _____

6. fare il pesto _____

7. delle ricette italiane _____

8. ballare il tango _____

C. Non La conosco! There are many people you don't know. Complete the sentences, following the model of the cartoon caption.

—Lei chi è? Non La conosco!

1. Lui chi è? _____

2. Tu chi sei? _____

3. Voi chi siete? _____

4. Marta chi è? _____

5. Queste ragazze chi sono? _____

6. Questi ragazzi chi sono? _____

7. Lei, signora, chi è? _____

8. Lei, signore, chi è? _____

D. Chi conosci e cosa sai? You will hear a dialogue from the main text followed by four statements. You will hear the dialogue twice. The first time, listen carefully. The second time, Antonio's lines will be read with pauses for repetition. Then circle **vero** if the statement is true or **falso** if it is false.

LUIGI: Conosci Marco?

ANTONIO: No, non lo conosco, ma so che suona il piano e che sa dipingere. È artista e musicista.

LUIGI: Conosci Maria?

ANTONIO: No, non la conosco, ma so che gioca bene a calcio e che sa giocare anche a football.

LUIGI: Tu non conosci molta gente, vero?

ANTONIO: No, questo è vero, ma so molte cose di molte persone!

1. vero falso   3. vero falso

2. vero falso   4. vero falso

E. Certo che li conosco! A friend asks whether you know certain people. You reply that you know them well. Repeat the response.

ESEMPIO: *You hear:* Conosci Vittoria?
You say: Sì, la conosco bene!

1. ... 2. ... 3. ... 4. ... 5. ... 6. ...

F. Ma che bravi! You and your friends have many talents. Look at the drawings and tell who knows how to do what, according to the cues. Repeat the response.

ESEMPIO: *You see:*
You read: ballare
You hear: Piero e Anna
You say: Piero e Anna sanno ballare il tango.

1. fare

3. lavorare

2. andare

4. leggere

Pronuncia: The Combinations *qu* and *cu*

The combination **qu** represents the sound [kw] as in the English word *quick*. The combination **cu** followed by a vowel generally has this same sound. The pronoun **cui,** however, is one common exception to this rule.

A. *Qu* e *cu*. Practice the sound of **qu** and **cu.** Listen and repeat.

1. quasi   5. cuore
2. questo   6. cuoio
3. qui   7. nacqui
4. quota   8. piacque

B. Parliamo italiano! Listen and repeat the sentences.

1. Mia cugina ha comprato cinque quadri qui.
2. Sono quasi le quattro e un quarto.
3. La qualità di quest'acqua è cattiva.
4. Dove mangiamo di solito quelle quaglie squisite? Qui?

Lettura

Il bar italiano

Dire «il bar», in italiano, non è come dire «bar» in lingua inglese. Il bar in Italia è un luogo dove le persone vanno a fare colazione la mattina, o dove passano del tempo, la sera con gli amici, a bere e a parlare. Al bar le persone possono anche bere alcolici, ma più spesso bevono un bel caffè forte, o vanno a prendere un gelato.

I bar italiani, nei centri storici o in periferia, spesso hanno tavolini all'aperto. Nelle sere d'estate gli italiani amano sedersi,[a] prendere un gelato o una bibita fredda e passare un po' di tempo in compagnia degli amici. Al bar spesso i bambini (e anche gli adulti) giocano a flipper,[b] a biliardino[c] o a carte.[d] Il bar è un luogo per parlare del calcio, per discutere di politica, qualche volta per vedere la televisione e per leggere il giornale. In un bar italiano spesso si trovano i giornali del giorno, che i clienti possono leggere. Il bar italiano è così molto diverso da quello americano, dove si va di solito solo per bere alcolici, ascoltare musica o ballare.

I bar italiani sono affollati[e] soprattutto il sabato sera e la domenica, quando gli italiani vanno al bar a comprare le paste o il dolce, prima del pranzo con la famiglia. Di solito i bar italiani hanno una buona scelta di paste, torte, biscotti, caramelle[f] e cioccolato.

Il bar italiano è un luogo di incontro sociale anche per le persone che lavorano. Vanno al bar per fare colazione, per prendere un panino veloce durante la pausa del pranzo o per fare uno spuntino e per prendere un tè nel pomeriggio. Non esistono però prezzi speciali a seconda del giorno o dell'ora del giorno, come spesso succede negli Stati Uniti. In Italia, poi, non esiste una legge[g] che regola l'entrata nei bar. Anche i bambini possono entrare e anche i ragazzi di quattordici o quindici anni possono ordinare una birra.

[a]*to sit down*

[b]*pinball* / [c]*bar billiards* / [d]*cards*

[e]*crowded*

[f]*candies*

[g]*law*

Now make a list of the activities possible in Italian bars and bars in this country.

ATTIVITÀ POSSIBILI AL BAR ITALIANO   ATTIVITÀ POSSIBILI AL BAR IN QUESTO PAESE

1. _____   _____

2. _____   _____

3. _____   _____

4. _____   _____

5. _____   _____

6. _____   _____

❖ According to the **Lettura**, what do Italians do in bars on Saturdays and Sundays? Is it different from what people in this country do in bars on Saturdays and Sundays? Write a paragraph. Use another sheet of paper.

Ed ora ascoltiamo!

You will hear three short conversations. Listen carefully as many times as you need to. Circle the place where each one is taking place.

1. a. in taxi   b. in autobus

2. a. in un ristorante   b. al bar

3. a. all'università   b. dal medico

Un po' di scrittura

❖ **Il mio caffè preferito.** Describe your favorite coffee bar. Where is it? What is it like? What do you usually order? Who do you go there with? Use another sheet of paper.

ESEMPIO: Il mio bar preferito è un piccolo bar all'aperto in una vecchia piazza di Mantova. I tavolini sono vicino ad una fontana barocca, tra antichi palazzi (*buildings*) di pietra (*stone*) rossa...

MILANONUOVO+FRESCOBAR+CIBO+IMMAGINI
VIALEMONTENERO23TEL0254124675 [APERTO 07:30 - 02:00]
+fresco.art

⟨⟩ Dettato

You will hear a brief dictation three times. The first time, listen carefully. The second time, the dictation will be read with pauses. Write what you hear. The third time, check what you have written. Write on the lines provided. Check your dictation in the Answer Key.

Oggi, al bar, _____

_____

_____

_____

_____

_____

_____

_____

_____

_____

Attualità

❖ **Un cocktail!** Here is the recipe for a very unique cocktail, published in the magazine *Grazia*. Many words are cognates. Read the recipe, then write your own recipe for an original drink. Compare it with those of your classmates.

cocktail alla rosa

Per una serata speciale provate a offrire ai vostri ospiti il cocktail alla rosa. Prendete gr. 70 di petali di rosa possibilmente colore avorio e arancio, dl. 7,5 di vino bianco e un decilitro di succo di limone. Mescolate il tutto in un recipiente e lasciate riposare, coperto, per mezz'ora in frigorifero. Filtrate e guarnite con alcuni petali di rosa. A questo punto aggiungete dl. 3,3 di champagne e servite il cocktail, naturalmente ben ghiacciato.

Capitolo

6

Name _____

Date _____

Class _____

Pronto in tavola!

Lezione 1: Vocabolario

❖ **A. Cosa preparo?** Stasera hai tre invitati (*guests*) a cena con dei gusti (*tastes*) molto particolari. Prepara un menu adatto (*suitable*) per tutti!

1. Marino mangia tutto eccetto (*except*) il pesce e la verdura cotta.
2. Daviana è a dieta: non mangia né (*neither*) carne rossa, né (*nor*) salumi, né dolci.
3. Franca è allergica al pomodoro; ama la carne al sangue e la pasta al dente.

MENU

Antipasto: _____

Primo: _____

Secondo: _____

Contorno: _____

Frutta: _____

Dolce: _____

B. Che confusione! Sai trovare le seguenti parole ed espressioni nel giochetto?

Espressioni: al forno, alla carbonara, al sugo, fettuccine, in brodo, lasagne, pasta, ravioli, spaghetti

P	A	S	T	I	P	F	S	P	A	G	O	L
A	S	P	A	G	H	E	T	T	I	C	C	O
N	L	A	F	F	O	R	N	A	L	R	A	G
L	A	S	A	A	D	F	E	T	T	S	P	U
A	L	F	O	L	O	R	A	V	I	O	L	S
S	O	N	A	F	R	O	P	E	Q	U	R	L
A	R	A	N	O	B	R	A	C	A	L	L	A
G	U	O	N	R	N	I	S	T	U	C	C	G
N	O	N	O	N	I	S	T	C	C	I	N	R
E	Q	I	L	O	I	V	A	R	T	A	G	O
I	G	I	E	N	I	C	C	U	T	T	E	F

PROVERBI E MODI DI DIRE

Se non è zuppa è pan bagnato.
Six of one, half a dozen of the other. (Lit., If it's not soup, it's wet bread.)

C. Che fame. Sentirai un dialogo dal tuo testo. Sentirai il dialogo due volte. La prima volta, ascolta attentamente. La seconda volta, il dialogo verrà ripetuto con le pause per la ripetizione.

IRENE: Che fame, Fabio! Sono già le sette e mezzo. Cosa facciamo per cena?

FABIO: Non lo so... E poi il frigo è quasi vuoto! Perché non andiamo fuori a mangiare?

IRENE: Buona idea! Ti va una pizzeria? Ho proprio voglia di una pizza...

FABIO: Anch'io... o di un bel piatto di spaghetti! Invitiamo anche Marco e Alessandra?

IRENE: Se non hanno già cenato! Possiamo anche ordinare delle pizze a casa, fare solo un primo e invitare Marco e Alessandra qui!

D. C'è chi è a dieta e chi a dieta non è... Sentirai un dialogo due volte. La prima volta, ascolta attentamente. La seconda volta, completa il dialogo con le parole adeguate. Controlla le tue risposte con le soluzioni date in fondo al libro.

> bistecca
>
> il dolce   gli gnocchi   un'insalata
>
> al pomodoro
>
> un minestrone   patate fritte   tiramisù

MARISA: Che menu impressionante! Che cosa hai voglia di mangiare?

LUCIA: Per cominciare, _____,[1] e tu?

MARISA: Le lasagne al forno o _____[2] al pesto. Ma no, prendo una cosa semplice, gli spaghetti _____.[3]

LUCIA: E poi?

MARISA: Una bella _____[4] alla griglia, con _____.[5]

LUCIA: Io invece prendo il pesce e _____.[6]

MARISA: Anche _____[7]?

LUCIA: No, non posso, sono a dieta.

MARISA: Davvero? Allora io prendo due porzioni di _____[8]... non sono a dieta, e posso mangiare anche la tua parte!

Lezione 2: Grammatica

A. Pronomi di oggetto indiretto*

A. Cosa mi dite? Completa le seguenti frasi con i pronomi di oggetto indiretto adeguati.

ESEMPIO: Signor Falzone, cosa __*Le*__ posso offrire?

1. Domani è il compleanno di Valentina. Cosa _____ possiamo regalare?

2. Danilo, stasera mangiamo tutti a casa tua! Cosa _____ prepari?

3. Non trovo il mio libro di cucina; _____ puoi imprestare il tuo?

4. Ragazzi, non sapete niente (*nothing*)! Cosa _____ insegnano a scuola?

5. Mi dispiace (*I'm sorry*), Sonia, ma domani non posso dar_____ la macchina: è ancora dal meccanico.

6. Non so cosa mandare a Simone per Natale; tu, cosa _____ mandi?

7. Io scrivo sempre ai nostri amici in California; perché tu non _____ scrivi mai?

8. Signora Lina, ha tempo? Ho bisogno di parlar_____.

❖ **B. Situazioni.** Cosa fai nelle seguenti situazioni? Scegli una risposta o dai una tua risposta personale.

1. Sabato è il compleanno di una tua amica. Che cosa fai?
   a. Le telefono.
   b. Le mando un biglietto (*card*).
   c. Le compro un regalo.
   d. _____

2. Un amico ti chiede soldi. Che cosa fai?
   a. Gli dico che non ho soldi.
   b. Gli do tutti i soldi che ho.
   c. Gli dico di cercare un lavoro.
   d. _____

C. Diretto o indiretto? Completa le seguenti frasi con le forme adeguate dei pronomi di oggetto diretto o indiretto.

1. Loro ci invitano sempre; noi non _____ invitiamo mai.

2. Se lo vedo, _____ saluto.

3. Per trovarla in casa, bisogna telefonar_____ prima.

4. Lui mi ama, ma io non _____ amo.

5. Quando _____ incontro, gli do sempre le tue notizie.

In giro per l'Italia uses the term **pronomi di oggetto indiretto** so that students will recognize these pronouns as indirect object pronouns. In Italian, however, the correct term is **pronomi di complemento indiretto.**

❖ **D. Una brutta notizia... o una bella notizia?** Segui il modello del fumetto (*cartoon*) per completare le frasi che seguono. Inventa una brutta o una bella notizia (hai perso le chiavi, hai scritto un libro e sei diventato famoso/diventata famosa...).

—Cari soci,[a] devo darvi una brutta notizia...   [a]*members*

1. Cara mamma, devo darti una _____ notizia: _____

   _____

2. Cari amici, devo _____

   _____

3. Caro professore / Cara professoressa, devo _____

   _____

4. Caro Presidente, devo _____

   _____

E. Regali per Natale. Sentirai un dialogo dal tuo testo. Sentirai il dialogo due volte. La prima volta, ascolta attentamente. La seconda volta, la parte di Elisabetta verrà letta con le pause per la ripetizione.

ALBERTO: Siamo quasi a Natale: cosa regaliamo quest'anno alla nonna?
ELISABETTA: Semplice: le regaliamo il dolce tradizionale, il panettone.
ALBERTO: Benissimo! E allo zio Augusto?
ELISABETTA: Perché non gli compriamo un libro di cucina? Cucinare è il suo hobby preferito.
ALBERTO: Buona idea! E tu, cosa vuoi?
ELISABETTA: Puoi comprarmi una macchina per fare la pasta: così ci facciamo delle belle tagliatelle!

F. Quando? Di' che farai le seguenti azioni domani. Sostituisci (*Substitute*) con un pronome di oggetto indiretto il nome che nella frase ha uguale (*same*) funzione. Ripeti la risposta.

> ESEMPIO: *Leggi:* telefonare **alla zia**
> *Senti:* Quando telefoni alla zia?
> *Dici:* Le telefono domani.

1. insegnare italiano **agli studenti**
2. dire «ti amo» **al tuo fidanzato**
3. offrire i cioccolatini **ai bambini**
4. preparare il regalo **per tua cugina**
5. regalare un libro **al tuo papà**
6. rispondere **a tua madre**

B. Accordo del participio passato nel passato prossimo

A. Sì o no? Rispondi alle seguenti domande. Usa i pronomi di oggetto diretto.

> ESEMPIO: Hai studiato la lezione? → Sì, l'ho studiata. (*o* No, non l'ho studiata.)

1. Hai imparato le parole? _____

2. Hai preso l'autobus? _____

3. Hai lasciato la mancia? _____

4. Hai comprato i gelati? _____

5. Hai scritto le lettere? _____

6. Hai letto l'oroscopo? _____

7. Hai fatto le fotografie? _____

8. Hai mangiato le paste? _____

9. Hai suonato la chitarra? _____

10. Hai visto i ragazzi? _____

11. Hai dato la festa? _____

12. Hai capito questa lezione? _____

B. Velocemente! Sei veloce e finisci tutto in poco tempo. Di' che hai già completato i seguenti lavori.

> ESEMPIO: Quando pulisci il garage? → L'ho già pulito.

1. Quando scrivi la lettera? _____

2. Quando lavi i piatti? _____

3. Quando paghi le tasse? _____

4. Quando compri il dizionario? _____

5. Quando prendi la medicina? _____

6. Quando impari le **Parole da ricordare**? _____

C. Un giro in Sicilia. Completa il seguente dialogo con l'ausiliare adeguato.

PAT: Ciao, Mike! Ben tornato! Dove _____ passato (**passare** = *to spend*) le vacanze?

MIKE: Le _____ passate in Sicilia.

PAT: _____ viaggiato da solo (*alone*)?

MIKE: No, _____ andato con un gruppo.

PAT: Quanti giorni _____ stati a Palermo?

MIKE: Una settimana. Poi _____ fatto il giro (*tour*) dell'isola in pullman (*bus*).

D. La festa per Massimo. Sentirai un dialogo dal tuo testo due volte. La prima volta, ascolta attentamente. La seconda volta, la parte di Gino verrà letta con le pause per la ripetizione.

SARA: Hai apparecchiato la tavola?
GINO: Sì, l'ho apparecchiata.
SARA: Hai incartato i regali per Massimo?
GINO: Sì, li ho incartati.
SARA: Hai preparato gli antipasti?
GINO: Sì, li ho preparati.
SARA: Hai comprato tutto? Hai ricordato il primo e il secondo e la frutta?
GINO: Sì, ho comprato tutto. Ho ricordato tutto. Tutto è pronto. È già pronto da due giorni. Tutti gli amici sanno che devono arrivare alle sette in punto. Rilassati! Tutto andrà benissimo e per Massimo sarà una bella sorpresa.
SARA: Un'ultima domanda. Hai invitato Massimo?
GINO: Oh, no!

E. Di chi o di che cosa parliamo? Ascolta la frase. Seleziona la risposta che si accorda con la vocale finale del participio passato. Poi componi la frase sostituendo al pronome l'oggetto di cui si parla. (*Then restate the sentence substituting the given object for the pronoun.*) Ripeti la risposta.

ESEMPIO: *Senti:* L'ho mangiata.

Leggi: a. la mela   b. il gelato   c. le pizze

Segni: (a. la mela)

Senti: a

Dici: Ho mangiato la mela.

1. a. Anna e Nora   b. i film del terrore   c. il Colosseo
2. a. Paolo   b. il Vaticano e il Papa   c. le foto
3. a. l'insalata e le patate b. il primo e il secondo   c. la pasta
4. a. la doccia   b. l'esame   c. il jogging
5. a. Piera   b. un messaggio   c. una lettera
6. a. i film   b. le bici   c. le pizze e i gelati
7. a. i giornali   b. le riviste   c. la poesia
8. a. gli scooter   b. le auto   c. il libro

Lezione 3: Grammatica

C. Piacere

A. Ti piace il minestrone? Esprimi le seguenti idee nella forma adeguata.

ESEMPIO: Come dici che ti piace ballare? → Mi piace ballare.

1. Come domandi a delle amiche se a loro piacciono gli gnocchi? _____
_____

2. Come dici che non ti piacciono gli spinaci? _____
_____

3. Come domandi a un amico se gli piace il risotto? _____
_____

4. Come domandi a una turista se le piace Roma? _____
_____

5. Come dici che ti piacciono gli spaghetti alla carbonara? _____
_____

6. Come domandi a un gruppo di bambini se gli piace giocare al pallone? _____
_____

7. Come domandi a un professore se gli piace cucinare? _____
_____

8. Come domandi a una professoressa se le piace insegnare alle otto? _____
_____

B. Non mi è piaciuto! Sei appena tornato/tornata dalla Trattoria del Pescatore, che ti è stata raccomandata da un'amica. Ora lei vuole sapere se hai provato certi piatti. Rispondi di sì, e di' se ogni piatto ti è piaciuto o no.

ESEMPIO: Hai provato il coniglio (*rabbit*) con la polenta? →
Sì, ma non mi è piaciuto. (Sì, mi è piaciuto moltissimo!)

1. Hai provato le lasagne alla bolognese?
_____

2. Hai provato gli spaghetti alla carbonara?
_____

3. Hai provato la cotoletta alla milanese?
_____

4. Hai provato il tiramisù?
_____

5. Hai provato i crostini con i fegatini (*livers*) di pollo?
_____

❖ **C. L'amico/L'amica ideale.** Crea dei dialoghi tra te e un amico. Rispondi alle domande anche per il tuo amico. Se dai risposte negative, proponi (*propose*) un'alternativa.

ESEMPIO: la musica classica →
—Ti piace la musica classica?
—Sì, mi piace la musica classica. (No, non mi piace la musica classica, ma mi piacciono gli U2.)

1. i film stranieri

_____

_____

2. andare in discoteca

_____

_____

3. le macchine italiane

_____

_____

4. lo spumante (*champagne*)

_____

_____

5. le poesie di Maya Angelou

_____

_____

D. Gianni e Gianna. Sentirai un brano dal tuo testo due volte. La prima volta, ascolta bene. La seconda volta, completa il brano con le parole che mancano. Controlla le tue risposte con le soluzioni date in fondo al libro.

Gianni è avvocato. Lavora tutto il giorno e mangia spesso nei buoni ristoranti con i clienti. _____ _____[1] il vino italiano. Come antipasto gli piacciono i crostini, ma non _____ _____[2] i salumi. Dopo cena, _____ _____[3] fumare una sigaretta. Nel week-end, quando non deve lavorare, _____ _____[4] stare a casa, leggere dei libri e ascoltare musica.

Gianna è artista e musicista. Ha gusti semplici. La mattina _____ _____[5] bere un caffellatte e mangiare una brioche. _____ _____[6] molto i panini al prosciutto. Quando va in un ristorante, _____ _____[7] ordinare solamente un primo e un bicchiere di vino. La sera _____ _____[8] dipingere e suonare il piano, ma nel week-end è molto attiva. Le piace giocare a tennis, scalare montagne e pattinare.

E. Gli piace? Guarda i disegni e di' se alla gente piacciono o non piacciono i cibi. Ripeti la risposta.

ESEMPIO: *Vedi:*
           Senti: A Giulio piacciono le patatine?
           Dici: Sì, gli piacciono.

1.

2.

3.

4.

5.

D. Interrogativi

A. Quante domande! Amelia si è trasferita a Bari e ha degli amici nuovi. Suo fratello Fabio le fa tante domande. Completa il loro dialogo. Usa gli interrogativi adeguati.

Interrogativi: che cosa, come, con chi, dove, quando

FABIO: _____[1] sono i tuoi nuovi amici di Bari?

AMELIA: Sono molto simpatici!

FABIO: _____[2] andate di solito (*usually*) il sabato sera?

AMELIA: Di solito andiamo al cinema o a teatro.

FABIO: _____[3] esci stasera?

AMELIA: Stasera esco con Caterina, la mia nuova collega d'ufficio.

FABIO: _____[4] avete intenzione di fare?

AMELIA: Andiamo a passeggiare sul lungomare (*sea front*). È una bellissima serata!

FABIO: _____[5] torni a casa a trovarci (*visit*)?

AMELIA: Probabilmente il mese prossimo.

FABIO: Allora, a presto!

B. Test velocissimo! Completa le frasi. Scegli l'interrogativo giusto.

1. (Chi / Che) viene a teatro con me sabato sera?

2. (Quale / Che cosa) giornale preferisci? *La Repubblica* o *Il Corriere della Sera*?

3. (Perché / Dove) non prendiamo l'autobus qui?

4. (Qual / Cosa) è il tuo passatempo preferito?

5. (A chi / Di chi) scrivi lettere di solito?

6. (Di chi / Con chi) sono questi dischi?

7. (Che / Dove) rivista stai leggendo?

8. (Quanto / Quanti) ragazzi vengono in bici?

C. Chi è? Sentirai un dialogo dal tuo testo seguito da tre domande. Sentirai il dialogo due volte. La prima volta, ascolta attentamente. La seconda volta, la parte di Lidia verrà letta con le pause per la ripetizione. Poi seleziona la risposta giusta.

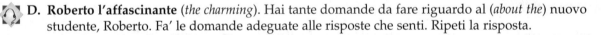

LIDIA:	Chi è?
LORENZO:	Sono Lorenzo.
LIDIA:	Che vuoi?
LORENZO:	Ti voglio parlare.
LIDIA:	Perché?
LORENZO:	Perché voglio parlare dell'altra sera.
LIDIA:	Non voglio parlare con te ora.
LORENZO:	Quando possiamo vederci?
LIDIA:	Torna fra mezz'ora.

1. a. Lorenzo   b. Lidia
2. a. Vuole parlare con Lidia.   b. Vuole uscire con Lidia.
3. a. fra un'ora   b. fra mezz'ora

D. Roberto l'affascinante (*the charming*). Hai tante domande da fare riguardo al (*about the*) nuovo studente, Roberto. Fa' le domande adeguate alle risposte che senti. Ripeti la risposta.

ESEMPIO: *Senti:* Roberto è simpatico.
           Dici: Com'è Roberto?

1. ...   2. ...   3. ...   4. ...   5. ...   6. ...

—Quale dei[a] due posso usare, mamma?   [a]*of the*

Lezione 4: Prospettive

🔊 Pronuncia: The Sounds of the Letter z

The letter **z** represents two sounds: [ć] as in the English word *bats* and [ź] as in the English word *pads*.

A. Z sonora. At the beginning of a word, **z** is usually pronounced as [ź], although this varies from region to region. Listen and repeat.

1. zampa
2. zero
3. zitto
4. zona
5. zucchero

B. Z sonora e z sorda. In the middle of words, **z** can have either the [ź] or the [ć] sound. The [ć] sound occurs frequently following **l** and **n.** Listen and repeat.

1. azalea   3. zanzara   5. differenza
2. pranzo   4. alzare   6. Lazio

C. Parliamo italiano! Listen and repeat.

1. Sai che differenza c'è tra colazione e pranzo?
2. Alla stazione di Venezia vendono pizze senza mozzarella.
3. Conosci molte ragazze con gli occhi azzurri?
4. A mezzogiorno ho lezione di zoologia.
5. C'è un negozio di calzature in Piazza Indipendenza.

Lettura

Il pranzo della domenica

Roberto ci parla del ruolo del pranzo della domenica nella sua famiglia.

Il pranzo della domenica è un pranzo importante, di solito, nelle famiglie
italiane. È stato sempre il pranzo centrale nella vita della mia famiglia, ed è un
pranzo importante anche in casa dei genitori di mia moglie, dove abito adesso.

In casa di mia moglie, durante questa estate calda, cominciamo sempre il
pranzo domenicale con un antipasto di prosciutto e melone, un bel melone
maturo, delizioso. A casa mia, invece, mia madre ha sempre cominciato il pranzo
della domenica con i crostini, in autunno, inverno, estate o primavera: sulla
tavola, solo crostini. Qui nella mia nuova casa, i crostini invece non si mangiano
mai. Ci sono di solito delle verdure miste, e in inverno dei salumi.

Il primo anche qui è obbligatorio: pasta al sugo, tagliatelle o fettuccine, o
spaghetti o gnocchi di patate col sugo di carne, sempre con tanto formaggio
parmigiano. La pasta è sempre la protagonista di questi pranzi. In certe
occasioni, quando ci sono ospiti, si preparano anche due o tre tipi di pasta,
con tipi diversi di sugo. Naturalmente, l'antipasto e il primo, come il secondo,
vengono sempre accompagnati dal vino, rosso con i sughi di carne, bianco con le
carni bianche o con il pesce. Mi piace molto il pesce, che però con i genitori di
mia moglie non mangio mai.

Anche il secondo, poi, è sostanzioso:[a] o la bistecca e le salsicce[b] alla griglia,   [a]*filling* / [b]*sausages*
o la bistecca e il coniglio arrosto, o la bistecca e il pollo alla griglia e sempre,
invariabilmente, un bel contorno di patate arrosto e l'insalata mista. Dai miei
genitori, invece, ho quasi sempre mangiato pollo: pollo arrosto, alla griglia,

farcito^c... Dopo la carne arrivano i formaggi, e poi la frutta fresca, e poi, finalmente, il dolce, col caffè che è l'ultima cosa che beviamo a pranzo. Qui mia moglie preferisce le crostate di frutta. La mia famiglia ha sempre preferito il tiramisù o il gelato. Adesso il gelato lo compro fuori, ma non è un grande problema! Il pranzo della domenica è insomma semplice per gli ingredienti, ma ricco per l'abbondanza. Ed è di solito formale per l'aspetto: noi siamo vestiti bene e la tavola è ben apparecchiata con la tovaglia^d più bella e i piatti di porcellana.

^c*stuffed*

^d*tablecloth*

Che tipo di piatti mangia Roberto nella sua nuova casa la domenica? Quali piatti invece non mangia più (*anymore*)? Fa' una lista, secondo le portate (*courses*).

PIATTI CHE ROBERTO MANGIA

PIATTI CHE ROBERTO NON MANGIA PIÙ

_____   _____

_____   _____

_____   _____

_____   _____

❖ E tu, cosa mangi la domenica? I tuoi pranzi sono elaborati? Scrivi il menu tipico del pranzo domenicale della tua famiglia, per categorie, se possibile (antipasto, primo, secondo, contorni, formaggi, frutta, dolce). Scrivi anche quali sono le bevande che accompagnano i cibi. Scrivi su un tuo foglio.

🎧 Ed ora ascoltiamo!

Sentirai un discorso tra Laura e Danilo. Puoi ascoltare il dialogo quante volte vuoi. Poi sentirai cinque frasi due volte. Segna vero o falso.

1. vero   falso   4. vero   falso

2. vero   falso   5. vero   falso

3. vero   falso

Un po' di scrittura

❖ **Parliamo di cucina!** Conosci la cucina di altri paesi? Ti interessa conoscere le abitudini (*habits*) culinarie di altri paesi? Perché sì o perché no? È importante sapere come mangiano gli altri? Scrivi una pagina in cui (*which*) rispondi a queste domande. Scrivi su un tuo foglio.

ESEMPIO: Ho molti amici francesi, quindi (*thus*) conosco abbastanza bene la cucina francese. I piatti che loro preparano sono diversi da quelli che (*the ones that*) troviamo nei ristoranti francesi qui negli Stati Uniti...

⟁ Dettato

Sentirai un breve dettato tre volte. La prima volta ascolta attentamente. La seconda volta, il dettato verrà letto con pause tra le frasi. Scrivi quello che senti. La terza volta, correggi quello che hai scritto. Scrivi sulle righe date. Controlla il tuo dettato con le soluzioni date in fondo al libro.

Danilo ha cucinato _____

_____

_____

_____

_____

_____

_____

_____

_____

Attualità

Dove andiamo a mangiare? Dai un'occhiata a questo elenco di ristoranti, poi scegli quello adatto alle persone descritte in pagina 100.

Giggetto er pescatore - via Sant'Elia 13 Firenze - tel. 87.93.11/87.99.29 - riposo domenica - ferie dal 12 al 31 agosto - AEx, Visa, Din, CartaSì, Eurocard - cani ammessi (in giardino) - prenotazione necessaria - coperti 250 - aria condizionata no - tavoli all'aperto sì - orari cucina 12,30-15/19,30-23. Prezzo: 30 euro.
    Specialità: pesce fresco, pesce al forno alla Giggetto, linguine all'aragosta.

Perilli - via Piemonte 53/c Pisa - tel. 46.35.06/46.46.26 - riposo lunedì - ferie dal 6 al 25 agosto - AEx, Visa, Din, CartaSì, Eurocard - cani ammessi - prenotazione consigliabile - coperti 200 - aria condizionata no - travoli all'aperto sì - orari cucina 12,30-15/20-23. Prezzo; 30 euro.
    Specialità: risotto con aragoste.

Il dito e la luna - via dei Sabelli 47 Lucca - tel. 49.40.726 - riposo domenica e lunedì - ferie agosto - cani non ammessi - prenotazione consigliabile - coperti 85 - aria condizionata no - tavoli all'aperto no - orari cucina solo sera 20-23,30. Prezzo: 10-15 euro.
    Specialità: pasta alla Norma, risotto alle fragole, scaloppine con salsa di ortiche.

Nuova Fiorentina - via A. Brofferio 43/51 Montecatini Terme - tel. 38.00.03 - riposo lunedì tutto il giorno e martedì a pranzo - ferie dal 13 al 29 agosto - cani non ammessi - prenotazione non necessaria - coperti 200 - aria condizionata no - tavoli all'aperto sì - orari cucina 12,30-15/19,30-0,45. Prezzo: 20 euro.
    Specialità: pizzeria forno a legna, carne alla brace, cucina alla toscana.

Ambasciata d'Abruzzo - via Pietro Tacchini 26 Montecatini Terme - tel. 87.82.56/87.49.64 - riposo domenica - ferie dal 6 agosto al 3 settembre - AEx, Visa, Din, CartaSì, Eurocard, Airplus - cani non ammessi - prenotazione necessaria - coperti 120 - aria condizionta sì - tavoli all'aperto sì - orari cucina 12-15,30/19-23. Prezzo: 20 euro.
    Specialità: ravioli funghi e spinaci, cinghiale all'agrodolce, piatti freddi.

Ropiè - via di S. Francesco a Ripa 104 Sesto Fiorentino - tel. 58.00.694 - riposo domenica e lunedì - non chiude per ferie - AEx - cani non ammessi - prenotazione no - coperti 30-35 - aria condizionata sì - tavoli all'aperto no - orario cucina (solo sera) 20,30-24 (su prenotazione anche pranzo). Prezzo: 20-25 euro.
    Specialità: risotto al basilico, salmone in salsa bianca.

Il Pulcino ballerino - via degli Equi 68 Firenze - tel. 49.03.01 - riposo lunedì - ferie dal 6 al 16 agosto - cani ammessi - prenotazione consigliabile - coperti 70 - aria condizionata no - tavoli all'aperto no - orario cucina solo sera 20-24. Prezzo: 10-15 euro.
    Specialità: sedanini alla rucola, pasta con fagioli e gamberi, carni, verdure e formaggi cotti sulla pietra rovente.

1. La signora Mincuzzi: vuole mangiare il risotto. È domenica.

   _____

2. I signori Bruni: hanno un cane. Vogliono spendere poco.

   _____

3. I Muti: hanno una famiglia numerosa e i bambini vogliono mangiare la pizza.

   _____

4. Daniela: soffre di (*she suffers from*) allergie e ha bisogno dell'aria condizionata. Adora i ravioli.

   _____

5. Franco e Gina: è mezzanotte e mezzo e non hanno ancora mangiato.

   _____

Prova-quiz

A. La conosci? Leo vuole conoscere meglio Lella, l'amica di Marisa. Completa il dialogo con le espressioni adeguate.

Espressioni: cena, conosci, la, le, mi, piace, so, telefono

LEO: _____[1] bene Lella?

MARISA: Sì, _____[2] conosco molto bene; frequentiamo un corso di cucina insieme.

LEO: Ma allora è vero che le _____[3] cucinare! Quando la vedi ancora?

MARISA: Mah! Penso di invitarla a _____[4] domani.

LEO: Se _____[5] dai il suo indirizzo (*address*), posso dar_____[6] un

passaggio (*ride*) io!

MARISA: _____[7] che vive con i suoi (*her parents*) ma non ricordo l'indirizzo. Quando

le _____[8] stasera, le chiedo dove abita e... se ha bisogno di un passaggio!

B. Domande, domande... C'è qualcuno di nuovo al Centro sociale e Giovanna vuole sapere tutto su di lui (*about him*). Completa il dialogo con gli interrogativi adeguati.

GIOVANNA: _____[1] è quel ragazzo nuovo?

GIORGIO: Un amico di Luisa.

GIOVANNA: _____[2] si chiama?

GIORGIO: Hassan.

GIOVANNA: _____[3] viene?

GIORGIO: Da Tunisia.

GIOVANNA: _____[4] è qui?

GIORGIO: Per lavorare al Centro sociale.

GIOVANNA: _____[5] tempo ha a disposizione (*available*)?

GIORGIO: Quattro ore, il sabato e la domenica.

GIOVANNA: _____[6] vuole incominciare?

GIORGIO: Questa settimana.

GIOVANNA: _____[7] preferisce fare?

GIORGIO: Senti, Giovanna, _____[8] non fai le tue domande direttamente ad Hassan?

C. Al bar. Completa il seguente paragrafo con le preposizioni semplici o preposizioni articolate adeguate.

Quando vado _____[1] bar, di solito prendo qualcosa (*something*) _____[2] banco.

_____[3] otto di mattina prendo un cappuccino _____[4] una brioche.

_____[5] mezzogiorno prendo un panino, un'acqua minerale e un caffè. _____[6]

acqua minerale metto _____[7] limone; _____[8] caffè metto _____[9]

latte e _____[10] zucchero. _____[11] sette di sera prendo un aperitivo

_____[12] le olive e _____[13] mezzanotte, dopo il cinema, una camomilla calda.

_____[14] camomilla metto sempre _____[15] miele: aiuta (*it helps*) a dormire!

D. Un appuntamento. Luca e Matteo fanno programmi per la serata. Completa il loro dialogo con le forme adeguate di **dire, uscire** e **venire.**

LUCA: Matteo, cosa _____[1] se stasera andiamo a casa di Luigi?

MATTEO: Io _____[2] che va bene! Ma lui cosa _____[3]?

LUCA: Lui è contento perché ha l'influenza e da due giorni non _____[4] di casa.

MATTEO: _____[5] anche Rossana?

LUCA: No, Rossana e Giovanna questa sera _____[6] insieme.

MATTEO: Dove vanno?

LUCA: Vanno al Piccolo Teatro a vedere Margherita. (Loro) _____[7] che è molto emozionata e ha bisogno di sostegno (*support*).

MATTEO: Anche la vita (*life*) delle attrici ha i suoi problemi!

E. Traduzioni. Traduci in italiano. Scrivi su un tuo foglio.

1. s1: You never call Federico! He always calls you!
   s2: It isn't true! I call him every week.
   s1: And you never write to Giovanna!
   s2: I write to her every month!

2. s1: Nina tells me that you don't like cookbooks.
   s2: I don't like to cook but I like to read cookbooks!

3. s1: Are you going to invite us to dinner? What are you going to prepare for us?
   s2: I'm very sorry. I can't invite you to dinner tonight, but I'll prepare fresh gnocchi for you tomorrow!

4. s1: Hello. Can I speak to Cinzia?
   s2: I'm sorry, she isn't in. She left the house ten minutes ago.
   s1: When is she coming back?
   s2: In (**Tra**) an hour.

5. I'm Marco. I'm an Italian student. I study at the University of Rome. I speak Italian and English. I love (**Amo**) all sports. I go skiing whenever (**ogni volta che**) I can. I love to drive but I hate (**odio**) to fly. I'm afraid of planes! I want to visit New York in September. How am I going to New York? By boat (**In nave**)!

7

Fare bella figura

Name _____

Date _____

Class _____

Lezione 1: Vocabolario

···

A. Le attività di ogni giorno. Guarda i disegni e descrivi la mattina tipica di Francesca.

1. _____

_____

3. _____

_____

2. _____

_____

4. _____

_____

B. Laurearsi o diplomarsi? Completa le frasi con i verbi seguenti: **chiamarsi, diplomarsi, fermarsi, laurearsi, sentirsi, specializzarsi, sposarsi.**

ESEMPIO: Ugo e Vittoria si ___*sposano*___ se trovano una casa.

1. Io mi _____ Valentina. Tu come ti _____?

2. Andate dal dottore quando non vi _____ bene?

3. Maria frequenta l'università. Vuole prima _____ in medicina, e poi

_____ in cardiologia.

4. Gli studenti italiani si _____ alla fine del liceo. Poi vanno all'università.

5. Paola ha bisogno di soldi; deve _____ in banca.

C. Le lamentele (*complaints*) **di Tiziana.** Completa il paragrafo scegliendo i verbi adatti.

Tiziana si lamenta di tutto! Si (arrabbia / diverte)[1] se fa troppo caldo e se fa troppo freddo. Se gli amici si (divertono / lavano)[2] al cinema o in discoteca, lei si (veste / annoia).[3] Tiziana si (ricorda / accontenta)[4] sempre dei momenti infelici, ma si (ricorda / dimentica)[5] dei momenti felici. E poiché (*since*) non ha imparato ad (accontentarsi / annoiarsi),[6] ogni sera si (addormenta / sveglia)[7] di cattivo umore.

❖ **D. Ancora sulla vita di tutti i giorni.** Descrivi la tua giornata tipica, secondo i suggerimenti.

Quando mi alzo _____

Alle 10.00 di mattina _____

A mezzogiorno _____

Alle 3.00 del pomeriggio _____

Alle 7.00 di sera _____

Alle 10.30 di sera _____

A mezzanotte _____

E. Finalmente il week-end! Sentirai un dialogo dal tuo testo. Sentirai il dialogo due volte. La prima volta, ascolta attentamente. La seconda volta, il dialogo verrà ripetuto con le pause per la ripetizione.

NICOLA: Finalmente domenica! La vita di tutti i giorni è così stressante! Uscire di casa, andare al lavoro, andare qua e là, essere attivi, mai un minuto per stare a casa e rilassarsi...

SIMONE: Ma la domenica che fai a casa? Dormi?

NICOLA: Dalle otto alle dieci curo il giardino, poi lavo la macchina, a mezzogiorno cucino e poi pranzo, per due ore pulisco la casa, poi guardo lo sport in televisione, poi ascolto la musica mentre faccio l'aerobica, poi...

SIMONE: Questa non è una giornata di lavoro, secondo te?!

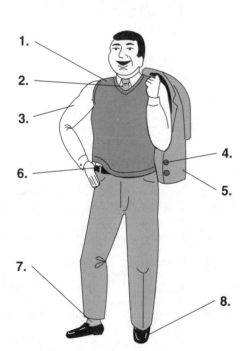

F. L'abbigliamento. Identifica ogni capo (*each piece of clothing*) nel disegno (*drawing*). Comincia la frase con **È...** o **Sono...** . Ripeti la risposta.

ESEMPIO: *Senti:* 1
Dici: È una maglia.

2. ... 3. ... 4. ... 5. ... 6. ... 7. ... 8. ...

Lezione 2: Grammatica

A. Verbi riflessivi

A. Riflessivo o no? Completa le seguenti frasi. Scegli una delle espressioni date tra parentesi.

1. Prima di uscire io (sveglio / mi sveglio) i bambini e preparo la colazione.
2. Noi (laviamo / ci laviamo) le mani prima di mangiare.
3. Lei (si chiama / chiama) il marito e gli dice di comprare il pane.
4. Lui (sbaglia / si sbaglia) sempre gli esercizi più facili.
5. Loro (organizzano / si organizzano) bene prima di partire.

B. Nel passato. Completa le seguenti frasi con il passato prossimo dei verbi tra parentesi.

1. Noi _____ (svegliarsi) alle 6.00, poi _____

   (alzarsi) e _____ (fare colazione).

2. Luciano _____ (fermarsi) a mangiare un panino al bar della stazione.

3. Dopo la telefonata (*phone call*) di Marina, _____ (voi / vestirsi) in

   fretta e _____ (uscire).

4. Perché _____ (tu / annoiarsi) ieri sera? Tutti gli altri

   _____ (divertirsi) molto.

5. _____ (noi / Laurearsi) in quattro anni.

6. _____ (io / Sposarsi) dopo la laurea.

—Vedo che oggi si sente meglio,[a] Rossi!   [a]*better*

PROVERBI E MODI DI DIRE

Chi s'aiuta, Dio l'aiuta.
God helps those who help themselves.

Fidarsi è bene, non fidarsi è meglio.
To trust is good, not to trust is better.

C. È sempre la stessa vita! Oggi Massimo ha fatto le stesse cose che fa tutti i giorni. Riscrivi ciascuna (*each*) frase al passato prossimo.

> ESEMPIO: Massimo si alza alle otto. → Si è alzato alle otto.

1. Va in bagno per una doccia.

   _____

2. Si asciuga.

   _____

3. Si lava i denti.

   _____

4. Si fa la barba.

   _____

5. Si guarda allo specchio e si pettina.

   _____

6. Si mette le lenti a contatto.

   _____

7. Si veste.

   _____

8. Esce di casa alle otto per prendere l'autobus.

   _____

D. Divertirsi in palestra. Sentirai un dialogo dal tuo testo. Sentirai il dialogo due volte. La prima volta, ascolta attentamente. La seconda volta, il dialogo verrà ripetuto con le pause per la ripetizione.

SIGNORA ROSSI: Nino è un ragazzo pigro: ogni mattina si sveglia tardi e non ha tempo di lavarsi e fare colazione. Si alza presto solo la domenica per andare in palestra a giocare a pallone.

SIGNORA VERDI: Ho capito: a scuola si annoia e in palestra si diverte.

E. Che giornata! Sentirai un dialogo tra Franca e Gino in cui (*in which*) discutono della loro giornata stressante. Sentirai il dialogo due volte. La prima volta, ascolta attentamente. La seconda volta, prendi appunti (*take notes*) su Franca e Gino. Poi sentirai quattro domande e dovrai scegliere la risposta giusta. Leggi le risposte date prima di ascoltare il dialogo.

FRANCA _____

_____

GINO _____

_____

1. a. Si è solo lavata e vestita.
   b. Si è preparata con cura e poi ha preso l'autobus.
2. a. Gino è rilassato e riposato.
   b. Ha bisogno di caffè per stare bene.
3. a. Ha avuto una discussione con il direttore.
   b. Si è sentito molto, molto stanco.
4. a. Va al parco a rilassarsi.
   b. Sta a casa e dorme molto.

F. E tu, cosa hai fatto stamattina? Racconta come ti sei preparato/preparata stamattina, secondo i suggerimenti (*according to the cues*).

1. Mi sono alzato/alzata alle...
2. Mi sono lavato/lavata con l'acqua... (calda/fredda)
3. Mi sono messo/messa... (i jeans / una camicia / i calzini...)
4. (Non) Mi sono fatto la barba... / (Non) Mi sono truccata...
5. (Non) Mi sono fermato/fermata al bar a fare colazione.

B. Costruzione reciproca

A. Aiutarsi. Completa le frasi con la costruzione reciproca.

ESEMPIO: Ilaria e le amiche _____*si vedono*_____ spesso.

1. Quando gli italiani _____ (incontrarsi), _____ (abbracciarsi) e _____ (baciarsi).

2. Per Natale, io e i miei amici _____ (farsi) dei regali.

3. Che cosa _____ (voi / dirsi) quando _____ (salutarsi)?

4. Marina e Daniele _____ (scriversi) e _____ (telefonarsi) spesso.

5. Noi _____ (conoscersi) da molto tempo, e _____ (capirsi) molto bene.

6. Voi _____ (aiutarsi) quando siete in difficoltà?

B. **La storia di Paolo e Francesca.** Racconta a Valeria la storia d'amore di due amici tuoi, secondo i suggerimenti.

ESEMPIO: conoscersi / l'anno scorso → Si sono conosciuti l'anno scorso.

1.   incontrarsi / in un bar

_____

2.   vedersi / all'università

_____

3.   rivedersi (*to see each other again*) / due giorni dopo

_____

4.   telefonarsi / ogni giorno

_____

5.   baciarsi / dopo un mese

_____

6.   sposarsi / dopo un anno

_____

PROVERBI E MODI DI DIRE

Gli estremi si toccano.
Extremes meet.

C. Giulio e Anna. Sentirai un monologo dal tuo testo due volte. La prima volta, ascolta attentamente. La seconda volta, completa il monologo con le parole che mancano. Controlla le tue risposte con le soluzioni date in fondo al libro.

Giulio e Anna _____ _____[1] da tanti anni—

sono amici di infanzia. _____ _____[2] tutti i

giorni a scuola e tutte le sere _____ _____[3] al

telefono. Discutono sempre i loro problemi l'uno con l'altra perché

_____ _____[4] benissimo.

D. Davide e Serena. Davide e Serena sono proprio una bella coppia. Guarda i disegni e di' cosa fanno, secondo i suggerimenti (*according to the cues*). Ripeti la risposta.

ESEMPIO: *Vedi:*
      Senti: guardarsi
      Dici: Davide e Serena si guardano.

1.

2.

3.

4.

5.

C. Presente + **da** + espressioni di tempo

A. Da quanto tempo? Usa le informazioni date per fare delle domande e poi rispondere. Comincia con **da quanto tempo.**

ESEMPIO: Eric / suonare la chitarra / due anni →
      Da quanto tempo suona la chitarra Eric? Da due anni.

1. Nicoletta / uscire con Mauro / quattro anni

   _____

2. voi / scrivere racconti / molti anni

   _____

3. Mario e Renata / vivere in Svizzera / cinque anni

   _____

4. tu / aspettare / mezz'ora

   _____

5. io / non pulire il frigo / un mese

_____

6. Leo / prendere lezioni di musica / molto tempo

_____

❖ **B. Domande per te.** Di' da quanto tempo fai le seguenti cose.

ESEMPIO: Da quanto tempo scrivi queste frasi? → Scrivo queste frasi da (cinque minuti).

1. Da quanto tempo sei qui?

_____

2. Da quanto tempo corri (giochi a tennis, nuoti)?

_____

3. Da quanto tempo leggi riviste e giornali?

_____

4. Da quanto tempo frequenti lo stesso bar?

_____

5. Da quanto tempo non esci di casa?

_____

6. Da quanto tempo studi chimica (informatica, storia)?

_____

C. Attività. Di' da quanto tempo tu ed i tuoi amici partecipate alle seguenti attività. Usa le espressioni di tempo suggerite. Ripetete la risposta.

ESEMPIO: *Senti:* Da quanto tempo disegni?
Leggi: molto tempo
Dici: Disegno da molto tempo.

1. un mese
2. tre settimane
3. cinque anni
4. un anno
5. tre anni

D. Caro professore, cara professoressa. Chiedi al tuo insegnante d'italiano da quanto tempo fa le seguenti cose. Ripeti la risposta.

ESEMPIO: *Senti:* insegnare italiano
Dici: Da quanto tempo insegna italiano?

1. ...   2. ...   3. ...   4. ...   5. ...

Lezione 3: Grammatica

D. Avverbi

A. Facilmente! Cambia i seguenti aggettivi in avverbi.

ESEMPIO: splendido → splendidamente

1. chiaro _____
2. particolare _____
3. affettuoso _____
4. fortunato _____
5. intelligente _____

6. probabile _____
7. intero _____
8. gentile _____
9. speciale _____
10. vero _____

❖ **B. Personalmente.** Completa le seguenti frasi secondo le tue preferenze. Scegli uno degli avverbi tra parentesi.

1. Preferisco i film che finiscono (tragicamente / felicemente / comicamente).
2. Non mi piacciono le persone che arrivano (presto / tardi / inaspettatamente [*unexpectedly*]).
3. Sono d'accordo con i miei genitori (completamente / parzialmente / raramente).
4. Di solito io faccio le cose (impulsivamente / meditatamente / consapevolmente [*consciously*]).
5. Mi piacciono le persone che mi rispondono (gentilmente / pacatamente [*calmly*] / aggressivamente).
6. Spero di vivere il resto dei miei giorni (comodamente [*comfortably*] / tranquillamente / pericolosamente).

C. Gioca bene o male? Sentirai un brano dal tuo testo seguito da tre domande. Sentirai il brano due volte. La prima volta, ascolta attentamente. La seconda volta, il brano verrà ripetuto con le pause per la ripetizione. Scegli poi le risposte giuste alle domande che senti.

Sandro gioca molto bene a tennis. È un buon giocatore che ha molte racchette e tante scarpe da tennis.

Felice gioca male a golf. È un cattivo giocatore che non ha le proprie mazze e scarpe da golf.

1. a. Felice   b. Sandro
2. a. bene   b. male
3. a. Felice   b. Sandro

D. Veramente. Cambia i seguenti aggettivi in avverbi. Ripeti la risposta.

ESEMPIO: *Senti:* vero
           Dici: veramente

1. ...   2. ...   3. ...   4. ...   5. ...   6. ...

E. Gli italiani. Tutti i tuoi amici vogliono sapere come sono gli italiani. Rispondi alle loro domande, secondo i suggerimenti. Ripeti la risposta.

ESEMPIO: *Senti:* Come parlano gli italiani?
           Leggi: veloce
           Dici: Parlano velocemente.

1. elegante   2. rapido   3. abbondante   4. facile   5. gentile

E. Numeri superiori a 100

A. Prezzi italiani. Carlo e Cristina si trasferiscono (*are moving*) in un appartamento nuovo, e devono comprare molte cose. Guarda l'elenco delle spese e scrivi in lettere (*write out*) il prezzo di ogni articolo.

1. uno stereo: € 1.000 _____

2. un frigo: € 375 _____

3. un televisore: € 400 _____

4. una lavatrice (*washer*): € 330 _____

5. un divano (*couch*): € 1.200 _____

6. un aspirapolvere (*vacuum cleaner*): € 225 _____

7. un letto: € 450 _____

8. un servizio di piatti (*set of dishes*): € 145 _____

B. Prezzi americani. Ora di' quanto costano approssimativamente i seguenti articoli. Scrivi i prezzi, in lettere, in italiano.

1. un lettore (*player*) di compact disc _____

2. un computer _____

3. una giacca di pelle (*leather jacket*) _____

4. un monolocale (*studio apartment*) _____

5. uno scooter _____

C. Quanto fa? Fa' le addizioni dei seguenti numeri. Sentirai ogni addizione due volte. Ascolta attentamente, poi scrivi la somma dei due numeri che senti. Controlla le tue risposte con le soluzioni date in fondo al libro.

> ESEMPIO: *Senti:* cento più (+) cento fa...
> *Scrivi i numeri e fai l'addizione:* 100 + 100 = 200
> *Scrivi:* *Duecento*

1. _____

2. _____

3. _____

4. _____

5. _____

6. _____

Lezione 4: Prospettive

Pronuncia: The Sounds of the Letter *l*

In Italian, the letter **l** has a sound similar to that in the English word *love.* It is a clear sound, articulated at the front of the mouth, never at the back of the mouth, as in the English words *alter* and *will.*

A. *L.* Practice the **l** sound. Listen and repeat.

1. lavarsi
2. leggere
3. lira
4. loro
5. lunedì
6. salutare

B. *L doppia.* Compare and contrast the single and double sound of **l.** Note the slight change in vowel sound when the consonant following is doubled. Listen and repeat.

1. belo / bello
2. fola / folla
3. pala / palla
4. cela / cella

C. *L e gl.* As you learned in **Capitolo 3,** the sound of **gl** is different from the sound of **l.** Compare and contrast the sounds in the following pairs of words. Listen and repeat.

1. belli / begli
2. olio / aglio
3. male / maglia
4. filo / figlio

D. Parliamo italiano! Listen and repeat.

1. Come balla bene la moglie di Guglielmo! Glielo voglio dire.
2. Mi hai dato un biglietto da mille o da duemila?
3. Fa caldo a Milano in luglio?
4. Ecco il portafoglio di mio figlio.
5. Quella ragazza è alta e snella.
6. Vogliono il tè col latte o col limone?

Lettura

La vita di tutti i giorni...

Stefania ci racconta la sua routine quotidiana.

Cosa faccio io tutti i giorni? Le stesse cose, più o meno... Ho proprio una vita monotona. Quando mi alzo non faccio colazione, perché preferisco fare colazione al bar. Mi sveglio presto, verso le sei, ma mi alzo dopo mezz'ora, perché voglio fare con calma ed essere di buon umore. Quando mi alzo vado in bagno, mi lavo con una bella doccia fredda, poi mi asciugo[a] e mi vesto con cura e guardo il telegiornale in televisione, e poi esco per andare all'università. Certo, prima di vestirmi mi sono guardata bene allo specchio, mi sono pettinata i capelli e messa il trucco.[b] I vestiti non sono un problema: la sera prima li stiro[c] sempre, e così sono pronti la mattina. Insomma, sono ben organizzata.

  Alle dieci dopo la prima ora di lezione, di solito, faccio una pausa per andare a prendere un cappuccino o un caffè. Massimo (il mio ragazzo) e io ci

[a]*mi ... I dry off*

[b]*makeup /* [c]*I iron*

incontriamo al bar, lui lavora vicino all'università. Ci abbracciamo, ci baciamo e ci raccontiamo le nostre cose per almeno mezz'ora.

Dalle undici a mezzogiorno ho ancora lezione e a mezzogiorno vado a mangiare un panino. Massimo e io ci telefoniamo per parlare un po'. Dopo vado a lezione fino alle tre e alle tre vado in biblioteca, fino alle cinque o alle sei. Alle sette torno a casa e ceno, e poi Massimo e io ci incontriamo per andare al cinema o per guardare la televisione. Se non vedo Massimo, esco subito dopo cena per andare in palestra, dove corro, faccio l'aerobica o nuoto. Verso le dieci e mezzo di sera torno a casa e studio fino a mezzanotte. Vado quindi a letto, dormo per sei ore e il mattino dopo di nuovo la stessa vita... Solo il sabato e la domenica sono diversi; sono i giorni in cui posso rilassarmi e cambiare i programmi.

Cosa fa Stefania?

1. Tra le sei e le dieci: _____

_____

2. Tra le undici e le sette: _____

_____

3. Dopo cena fino all'ora di dormire: _____

_____

4. Il sabato e la domenica: _____

_____

❖ E tu, hai un tipo di giornata simile a quella di Stefania? Cosa fai a certe ore del giorno e della sera?

Alle sei di mattina _____

Mi sveglio _____

Mi alzo _____

Poi _____

Esco di casa _____

Per pranzo _____

Per cena _____

Nel pomeriggio _____

La sera _____

Il sabato e la domenica _____

Ed ora ascoltiamo!

Sentirai un dialogo tra Romeo e Giulietta. Puoi ascoltare il dialogo quante volte vuoi. Poi sentirai cinque frasi da completare. Scegli il completamento giusto per ciascuna frase.

1. a. al bar.   b. ad una festa.
2. a. quando si sono guardati.   b. quando si sono salutati.
3. a. per caso (*by chance*) a Verona.   b. per caso ad una festa.
4. a. a Verona.   b. al Caffè Sportivo.
5. a. «Ti amo».   b. «Sì, certo».

Un po' di scrittura

❖ **Giornate in famiglia.** Com'è la giornata dei membri della tua famiglia? Quando si divertono, si annoiano, si arrabbiano, si lamentano? Scegli un membro della tua famiglia e scrivi una breve composizione. Scrivi su un tuo foglio.

> ESEMPIO: Mio fratello si alza sempre tardi. Si lava, si veste, non si fa la barba e poi corre al lavoro. Di solito si dimentica qualcosa (*something*): le chiavi, gli occhiali, la cartella dei documenti (*briefcase*)...

Dettato

Sentirai un breve dettato tre volte. La prima volta ascolta attentamente. La seconda volta, il dettato verrà letto con pause tra le frasi. Scrivi quello che senti. La terza volta, correggi quello che hai scritto. Scrivi sulle righe date. Controlla il tuo dettato con le soluzioni date in fondo al libro.

Marilena, Franca, Elena e Silvia _____

_____

_____

_____

_____

_____

_____

_____

Attualità

❖ **Per fare le vacanze senza preoccuparsi...** Ecco una pubblicità pubblicata sul settimanale (*weekly magazine*) *Panorama*. Guarda il disegno e leggi le due frasi, poi descrivi cosa succede (*is happening*) nella vignetta (*cartoon*) e spiega che cosa promette la pubblicità. Ti sembra una pubblicità efficace o no? Perché? Scrivi un paragrafo. Scrivi su un tuo foglio.

QUEST'ESTATE PORTATEVI VIA SOLO LA TRANQUILLITÀ.

ALLA SICUREZZA DELLA CASA, COME A QUELLA DEL VIAGGIO, CI PENSA EUROP ASSISTANCE.

C'era una volta...

Lezione 1: Vocabolario

A. Piccole conversazioni. Completa con la forma adatta delle seguenti parole: **l'attore, la colonna sonora, il cronista, il giornalista, l'intervista, pubblicare, la redattrice, la redazione, la recensione, la stampa.**

1. s1: Hai letto la _____[1] dell'ultimo film di Moretti?

   s2: Sì, diceva che gli _____[2] sono stati bravissimi e che la

   _____[3] era eccezionale: anch'io ho pensato che la musica era perfetta.

2. s1: Stefano è un _____[1] della *Repubblica,* ma è stanco di occuparsi di cronaca

   nera. Preferisce fare _____[2] a personaggi famosi.

   s2: Voglio fargli conoscere la mia _____.[3] Al mio giornale cercano un

   _____[4] per la sezione spettacoli.

3. s1: Non mi piace la _____[1] americana. Non _____[2]

   abbastanza notizie di politica estera.

   s2: Non tutti i giornali americani sono uguali. Ci sono anche quelli che hanno una buona

   _____[3] per l'estero.

B. Che significa? Spiega il significato dei seguenti verbi con un sinonimo o con una piccola frase in italiano.

   ESEMPIO: mandare in onda → trasmettere

1. doppiare: _____

2. girare: _____

3. produrre: _____

4. recensire: _____

5. trasmettere: _____

C. Televisione o cinema? Leggi il dialogo e poi rispondi alle domande.

LAURA: Hai letto la recensione del film di Benigni? Vuoi andare a vederlo?
PASQUALE: C'è una partita di calcio sulla Rai, gioca l'Italia!
LAURA: Sempre televisione, televisione, televisione...
PASQUALE: Io la televisione la vedo per gli sport, e per il telegiornale. I giornali li leggo raramente, preferisco le riviste, o i settimanali. La recensione dove l'hai letta?
LAURA: L'ho letta su *La Repubblica* di oggi. Perché non andiamo al cinema stasera?
PASQUALE: Gioca l'Italia, come ti ho detto...
LAURA: Ma che insistenza! Vuoi vedere la partita, eh? Sai che hanno inventato il videoregistratore? Perché non registri la partita e vieni al cinema?

PASQUALE: Sei tu insistente! La partita è affascinante perché è una trasmissione in diretta, non voglio vederla col videoregistratore.

LAURA: Va bene, allora vado al cinema da sola.

1. Che cosa danno sulla Rai che Pasquale vuole vedere? _____

_____

2. Cosa vede Pasquale di solito? _____

_____

3. Cosa legge Pasquale? _____

_____

4. Che idea ha Laura sulla partita? _____

_____

5. Come risponde Pasquale? _____

_____

D. Che danno alla televisione? Sentirai un dialogo dal tuo testo seguito da quattro domande. Sentirai il dialogo due volte. La prima volta, ascolta attentamente. La seconda volta, il dialogo verrà ripetuto con le pause per la ripetizione. Scegli poi le risposte giuste alle domande che senti.

ROSSANA: Che dice il giornale sui programmi di stasera? Che danno alla televisione?

FABRIZIO: C'è una partita di calcio su Rai Uno, se vuoi vedere lo sport. Gioca l'Italia...

ROSSANA: Telefilm interessanti?

FABRIZIO: Non credo, ma ci sono due bei film su Rai Tre e Canale Cinque più tardi, dopo il telegiornale.

ROSSANA: E adesso che c'è?

FABRIZIO: È l'ora del telegiornale. Possiamo vedere una videocassetta.

ROSSANA: Ma no, andiamo al cinema invece. Ho letto una recensione molto positiva dell'ultimo film di Spielberg...

1. a. C'è una partita di calcio.   b. C'è una partita di basketball.
2. a. Ci sono due film interessanti.   b. C'è una partita di calcio.
3. a. Vuole vedere la partita.   b. Vuole vedere una videocassetta.
4. a. Vuole vedere un film in televisione. b. Vuole vedere un film al cinema.

E. La stampa. Sentirai sei definizioni di parole che hanno a che fare con (*that have to do with*) la stampa. Sentirai le definizioni due volte. Scegli la parola corrispondente a ciascuna definizione e scrivi la parola sulla riga data. Controlla le tue risposte con le soluzioni date in fondo al libro.

la cronaca   il mensile   il quotidiano
la pubblicità   la recensione   il settimanale

1. _____   4. _____

2. _____   5. _____

3. _____   6. _____

Lezione 2: Grammatica

A. Imperfetto

A. Ora e prima. Riscrivi le seguenti frasi. Di' che prima...

ESEMPIO: Ora non ho fame. →
Prima avevo fame.

1. Ora non ho sete.

   _____

2. Ora non abbiamo paura.

   _____

3. Ora non hanno fretta.

   _____

4. Ora non hai freddo.

   _____

5. Ora non avete caldo.

   _____

6. Ora non ha sonno.

   _____

B. Un cantante del passato. Chi era Elvis? Completa il brano con i verbi all'imperfetto.

abitare   amare   avere   cantare   essere   prendere   scrivere   suonare

Elvis Presley _____[1] un cantante americano

molto famoso. Lui _____[2] le sue canzoni,

_____[3] la chitarra e

_____[4] per i giovani negli anni '50, '60 e '70.

Durante l'ultima parte della sua vita _____[5] a

Las Vegas e _____[6] molte droghe. Elvis _____[7]

molti problemi, ma i suoi ammiratori lo _____.[8]

❖ **C. Da bambino/bambina** (*As a child*)**...** A Marina piace sapere come erano gli altri da giovani. Completa le sue domande e rispondi con frasi complete. Usa l'imperfetto.

1. Come _____ (essere) da piccolo/piccola?

   _____

2. _____ (Giocare) tutto il giorno quando _____ (essere) piccolo/piccola?

   _____

3. Dove _____ (abitare) quando _____ (avere) otto anni?

   _____

4. Ti _____ (piacere) andare a scuola?

   _____

5. Che cosa _____ (preferire) mangiare?

   _____

6. Che cosa _____ (bere) a colazione?

   _____

7. _____ (Dire) molte bugie?

   _____

8. Chi ti _____ (raccontare) le favole la sera?

   _____

9. _____ (Sapere) scrivere a cinque anni?

   _____

10. _____ (Potere) uscire quando _____ (volere)?

    _____

11. A che ora _____ (dovere) andare a letto?

    _____

12. Quando _____ (fare) i compiti?

    _____

D. C'era una volta... Sentirai un dialogo dal tuo testo due volte. La prima volta, ascolta attentamente. La seconda volta, il dialogo verrà ripetuto con le pause per la ripetizione.

LUIGINO: Papà, mi racconti una favola?

PAPÀ: Volentieri! C'era una volta una bambina che si chiamava Cappuccetto Rosso perché portava sempre una mantella rossa col cappuccio. Viveva vicino a un bosco con la mamma...

LUIGINO: Papà, perché mi racconti sempre la stessa storia?

PAPÀ: Perché conosco solo una storia!

E. Come eravamo... Guardi le vecchie foto di famiglia. Di' come erano i membri della famiglia, secondo i suggerimenti. Ripeti la risposta.

ESEMPIO: *Senti:* la nonna
          Leggi: essere una bella ragazza
          Dici: La nonna era una bella ragazza.

1. avere la barba nera
2. portare la gonna corta
3. essere grasso
4. indossare vestiti buffi
5. andare in bicicletta
6. essere un atleta
7. portare gli occhiali
8. avere tanti capelli

F. Davide e Serena. Davide e Serena erano una bella coppia ma... non più. Componi (*Restate*) le frasi di Davide all'imperfetto. Ripeti la risposta.

> ESEMPIO: *Senti:* Io le porto sempre i fiori.
> *Dici:* Io le portavo sempre i fiori.

1. ... 2. ... 3. ... 4. ... 5. ...

G. Sempre, spesso o mai? Quanto spesso facevi le seguenti azioni da bambino o bambina? Sentirai, per due volte, otto domande. Prendi appunti sulle domande e segna nello schema quanto spesso facevi le seguenti azioni da bambino o bambina. Poi scrivi tre frasi su cosa facevi, sempre, spesso o mai, sulle righe date.

	SEMPRE	SPESSO	MAI
1. _____	☐	☐	☐
2. _____	☐	☐	☐
3. _____	☐	☐	☐
4. _____	☐	☐	☐
5. _____	☐	☐	☐
6. _____	☐	☐	☐
7. _____	☐	☐	☐
8. _____	☐	☐	☐

Sempre: _____

Spesso: _____

Mai: _____

B. Imperfetto e passato prossimo

A. Quella volta, invece... Completa le seguenti frasi con le forme adeguate dell'imperfetto o del passato prossimo. Aggiungi nuove informazioni.

> ESEMPIO: Di solito compravo carne; ieri, invece, ho comprato pesce.

1. Di solito prendevo l'aereo; quel giorno, invece, _____

   _____

2. Di solito _____; quella domenica, invece, ci siamo

   alzati a mezzogiorno.

3. Di solito non parlavamo mai; quella volta, invece, _____

   _____

4. Di solito _____; ieri, invece, sei andato a teatro.

   _____

5. Di solito le regalavate un libro; quell'anno, invece, _____

   _____

6. Di solito Paolo _____; ieri, invece, mi ha detto «Ciao!»

7. Di solito facevo la doccia la sera; lunedì, invece, _____

_____

8. Di solito _____; ieri, invece, non ha piovuto.

B. **Pigrone** (*Lazybones*)! Guido è un pigrone e si diverte sempre mentre tu ed i vostri compagni di casa studiate o lavorate. Spiega come il suo comportamento ieri vi dava fastidio.

1. Ieri mi sono arrabbiata perché mentre io _____ (studiare), lui

_____ (ascoltare) dischi.

2. Ieri Luigi si è arrabbiato perché mentre _____ (pulire) il bagno, Guido non

_____ (fare) nulla (*anything*).

3. Ieri Francesca si è arrabbiata, perché mentre _____ (fare) una traduzione,

Guido _____ (cantare) l'opera.

4. Ieri voi vi siete arrabbiati perché mentre _____ (guardare) la TV, Guido

_____ (parlare) a voce alta (*loud*).

5. Ieri ti sei arrabbiato perché mentre tu _____ (preparare) i panini, Guido li

_____ (mangiare).

C. **L'appuntamento.** Sentirai un brano dal tuo testo. Sentirai il brano due volte. La prima volta, ascolta attentamente. La seconda volta, completa il brano con le parole che mancano. Controlla le tue risposte con le soluzioni date in fondo al libro.

Luigi aveva capito che l'appuntamento con Susanna _____[1]

alle 8.00, ma Susanna _____ _____[2] che era alle

7.00. Alle 7.30 Susanna _____[3] stanca di aspettare Luigi ed

era molto arrabbiata. Così _____ _____[4] al

cinema con la sua compagna di stanza. Luigi _____

_____[5] alle 8.00 in punto, ma quando è arrivato Susanna

_____ già _____.[6] Povero Luigino!

D. **Anche noi!** Giancarlo ti racconta cosa ha fatto ieri. Di' che sono tutte cose che facevi insieme ai fratelli da piccoli. Ripeti la risposta.

ESEMPIO: *Senti:* Ieri ho mangiato molta pizza.
  Leggi: anche mia sorella
  Dici: Anche mia sorella da piccola mangiava molta pizza.

1. anche mio fratello   4. anche noi
2. anche le mie sorelle   5. anch'io
3. anche i miei fratelli

Lezione 3: Grammatica

C. Trapassato

A. Perché erano tristi o allegri? Cosa era successo che ha fatto sentire tristi o allegre le seguenti persone? Costruisci delle frasi con la forma adeguata del trapassato.

> ESEMPIO: Francesca era scontenta... (perdere le chiavi di casa) →
> Francesca era scontenta perché aveva perduto le chiavi di casa.

1. Valeria era contenta... (imparare a guidare l'automobile)

   _____

2. Gabriella e Paolo erano scontenti... (non potere trovare lavoro)

   _____

3. Claudio era contento... (uscire con Marcella)

   _____

4. Eravamo contenti... (dormire bene)

   _____

5. Eravate scontenti... (non andare al cinema)

   _____

6. Eri contento... (sognare di avere molti soldi)

   _____

7. Erano scontenti (non fare bene gli esercizi di grammatica)

   _____

8. Ero contento... (ricevere una lettera da Alberto)

   _____

B. Sapevi che... ? È da tanto che Marta non parla con gli amici. La sua amica le racconta le ultime novità (*latest news*). Comincia ogni frase con **Sapevi che... .**

> ESEMPIO: Rosanna si è laureata → Sapevi che Rosanna si era laureata?

1. Stefano ha comprato una Mercedes.

   _____

2. Ha avuto un incidente (*accident*).

   _____

3. È andato all'ospedale.

   _____

4. È uscito dall'ospedale dopo una settimana.

   _____

5. Marina ha trovato un buon lavoro.

   _____

6. Si è sposata con Roberto.

   _____

7. Hanno comprato una casa a Roma.

   _____

❖ **C. Domande per te.** Rispondi alle seguenti domande con frasi complete.

1. Avevi già imparato a scrivere prima di andare a scuola?

   _____

2. Avevi già studiato l'italiano prima di incominciare l'università?

   _____

3. Ti sei già laureato/laureata a sedici anni?

   _____

4. Si era già sposata a ventun anni tua madre?

   _____

D. Ma perché? Mariella vuole sapere perché sono successe certe cose. Rispondi alle sue domande, secondo i suggerimenti. Ripeti la risposta.

> ESEMPIO: *Senti:* Perché eri di umore nero (*in a bad mood*)?
> *Leggi:* lavorare troppo
> *Dici:* Ero di umore nero perché avevo lavorato troppo.

1. studiare tutta la notte	4. mangiare solo un panino
2. perdere l'autobus	5. dormire poco
3. aspettare due ore	6. dimenticare l'orologio

E. La fiaba confusa (*Mixed-up fairy tale*). Sentirai raccontare una fiaba piuttosto (*rather*) particolare. Sentirai le due parti della fiaba due volte. La prima volta, ascolta attentamente. La seconda volta, completa la prima metà con il verbo all'imperfetto e la seconda metà con il verbo al trapassato. Controlla le tue risposte con le soluzioni date in fondo al libro. Poi inventa un finale alla fiaba. Ferma la registrazione e scrivi il finale sulle righe date.

Vocabolario utile:

Cappuccetto Rosso	*Little Red Riding Hood*
Cenerentola	*Cinderella*
Biancaneve	*Snow White*
la Bella Addormentata	*Sleeping Beauty*

La prima metà

C'_____[1] una volta una bella bambina che _____[2] sola nel bosco. _____

_____[3] Cappuccetto Rosso, perché _____[4] un vestito con un cappuccio che

_____[5] rosso come un pomodoro. Cappuccetto un giorno _____[6] andare a fare

visita alla nonna, così esce di casa, e mentre _____[7] nel bosco incontra Cenerentola.

La seconda metà

Insieme vanno dalla nonna, e quando arrivano, vedono uscire la Bella Addormentata, che

_____ _____ appena _____ [8] dal suo sonno e che cercava il suo

Principe. La Bella Addormentata _____ _____ [9] invece la casa della nonna. La

nonna le _____ _____ [10] che il Principe _____ _____ [11] a

cercare Biancaneve, perché Biancaneve _____ _____ [12] una scarpa nella foresta e

il principe _____ _____ [13] a incontrarla. Lui aveva con sé la scarpa che la nonna

_____ _____. [14]

Ora ferma la registrazione e scrivi un finale possibile.

_____

_____

_____

_____

_____

_____

D. Suffissi

A. Letterina o letterona? Guarda i disegni e scrivi la risposta ad ogni domanda.

ESEMPIO: Cristina ha ricevuto una letterina? →
No, ha ricevuto una letterona.

1.   Claudio è un ragazzino?

_____

2.   Mariella ha dei piedoni?

_____

3. I ragazzi hanno fatto delle pizzacce?

_____

4. Plutone ha un nasone?

_____

PROVERBI E MODI DI DIRE

La gatta frettolosa fece i gattini ciechi.
Haste makes waste. (Lit., The hasty cat had blind kittens.)

B. La favola di Hansel e Gretel. Riscrivi il seguente testo senza i suffissi. Scrivi su un tuo foglio.

Hansel e Gretel erano due bambini piccini piccini. Loro abitavano in un boschetto con il loro papá e la loro mamma. Un bel giorno, mentre camminavano per il boschetto hanno perso la strada. Dopo molte ore, sono arrivati a una casetta con un giardinetto piccolo e grazioso. La casetta era tutta di cioccolato, ma ci abitava una vecchia e brutta stregaccia. Questa stregaccia era molto cattiva, e voleva prepararsi un bel pranzetto con Hansel e Gretel. Fortunatamente, i genitori dei bambini sono arrivati in tempo a salvarli dalla pentola... Loro hanno mandato via la stregaccia e hanno riportato Hansel e Gretel a casa loro. E, da quel giorno, tutti vissero felici e contenti.

C. Dov'è il mio fratellino? Sentirai un monologo dal tuo testo due volte. La prima volta, ascolta attentamente. La seconda volta, il monologo verrà ripetuto con le pause per la ripetizione.

Ha visto passare il mio fratellino? È un bambino con un nasino tanto carino, due manine graziose e due piedini piccolini piccolini.

D. Una letterona! Guarda i disegni e scegli quello indicato nella frase che senti.

ESEMPIO: *Vedi:*
   Senti: Ho ricevuto una letterona!   a.    b.
   Scegli: a.   ⓑ

1. a.    b.    2. a.    b.

3. a.    b.    4. a.    b.

5. a. 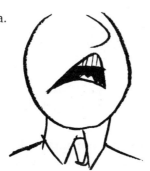   b.

Lezione 4: Prospettive

Pronuncia: The Sounds of the Letters *m* and *n*

A. *M* e *m* doppia. The letter **m** is pronounced as in the English word *mime*. Listen and repeat.

1. marito
2. mese
3. minuti
4. moto
5. musica

Now contrast the single and double sound of **m**. Listen and repeat.

1. m'ama / mamma
2. some / somme
3. fumo / fummo

B. *N* e *n* doppia. The letter **n** is pronounced as in the English word *nine*. Listen and repeat.

1. naso
2. neve
3. nipoti
4. noioso
5. numeroso

Now contrast the single and double sound of **n**. Listen and repeat.

1. la luna / l'alunna
2. noni / nonni
3. sano / sanno

C. *Gn*. As you learned in **Capitolo 3,** the combination **gn** has its own distinct sound. Compare and contrast the [n] and the [ny] sounds in the following pairs of words. Listen and repeat.

1. campana / campagna
2. anello / agnello
3. sono / sogno

D. Parliamo italiano! Listen and repeat.

1. Guglielmo Agnelli è un ingegnere di Foligno.
2. Il bambino è nato in giugno.
3. Dammi un anello, non un agnello!
4. Buon Natale, nonna Virginia.
5. Anna è la moglie di mio figlio Antonio.

Lettura

La televisione del passato...

Leggi cosa racconta Alberto, un professionista di 46 anni, sulla televisione italiana di quando era bambino. Poi rispondi alle domande.

Il sabato sera, da bambino, guardavo «Canzonissima», e mi addormentavo al tavolo della sala da pranzo,[a] mentre ancora i cantanti cantavano le loro canzoni d'amore. «Canzonissima» era una trasmissione popolare, l'appuntamento immancabile[b] col varietà, che gli italiani amavano e ancora oggi amano molto. Canzoni, balletti, ballerine, umorismo, qualche gioco: due ore di allegria per chi passa la serata a casa a guardare la televisione. La serata del sabato davanti al piccolo schermo era per molti—compresa la mia famiglia—un rituale che non doveva essere disturbato. Dico «era» perché oggi le cose sono un po' cambiate: ci sono più televisori in una stessa casa, videoregistratori, computer. Provate ad

[a]sala... *dining room*

[b]*not to be missed*

immaginare, per un momento, se potete (ma sono certo che è difficile), una serata senza telecomando,^c pochi canali televisivi (in Italia, fino al 1980, i canali erano solo due, con una programmazione abbastanza povera) e soprattutto senza il videoregistratore e senza il computer, con le sue chat rooms dell'Internet. In più, immaginate di avere un solo televisore per casa: e le lotte^d per vedere i programmi favoriti. Il sabato, almeno, su «Canzonissima» non c'era discussione. La domenica era un'altra cosa, con le partite, «tutto il calcio minuto per minuto» alla televisione e un padre appassionatissimo^e di questo sport. Per me, che non amavo il calcio, era una vera tortura. Mia nonna andava a curare il giardino, mia sorella studiava e mia madre faceva le faccende,^f mentre mio padre guardava la televisione e ascoltava la radio per sapere i risultati di tutte le partite. Il lunedì leggeva le pagine sportive dei quotidiani e cominciava ad aspettare le partite della prossima domenica. Anche una canzone degli anni '60 ricordava i problemi familiari causati dalla passione per il «pallone»: «Perché la domenica mi lasci sempre sola, per andare a vedere la partita di pallone?», cantava infatti Rita Pavone, nota cantante dell'epoca. Purtroppo, papà, invece di andare allo stadio, guardava la partita a casa, alla televisione. Accadeva^g così che noi della famiglia non potevamo sfuggire al tifo^h e soffrivamo^i con lui se la sua squadra perdeva e gioiavamo^j quando vinceva.

^c*remote control*

^d*arguments*

^e*passionately fond*

^f*housework*

^g*It happened*
^h*sfuggire... get away from the fan /* ^i*we suffered/* ^j*we were overjoyed*

1. Come è cambiata la situazione per la televisione tra gli anni '60 e '70 e oggi, secondo il racconto?

   _____

2. Cos'era «Canzonissima»? Perché era famosa?

   _____

3. Cosa faceva la famiglia di Alberto la domenica?

   _____

4. Quali erano le trasmissione preferite dal padre di Alberto?

   _____

❖ 5. E tu, ricordi delle trasmissioni che preferivi nella tua infanzia?

   _____

❖ 6. Guardi la televisione? Cosa guardi in televisione, che genere (*genre*) di trasmissioni?

   _____

🎧 Ed ora ascoltiamo!

Angela, una giovane donna italiana, viene intervistata da un giornalista. Sentirai il loro dialogo. Puoi ascoltare il dialogo quante volte vuoi. Poi sentirai, due volte, cinque frasi e dovrai segnare, per ciascuna frase, vero o falso.

1. vero   falso
2. vero   falso
3. vero   falso
4. vero   falso
5. vero   falso

Un po' di scrittura

❖ **Favole nuove.** Scrivi una breve favola con i personaggi tradizionali delle fiabe (la matrigna [*stepmother*], il mago [*wizard*], Biancaneve o Cenerentola) ma... con qualche variante. Divertiti! Scrivi una pagina. Scrivi su un tuo foglio.

> ESEMPIO: C'era una volta una matrigna buonissima che adorava la sua figliastra Cenerentola e non sopportava (*couldn't stand*) le sue figlie egoiste e prepotenti (*domineering*)...

Dettato

Sentirai un breve dettato. La prima volta, ascolta attentamente. La seconda volta, il dettato verrà letto con pause tra le frasi. Scrivi quello che senti. La terza volta, correggi quello che hai scritto. Scrivi sulle righe date. Controlla il tuo dettato con le soluzioni date in fondo al libro.

Maurizio e Rinaldo _____

_____

_____

_____

_____

_____

_____

_____

Attualità

A. Cosa dice Umberto Eco? Guarda i risultati del sondaggio di *Panorama* nella prossima pagina e rispondi alle seguenti domande.

1. Gli italiani ascoltano i critici prima di scegliere un film?

   _____ spesso

   _____ mai

   _____ talvolta (*at times*)

2. Il parere (*opinion*) del critico è importante per vendere libri?

   _____ sempre

   _____ raramente

   _____ talvolta

Re Censori

PRIMI. *Umberto Eco e Lietta Tornabuoni.*

Libri, cinema, musica, teatro: ecco gli arbitri del gusto. Vince Eco, ma c'è anche Costanzo.

di SANDRA PETRIGNANI

SCEGLIE IL FILM FIDANDO NELLA RECENSIONE

Non sa/non risponde **6,8%** · Spesso **34,5%** · Sempre **5,2%** · Mai **8,3%** · Raramente **19,3%** · Talvolta **25,9%**

VA A TEATRO GUIDATO DALLA RECENSIONE

Non sa/non risponde **0,3%** · Mai **18,8%** · Raramente **37,5%** · Sempre **2,6%** · Spesso **12%** · Talvolta **28,8%**

VA ALL'OPERA O AL CONCERTO BEN RECENSITI

Non sa/non risponde **1,2%** · Mai **26,7%** · Raramente **37,4%** · Sempre **2,4%** · Spesso **9,8%** · Talvolta **20,5%**

libri

Umberto Eco	56,
Corrado Augias	29,1
Maurizio Costanzo	22,
Beniamino Placido	21

SCEGLIE SULLA BASE DELLA RECENSIONE

LIBRI **29,6** · **27,9** · CINEMA **17,2** · TEATRO · LIRICA E CONCERTI **4,6**

0   5   10   15   20   25   30

COMPRA UN LIBRO CONSIGLIATO DAL CRITICO

Talvolta **37,6%** · Spesso **25,6%** · Mai **12,9%** · Sempre **3,2%** · Raramente **20,1%** · Non risponde **0,6%**

cinema

Lietta Tornabuoni	36,
Enzo Siciliano	32,
Tatti Sanguineti	27,
Tullio Kezich	24,
Giovanni Grazzini	18,
Irene Bignardi	15,
Goffredo Fofi	11,1
Claudio Carabba	7,7

Tornabuoni e Siciliano sono i critici preferiti dalle donne, Kezich e Grazzini dagli uomini.

3. La critica (*review*) è importante per l'opera e i concerti?

_____ mai

_____ sempre

_____ raramente

4. Chi è Umberto Eco?

_____ un attore

_____ un critico di libri

_____ un musicista

5. Chi sono Lietta Tornabuoni e Goffredo Fofi?

_____ cantanti d'opera

_____ pianisti

_____ critici cinematografici

❖ **B. Tu e i critici.** Per te, è importante o no il parere del critico? Scrivi una pagina in cui rispondi alle seguenti domande. Scrivi su un tuo foglio.

1. Leggi la critica prima di vedere un film?

2. Guardi il voto della critica per scegliere un film?

3. Ignori la critica e scegli a seconda (*according to*) degli attori o del regista?

4. Guardi la pubblicità sui giornali?

5. Leggi la recensione prima di leggere un libro?

6. Ascolti il parere degli amici su libri, film e spettacoli?

Capitolo

9

Name _____

Date _____

Class _____

Come ti senti?

Lezione 1: Vocabolario

A. Come ti senti? Come vedi, i personaggi nei disegni non si sentono bene. Di cosa soffrono?

ESEMPIO:

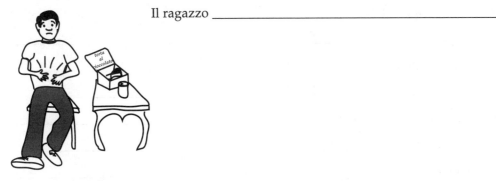

Il signore soffre di mal di cuore.

1.

Il ragazzo _____

2.

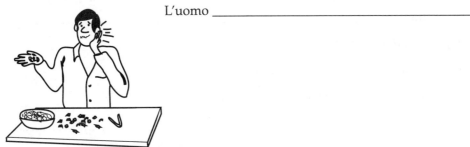

L'uomo _____

3.

La donna _____

4.   Il giovane _____

5.   La signora _____

B. Le parti del corpo. Di quali parti del corpo parliamo? Indovina!

ESEMPIO: Li usiamo per camminare. → i piedi

1.   La usiamo per parlare. _____

2.   Li usiamo per respirare. _____

3.   Fa male quando abbiamo il raffreddore o l'influenza. _____

4.   Fanno male se mangiamo molti dolci. _____

5.   Le usiamo per scrivere._____

6.   Lo mandiamo ai nostri innamorati per San Valentino. _____

7.   Le usiamo per nuotare. _____

8.   Li usiamo per vedere il mondo. _____

❖ **C. Domande per te.** Rispondi alle seguenti domande.

1.   Ti sei mai rotto/rotta una gamba? Se sì, come e quando?

_____

2.   Quando sei stato malato/stata malata l'ultima volta? Sei andato/andata dal dottore per guarire?

_____

3.   Hai mai il mal di testa, o il mal di denti? Quando?

_____

4.   Sei mai andato/andata all'ospedale? Perché?

_____

D. Il braccio rotto. Sentirai un dialogo dal tuo testo, seguito da tre frasi. Sentirai il dialogo due volte. La prima volta, ascolta attentamente. La seconda volta, il dialogo verrà ripetuto con le pause per la ripetizione. Poi ascolta le frasi e scegli, per ciascuna frase, vero o falso.

ROBERTA: E allora, che cosa è successo?

ANTONELLA: Non ricordo proprio bene, sciavo molto veloce e poi— improvvisamente ho perso il controllo degli sci, e mi sono svegliata all'ospedale...

ROBERTA: Io mi sono rotta la gamba sinistra lo scorso inverno, una vera scocciatura...

ANTONELLA: Pensa a me allora. I dottori hanno detto che non posso scrivere per almeno due mesi!

ROBERTA: Una bella scusa per non fare i compiti, eh?

1. vero   falso

2. vero   falso

3. vero   falso

E. Identificazioni. Identifica ogni parte del corpo nel disegno. Scegli le parole fra quelle suggerite. Comincia la frase con **È...** o **Sono...** Ripeti la risposta.

ESEMPIO: *Senti:* 1
Dici: Sono le dita.

2. ...   3. ...   4. ...   5. ...   6. ...   7. ...   8. ...   9. ....   10. ...

la bocca

le braccia

le dita

la gamba

la gola

le mani   il naso

gli occhi   le orecchie

il piede

9.
10.
3.
7.
1.
2.
4.
8.
6.
5.

Lezione 2: Grammatica

A. Pronomi tonici

A. Per me o per te? Abbina (*Match*) le risposte della colonna B con le domande della colonna A.

A

1. _____ Il caffè è per te?

2. _____ Parlate di me?

3. _____ Com'è Sandro?

4. _____ Perché hanno invitato solo noi?

5. _____ Dove ci troviamo stasera? Da voi?

6. _____ Questa lettera è per la signora Lina?

7. _____ È più importante la salute o il lavoro?

8. _____ Chiara e Gianna lavorano da sole?

B

a. Sì, da noi.
b. Sì, preferiscono fare da sé.
c. Sì, è per lei.
d. Secondo me, la salute.
e. È pieno (*full*) di sé.
f. Sì, parliamo proprio di te.
g. Non so, di solito invitano anche loro.
h. No, non è per me.

B. Da voi o da loro? Completa le seguenti frasi con i pronomi tonici adeguati. Aggiungi le preposizioni dove è necessario.

ESEMPIO: I signori Brunetti abitano al quinto piano (*fifth floor*), io abito al sesto

(*on the sixth*); loro abitano sotto _____*di me*_____.

1. Buon compleanno, Alessia! Questi sci nuovi sono _____!

2. Non ho proprio voglia di uscire con Bianca e Michele: parlano sempre _____!

3. Se Massimo deve studiare domani, vieni senza _____.

4. Non posso assolutamente perdere; tutta la squadra conta su _____.

5. Eccovi finalmente! Cercavo proprio _____!

6. Partiamo tutti da casa nostra: venite _____ alle otto.

7. Non ho visto Paola e Daniela perché sono partite prima _____.

C. Una visita dal dottore. Sentirai un dialogo dal tuo testo. Sentirai il dialogo due volte. La prima volta, ascolta attentamente. La seconda volta, il dialogo verrà ripetuto con le pause per la ripetizione.

—Quando L'ho visto due settimane fa, mi ha detto che non avevo problemi con la vista.
—Mi dispiace, ma non credo di averLa visitata. Ha visto me, o forse un altro medico?
—Sono sicurissima, ho visto Lei... Oh, mi sbaglio, non ho visto Lei. Ho visto un medico alto, grasso, con capelli neri e occhiali.

D. Curiosità. Luca ti fa tante domande oggi. Rispondi alle sue domande con i pronomi tonici adeguati. Ripeti la risposta.

> ESEMPIO: *Senti:* Esci con Mario?
> *Dici:* Sì, esco con lui.

1. ...   2. ...   3. ...   4. ...   5. ...   6. ...

B. Comparativi

A. Comparativi. Guarda i disegni e rispondi alle domande con frasi complete.

> ESEMPIO: Chi è più alto, Franco o Gustavo? →
> Gustavo è più alto di Franco.

1.  Chi è più veloce, Nella o Mara?

_____

2.  Per il signor Rossi, è più facile nuotare o sciare?

_____

3.    Chi è più forte, Gregorio o Michele?

_____

4. Per Gianna, cosa è più faticoso: il ciclismo o il footing?

_____

5. Chi fa più ginnastica, Stefania o Roberto?

_____

B. Sei più bravo di me? Leggi le descrizioni delle seguenti persone e cose e scrivi delle frasi con il comparativo.

ESEMPIO: Marisa ha 28 anni. Grazia ha 34 anni. → Marisa è più giovane di Grazia.

1. Maria è alta 1,65 m. Giuliana è alta 1,70 m.

_____

2. Francesco pesa (*weighs*) 100 kg. Marco pesa 89 kg.

_____

3. Per Cristina è facile pattinare. Per Cristina è difficile nuotare.

_____

4. Simone si cura bene. Anche Chiara si cura bene.

_____

5. Il baseball è poco faticoso. Il calcio è molto faticoso.

_____

6. L'alimentazione è importante. Anche lo sport è importante.

_____

C. Ancora comparativi. Completa le frasi con **di** o **che**.

ESEMPIO: Ho partecipato a più ____*di*____ dieci maratone.

1. Giovanni è meno energico _____ Ugo.

2. Claudia mangia più carne _____ Marcella.

3. I nostri giocatori bevono più acqua _____ aranciata.

4. I tuoi amici giocano più a calcio _____ a baseball.

5. Fa più freddo a Milano _____ a Roma.

6. Tuo fratello è meno noioso _____ te.

7. Mia sorella ha più amici _____ amiche.

8. Mia madre ha ricevuto più lettere da me _____ dai miei fratelli.

D. I gemelli. Sentirai un monologo dal tuo testo seguito da tre frasi. Sentirai il monologo due volte. La prima volta, ascolta attentamente. La seconda volta, il monologo verrà ripetuto con le pause per la ripetizione.

Io ho due gemelli. Sandra è più sportiva di Michele, ma Michele è più interessato alla musica di Sandra. Sandra è meno timida di Michele; lei è molto più estroversa di lui. Michele è carino e gentile come Sandra—sono due ragazzi simpaticissimi.

E. Comparazioni. Usa le informazioni che vedi ed i nomi che senti per fare confronti (*make comparisons*). Ripeti la risposta.

ESEMPIO: *Senti:* l'America, l'Italia
            Leggi: grande (+)
             Dici: L'America è più grande dell'Italia.

1. vecchio (−)
2. alto (+)
3. grasso (−)
4. popolare (−)
5. costoso (+)
6. violenti (+)

F. Chi? Guarda il disegno e rispondi alle domande. Sentirai ogni domanda due volte. Ripeti la risposta.

ESEMPIO: *Senti:* Chi è meno alto di Giorgio?
             Dici: Rosa è meno alta di Giorgio.

1. ...   2. ...   3. ...   4. ...   5. ...

GIORGIO   NINO   PIA   ROSA

C. Superlativi relativi

A. Un tipo entusiasta. Cambia le seguenti frasi in modo da dimostrare (*show*) entusiasmo per la tua città. Usa il superlativo relativo. Usa espressioni come **della città, della regione** e **del paese.**

> ESEMPIO: È una bella chiesa. → È la chiesa più bella del mondo (*world*).

1. È un grande stadio. _____

2. È un albergo moderno. _____

3. È un museo famoso. _____

4. È un buon ristorante. _____

5. È un bel teatro. _____

6. È un viale lungo. _____

❖ **B. Il più o il meno di tutti?** Cosa pensi dei seguenti sport e atleti? Completa le frasi secondo il tuo parere.

> ESEMPIO: Di tutti gli sport, il golf →
> Di tutti gli sport, il golf *è il più (il meno) interessante* _____!

1. Di tutti gli sport, il canottaggio (*rowing*) _____!

2. Di tutti gli atleti di atletica leggera, Marion Jones _____!

3. Di tutti i tennisti, André Agassi _____!

4. Di tutte le pattinatrici (*skaters*), Michelle Kwan _____!

5. Di tutte le partite, quelle di football _____!

❖ **C. Domande per te.** Rispondi alle seguenti domande. Esprimi la tua opinione personale. Scrivi frasi complete!

1. Secondo te, qual è l'attore più bravo di tutti? E l'attrice più brava di tutte?

   _____

   _____

2. Qual è stato il film meno interessante dell'anno? Perché?

   _____

   _____

3. Qual è lo sport più popolare nel tuo paese? E lo sport meno popolare?

   _____

   _____

4. Qual è il posto (*place*) più interessante di questa città? Perché?

   _____

   _____

5. E il ristorante meno costoso della città? Cosa mangi quando vai lì (*there*)? Quanto spendi?

_____

_____

D. Claudio lo straordinario! Claudio è un giovanotto (*young fellow*) eccezionale. Di' quanto è bravo al confronto della sua famiglia. Ripeti la risposta.

> ESEMPIO: *Senti:* simpatico
> *Dici:* È il ragazzo più simpatico della famiglia.

1. ... 2. ... 3. ... 4. ... 5. ...

—Attento, questo è l'ostacolo più pericoloso!

D. Comparativi e superlativi irregolari

A. Meglio o migliore? Completa le seguenti frasi. Usa **meglio** o **migliore/i.**

> ESEMPIO: Nessuno cucina meglio di me.

1. Abbiamo mangiato nei _____ ristoranti.

2. Quando studi _____ tu? Di notte o di giorno?

3. —C'è un tenore che canta _____ di Luciano Pavarotti? —Sì, Plácido Domingo!

4. Abbiamo usato la stessa macchina fotografica, ma le sue foto sono _____ delle mie.

5. L'esame di Nicoletta è stato il _____ di tutti.

6. Ieri notte ho dormito _____ perché non c'era più vento (*wind*).

❖ **B. I buoni propositi** (*intentions*). Di' due cose che devi fare di più e due cose che devi fare di meno.

> ESEMPIO: Devo camminare di più.
> Devo fumare di meno.

1. _____

2. _____

3. _____

4. _____

PROVERBI E MODI DI DIRE

Meglio un uovo oggi che una gallina domani.
A bird in the hand is worth two in the bush. (Lit., Better an egg today than a hen tomorrow.)

C. Bene o male? Completa le frasi con la forma corretta di: **migliore, peggiore, meglio** o **peggio.**

1. Secondo me, Michael Jackson canta _____ (*better*) di Prince.

2. No, secondo me, Prince è _____ (*better*) di Michael Jackson!

3. Pensate che i vini della California siano _____ (*better*) di quelli italiani?

4. In Italia non cambia nulla: il nuovo governo è _____ (*worse*) di quello di prima.

5. Mi piace cucinare: cucino _____ (*better*) di mia madre.

6. Qual è _____ (*the best*) squadra di football in America?

7. Qual è _____ (*the worst*) squadra di calcio in Italia?

8. Il formaggio del Wisconsin è _____ (*the best*) del mondo!

9. Federico Fellini e Michelangelo Antonioni sono _____ (*the best*) registi italiani.

10. Oggi sto _____ (*worse*) di ieri.

D. La medicina di Pinocchio... Pinocchio è malato, o forse no. Sentirai il dialogo tra Pinocchio e la fata (*fairy*) due volte. La prima volta, ascolta attentamente. La seconda volta, completa il dialogo con le parole che mancano. Controlla le tue risposte con le soluzioni date in fondo al libro.

Parole utili:

crescere	*to grow*
pericoloso	*perilous*
allungarsi	*to get longer*

FATA: Allora, Pinocchio, non ti senti _____[1] oggi? Sei pronto per tornare a scuola?

PINOCCHIO: No, fatina, sto ancora male. Anzi, sto _____[2] Questa è la

_____[3] influenza che ho mai avuto...

FATA: Mamma mia, forse è vero, anche il naso ti cresce. Dev'essere un'influenza molto pericolosa... Poverino! Adesso, però ti do una medicina che ti può fare bene...

PINOCCHIO: E com'è questa medicina? È buona?

FATA: È _____[4] dello zucchero!

PINOCCHIO: Oh, fata mia, hai detto una bugia! È _____[5] del veleno!

FATA: Vedi il vantaggio di essere umani. Se dico una bugia il mio naso non si allunga!

E. Secondo me... Sentirai un'opinione e dovrai esprimere l'opinione opposta. Ripeti la risposta.

ESEMPIO: *Senti:* Hanno pattinato meglio di tutti!
Dici: No, hanno pattinato peggio di tutti!

1. ... 2. ... 3. ... 4. ... 5. ...

Lezione 4: Prospettive

Pronuncia: The Sounds of the Letter *r*

There is no parallel in English for the Italian **r** sound. The tongue is held very loosely against the alveolar ridge (right behind the upper teeth) so that the flow of air makes it vibrate. With practice, most people can learn to roll their **r**'s. If at first you don't succeed . . . keep trying!

A. *R.* Practice the single **r** sound. Listen and repeat.

1. raccontare
2. regalare
3. riportare
4. romantico
5. russo
6. proprio

B. *Tr e r finale.* Pay particular attention to the combination **tr** and to the sound of **r** in final position. Listen and repeat.

1. treno
2. strada
3. centro
4. bar
5. per

C. *R doppia.* Contrast the single and double sound of **r.** Make a special effort to lengthen the sound of double **r,** and don't worry if your pronunciation seems exaggerated at first. Listen and repeat.

1. caro / carro
2. sera / serra
3. cori / corri
4. spore / porre

D. **Parliamo italiano!** Listen and repeat.

1. La loro sorella preferisce vestirsi di marrone.
2. Trentatré Trentini entrarono a Trento tutti e trentatré trotterellando su trentatré trattori trainati da treni.
3. Verrà stasera? Sì, ma telefonerà prima di venire.
4. —Preferisce comprare le arance dal fruttivendolo?— Credo di sì.
5. Corro perché sono in ritardo per le prove del coro.

Lettura

La sanità in Italia

Alice parla della sua esperienza col sistema sanitario italiano. Leggi il testo e poi rispondi alle domande.

Che dire del sistema di assistenza sanitaria in Italia? C'è chi dice che è lento, costoso e inefficiente, e c'è chi, come me, dice che funziona abbastanza bene, perché ha avuto un buon rapporto con ospedali e medici. Per me, che mi sono rotta un braccio mentre sciavo l'anno scorso sulle Dolomiti, è andato tutto bene.

Non appena[a] mi hanno portato all'ospedale (al Pronto Soccorso) con l'ambulanza, i dottori hanno fatto subito le radiografie[b] e hanno anche ordinato un check-up completo, per cominciare subito una terapia. Odio[c] prendere le medicine, ma ne ho dovute prendere molte, specialmente gli antidolorifici,[d] perché oltre al male al braccio avevo sempre mal di testa. Il dottore ha poi prescritto una terapia riabilitativa, con massaggio incluso.

Il sistema sanitario ha coperto quasi tutte le spese e sono contenta perché

[a]Non... *As soon as*
[b]*X-rays*
[c]*I hate*
[d]*painkillers*

altrimenti il conto sarebbe stato^e proibitivo. È vero che il sistema è costoso (una parte del mio stipendio va verso il sistema nazionale) e non sempre efficiente, ma avere la copertura^f medica è un vero vantaggio, specialmente quando i giorni all'ospedale sono molti, sono molte le medicine e la malattia è cronica.

    Sono stata col gesso^g al braccio per più di tre mesi e sono andata dal dottore regolarmente ogni due settimane, e certe volte anche di più, quando invece di sentirmi meglio mi sentivo peggio. Meno male che^h alla fine non ho pagato molto per tutte le mie disavventure^i!

^e sarebbe... *would have been*
^f *coverage*

^g *cast*

^h Meno... *At least*
^i *mishaps*

1. Che posizione ha Alice nei confronti del sistema sanitario? È a favore o contro?

   _____

2. Cosa è successo a Alice l'anno scorso?

   _____

3. Che rapporto ha avuto coi dottori?

   _____

❖ 4. E tu, che rapporto hai con il tuo dottore o con la tua dottoressa?

   _____

❖ 5. Hai un'assicurazione privata? È molto costosa?

   _____

❖ 6. Cosa pensi di un'assicurazione universale? È solo un'utopia? È troppo costosa per la nazione?

   _____

Ed ora ascoltiamo!

Sentirai tre dialoghi brevi riguardo ai problemi di salute. Puoi ascoltare i dialoghi quante volte vuoi. Dopo ognuno sentirai una domanda. Scegli la risposta giusta.

1. a. la mano   b. la gamba
2. a. l'influenza   b. il raffreddore
3. a. all'ospedale   b. in farmacia

Un po' di scrittura

❖ **Parlando di sport.** Sei appassionato/appassionata (*fond*) di uno sport in particolare? Ti interessi di uno sport? È importante per te praticare un'attività fisica? Parla del tuo rapporto con lo sport. Scrivi una pagina. Scrivi su un tuo foglio.

    ESEMPIO: Io sono appassionata di canottaggio; è uno sport faticoso e rilassante allo stesso tempo. Anche se non ho mai partecipato a questo sport, lo seguo molto alla televisione...

🔆 Dettato

Sentirai un breve dettato tre volte. La prima volta, ascolta attentamente. La seconda volta, il dettato verrà letto con pause tra le frasi. Scrivi quello che senti. La terza volta, correggi quello che hai scritto. Scrivi sulle righe date. Controlla il tuo dettato con le soluzioni date in fondo al libro.

Il sistema nazionale _____

_____

_____

_____

_____

_____

_____

_____

Attualità

Mangiare sano! Leggi questa pubblicità della pasta Barilla e indica se le affermazioni che seguono nella prossima pagina sono vere o false.

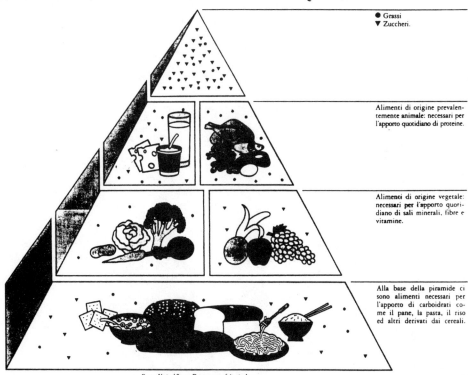

LA PIRAMIDE DEL MANGIAR SANO.

INDICAZIONI PER UNA ALIMENTAZIONE COMPLETA ED EQUILIBRATA.

DOVE C'È BARILLA C'È CASA.

● Grassi
▼ Zuccheri.

Alimenti di origine prevalentemente animale: necessari per l'apporto quotidiano di proteine.

Alimenti di origine vegetale: necessari per l'apporto quotidiano di sali minerali, fibre e vitamine.

Alla base della piramide ci sono alimenti necessari per l'apporto di carboidrati come il pane, la pasta, il riso ed altri derivati dai cereali.

Fonte: United States Department of Agriculture.

LA PASTA È ALLA BASE DI UNA SANA ALIMENTAZIONE.

Di recente, il governo americano ha reso ufficiali attraverso «La Piramide del Mangiar Sano» i principi per una sana ed equilibrata alimentazione. La Piramide rappresenta in modo facile ed intuitivo la varietà e il ruolo che grassi, proteine, carboidrati e gli altri principi nutritivi devono avere in una alimentazione quotidiana equilibrata e completa. Questi stessi principi, indicati dall'Istituto Nazionale della Nutrizione nelle «Linee guida per una sana alimentazione italiana», sono alla base della tradizione alimentare dell'Italia dove la pasta ha un ruolo primario. Un motivo in più per portare in tavola un piatto di pasta. Non solo buono, ma anche molto sano.

vero falso 1. La pasta fa ingrassare (*makes you put on weight*) e bisogna mangiarne il meno possibile.

vero falso 2. Gli alimenti di origine animale sono necessari per l'apporto quotidiano (*daily intake*) di vitamine.

vero falso 3. I sali minerali derivano principalmente dai carboidrati.

vero falso 4. Il governo americano ha dichiarato che la pasta è nociva (*harmful*) alla salute.

Prova-quiz

A. Il punto della situazione. È un brutto periodo per Antonio. Completa il suo monologo in cui descrive questo periodo. Scrivi gli avverbi adeguati suggeriti dagli aggettivi tra parentesi.

Mi sveglio _____[1] (triste); mi alzo _____[2] (difficile); mi

annoio _____[3] (frequente); mi arrabbio _____[4] (violento);

mi diverto _____[5] (raro); mi addormento _____[6] (innaspettato)...

Mi sono forse preso un esaurimento nervoso (*nervous breakdown*)?

B. Cronaca di un amore. Completa la seguente storia con le forme adeguate dell'imperfetto o del passato prossimo dei verbi dati tra parentesi.

La mia prima fidanzata _____[1] (essere) Laura. _____[2] (Essere)

simpatica, divertente e comprensiva. _____[3] (Studiare) architettura e

_____[4] (lavorare) sui suoi progetti tutto il giorno. Intanto io

_____[5] (divertirmi) con gli amici, non _____[6] (dare) mai gli

esami e _____[7] (perdere) tempo. Un giorno lei _____[8] (laurearsi)

e _____[9] (aprire) uno studio con Tommaso, un collega. Io la

_____[10] (prendere in giro, *to make fun of*) perché _____[11] (stare)

sempre in ufficio a lavorare, sempre a lavorare, con quel suo stupido collega...

L'anno scorso Laura _____[12] (partire) per un viaggio di lavoro con Tommaso.

_____[13] (loro / Andare) a Lisbona e, quando _____[14] (tornare),

_____[15] (sposarsi). Secondo me, quei due non _____[16]

(imparare) a divertirsi!

C. Due fratelli. Leggi la storia di Antonio e Leo. Completa il brano con le espressioni adeguate.

Espressioni: che, meglio, meno velocemente, migliore, minore, più, ottimo, poco, tanto quanto

Antonio si cura _____[1] Leo ma corre _____[2] di lui.

È un bravo giocatore ma non è il _____[3] della squadra; preferisce divertirsi più

_____[4] correre ma sa che l'allenatore (*coach*) conta su di lui e allora cerca di dare il

_____[5] Leo è un suo _____[6] amico, è il

_____[7] dei suoi fratelli ed è il _____[8] energico della famiglia.

Escono _____[9] insieme perché studiano in due città diverse ma si capiscono molto.

D. Dov'eri? Laura vuole sapere dove era andata e cosa faceva ieri la sua compagna di casa, Carla. Completa i dialoghi secondo il modello.

> ESEMPIO: (telefonare) in cucina / lavare i piatti →
> LAURA: Dov'eri quando ho telefonato?
> CARLA: Ero in cucina.
> LAURA: Ah sì? E che cosa facevi?
> CARLA: Lavavo i piatti.

1. (andare al cinema) in biblioteca / leggere una rivista

   LAURA: _____

   CARLA: _____

   LAURA: _____

   CARLA: _____

2. (ritornare a casa) al supermercato / fare la spesa

   LAURA: _____

   CARLA: _____

   LAURA: _____

   CARLA: _____

3. (passare a trovarti) in palestra / giocare a pallone

   LAURA: _____

   CARLA: _____

   LAURA: _____

   CARLA: _____

❖ **E. Una giornata diversa.** Pierina ha deciso di fare qualcosa di diverso oggi. Leggi la sua routine tipica e di' cosa ha fatto di diverso.

> ESEMPIO: Si sveglia di cattivo umore (*in a bad mood*). → Oggi si è svegliata di buon umore.

1. Si alza dopo mezzogiorno. _____

   _____

2. Si veste mentre fa da mangiare. _____

   _____

3. Si mette i jeans e una brutta maglietta. _____

   _____

4. Lei e le amiche si incontrano al solito (*usual*) bar. _____

   _____

5. Lei e il suo ragazzo si fanno regali noiosi (*boring*). _____

   _____

6. Lei e Laura si telefonano. _____

   _____

F. Traduzioni. Traduci in italiano. Scrivi su un tuo foglio.

1. s1: How are you feeling today? A little better?
   s2: No, Doctor, I feel worse!
2. s1: Angela, I was looking just for you! Come to my house at 5:00. I have a surprise for you two.
   s2: Dario is working tonight. I have to come without him.
3. s1: Did you know that Stefania is older than her husband?
   s2: Really? She looks much younger than him!
4. s1: It was the worst game of the year! You have to train (**allenarsi**) more.
   s2: It's true. It wasn't my best game.
5. s1: Do you speak Italian as well as your grandfather?
   s2: No, but I speak it better than my brother.
6. s1: My younger sister, Patrizia, is getting married at the end of the month.
   s2: Isn't her boyfriend, Piero, the oldest son of Mr. Baresi?

10

Name _____

Date _____

Class _____

Buon viaggio!

Lezione 1: Vocabolario

....

A. Io vado all'estero! Dove vanno queste persone? Usa espressioni con il verbo **andare**.

ESEMPIO: I signori Moretti _____*vanno in vacanza*_____.

1. Paola e Andrea _____

    _____

2. I ragazzi _____

    _____

3. La famiglia Sbraccia _____

    _____

4. Io e Gabriele _____

    _____

B. Viva le vacanze! Completa le frasi con le forme adatte delle seguenti espressioni: **affittare, una cartolina, con l'aria condizionata, con televisore, con tutte le comodità, economico, fare una crociera, l'itinerario, lasciare un deposito, Natale, noleggiare, la tappa.**

ESEMPIO: A Franco e Daniele piace molto il mare; quest'anno hanno

deciso di _____*fare una crociera*_____ .

1. Donata è un tipo molto indipendente; non le piacciono gli _____ fissi.

2. Se vai in Umbria ti conviene (*you should*) _____ una macchina.

3. La signora Peccianti è giornalista. Prenota sempre camere _____

   perché non può perdere il telegiornale (*news*).

4. Andiamo in moto da Los Angeles a New York. Dobbiamo dividere il viaggio in varie

   _____.

5. Piera e Daniele sono studenti. Cercano un alloggio (*lodging*) _____.

6. Ho due mesi di vacanza; penso di _____ una casa al mare.

7. Il signor Caretti non sopporta (*tolerate*) il caldo. Vuole sempre camere

   _____.

8. —Adele, sapevi che la signora Luciani era in vacanza?

   —Sì, ho appena ricevuto _____.

9. Il dottor Bruscagli e il dottor Tellini sono professori universitari. Possono permettersi (*afford*) un

   albergo _____.

10. La signora Dei mi ha detto che ha già _____ per la casa che affitta per

    le vacanze di _____.

❖ **C. Domande personali.** Rispondi alle seguenti domande.

1. Cosa hai intenzione di fare per le vacanze (quest'inverno / quest'estate)?

   _____

   _____

2. Stai di solito in questo paese quando vai in vacanza o vai all'estero? Dove?

   _____

   _____

3. Vai da solo/da sola o con la famiglia? O con amici?

   _____

   _____

4. Che tipo di albergo preferisci?

   _____

   _____

D. Programmi per l'estate. Sentirai un dialogo dal tuo testo due volte. La prima volta, ascolta attentamente. La seconda volta, il dialogo verrà ripetuto con le pause per la ripetizione.

MARIO: Allora, che programmi hai per l'estate?
DANIELE: Ma, a dire il vero non ho ancora deciso. Forse vado al mare in Sicilia... E tu, niente di speciale questa volta?
MARIO: Quest'estate non vado in vacanza. L'anno scorso sono andato in crociera in Grecia, quest'inverno a sciare in Francia, e poi ho fatto un viaggio in Olanda.
DANIELE: Ora capisco perché non vai in vacanza! O hai finito i giorni di ferie o i soldi per viaggiare all'estero!

E. Una vacanza per tutti i gusti. Sentirai un monologo seguito da quattro domande. Sentirai il monologo due volte. La prima volta, ascolta attentamente. La seconda volta, il monologo verrà ripetuto con le pause per la ripetizione. Poi sentirai le domande due volte e dovrai scegliere la risposta giusta ad ogni domanda.

Finalmente progetti precisi per le nostre vacanze: chi voleva affittare una casa, chi andare in crociera, chi al mare e chi in montagna... La decisione probabilmente soddisfa tutti: andiamo in campagna, in Toscana. Abbiamo trovato un piccolo albergo a due stelle, con una camera singola con bagno per Roberto, una matrimoniale per Alice e Cristiano, ma solo con doccia, e per me una singola con doccia. Io, Alice e Cristiano andiamo sempre in campeggio e usare il bagno comune in albergo per noi non è un problema. Risparmiamo dei soldi e siamo contenti. Non abbiamo neppure dovuto lasciare un anticipo con la carta di credito o mandare un assegno o dei contanti. Speriamo bene! Degli amici comunque mi hanno detto che l'albergo è carino, e la zona favolosa per fare escursioni a cavallo...

1. a. in crociera   c. in campagna
    b. al mare   d. in montagna
2. a. una casa   c. camere in un albergo economico
    b. camere in un albergo di lusso   d. tre stanze in una pensione
3. a. camera singola con doccia   c. camera matrimoniale con doccia
    b. camera singola con bagno   d. camera matrimoniale con bagno
4. a. in contanti   c. con carta di credito
    b. con un assegno   d. Non c'è stato anticipo.

F. Progetti di vacanze. Sentirai tre coppie che parlano dei loro progetti di vacanze. Sentirai ogni dialogo due volte. La prima volta, ascolta attentamente. La seconda volta, completa la tabella con le informazioni adeguate per ciascuna coppia. Controlla le tue risposte con le soluzioni date in fondo al libro.

Parole utili:

le comodità   *comforts*
i boschi   *woods*
sborsare   *to pay out*

	COPPIA 1	COPPIA 2	COPPIA 3
destinazione			
mezzo di trasporto			
alloggio			
pagamento			

A. Futuro semplice

A. Domani! Di' cosa tu ed i tuoi amici non avete ancora fatto, ma avete intenzione di fare.

ESEMPIO: Non ti hanno scritto, ma *ti scriveranno* .

1. Non si sono sposati, ma _____

2. Non è venuto a casa mia, ma _____

3. Non l'avete detto, ma _____

4. Non hai comprato la moto, ma _____

5. Non hanno visto il film, ma _____

6. Non siete andate a Parigi, ma _____

7. Non ho capito la lezione, ma _____

B. L'anno che verrà... Scrivi per tutti i buoni propositi dell'anno nuovo.

ESEMPIO: io / imparare una lingua straniera → Quest'anno imparerò una lingua straniera.

1. io / scrivere agli amici italiani ogni mese

   _____

2. tu / finire di scrivere il romanzo

   _____

3. Paolo e Gabriele / giocare a tennis ogni settimana

   _____

4. io e mia sorella / non guardare la TV ogni sera

   _____

5. voi / laurearsi

   _____

6. Priscilla / non mangiare tanti dolci

   _____

❖ **C. Non più!** Elenca le cose che fai ora da studente ma che non farai più dopo la laurea. Segui l'esempio.

ESEMPIO: Ora passo i weekend in biblioteca. →
Dopo la laurea, non passerò più i weekend in biblioteca.

ORA   DOPO LA LAUREA

1. Ora mangio alla mensa dell'università.   _____

   _____

2. Ora mi alzo presto per studiare.   _____

   _____

3. _____   _____

_____   _____

4. _____   _____

_____   _____

5. _____   _____

_____   _____

D. I programmi estivi. Sentirai un dialogo dal tuo testo due volte. La prima volta, ascolta attentamente. La seconda volta, completa il dialogo con le parole che mancano. Controlla le tue risposte con le soluzioni date in fondo al libro.

Alla fine di giugno _____[1] per l'Italia con i miei genitori e mia sorella. _____[2]

l'aereo a New York e _____[3] a Roma. _____[4] una settimana insieme a Roma, poi

i miei genitori _____[5] una macchina e _____[6] il viaggio con mia sorella. Io,

invece, _____[7] a Perugia, dove _____[8] l'italiano per sette settimane. Alla fine di

agosto _____[9] tutti insieme negli Stati Uniti.

E. Il matrimonio di Elsa sarà domenica... Tutti i parenti di Elsa arriveranno la domenica per il suo matrimonio. Di' chi verrà e cosa farà, secondo i suggerimenti. Ripeti la risposta.

ESEMPIO: *Leggi:*   arrivare per il matrimonio di Elsa
　　　　　　Senti: Stefania
　　　　　　Dici: Domenica Stefania arriverà per il matrimonio di Elsa.

1. portare il regalo per il matrimonio di Elsa
2. fare da testimoni al matrimonio di Elsa
3. fare le fotografie al matrimonio di Elsa
4. guidare la macchina degli sposi per il matrimonio di Elsa
5. portare i fiori per il matrimonio di Elsa
6. celebrare il matrimonio di Elsa

B. Usi speciali del futuro

A. Forse. Hai appena conosciuto una giovane donna a Roma, sull'autobus per il Vaticano. Il suo accento e la guida che tiene in mano ti dicono che è straniera. Ti chiedi da dove verrà e cosa farà qui. Completa le frasi che esprimono i tuoi pensieri con il futuro di probabilità.

_____¹ (Essere) francese. No, forse _____²

(venire) dalla Spagna, perché parla un po' come Carmencita. _____³

(Avere) più o meno venticinque anni, _____⁴ (viaggiare) per motivi di

lavoro o forse _____⁵ (seguire) un corso di lingua italiana. Sicuramente

_____⁶ (volere) vedere le città italiane più famose. Oggi, probabilmente

_____⁷ (andare) in Piazza San Pietro o _____⁸

(visitare) i Musei Vaticani. Stasera, _____⁹ (salire [*to go up*]) a Trinità dei

Monti e _____¹⁰ (guardare) tutta Roma dal Pincio.

B. Se, quando, appena. Carlo cerca di rassicurare i suoi genitori sul fatto che si comporterà bene mentre loro saranno via per due settimane. Scrivi quello che dice Carlo. Segui l'esempio.

ESEMPIO: telefonare alla polizia / se / sentire un rumore →
Telefonerò alla polizia se sentirò un rumore.

1. chiamare la zia Pina / se / avere bisogno di soldi

   _____

2. andare dal dottore / se / stare male

   _____

3. fare il letto / appena / alzarmi la mattina

   _____

4. non prendere la macchina di papà / quando / uscire la sera

   _____

5. non organizzare feste / quando / voi non esserci

   _____

6. bere il latte / quando / fare colazione

   _____

7. dare da mangiare ai gatti / quando / tornare a casa

   _____

8. lavare i piatti / appena / finire di mangiare

   _____

❖ **C. Un grosso colpo** (*shock*). Segui il modello del fumetto per completare le frasi che seguno. Cosa sarà un grosso colpo per le seguenti persone?

—Sarà un grosso colpo per mia
moglie quando le dirò che non
potete rimanere a pranzo...

1. l'insegnante

_____

2. il mio compagno / la mia compagna di camera

_____

3. i miei genitori

_____

4. gli studenti

_____

D. Starà bene? La mamma di Sara è preoccupata per sua figlia che viaggia per tutta l'Italia e si fa tante domande su quello che farà o non farà. Sentirai il monologo due volte. La prima volta, ascolta attentamente. La seconda volta, completa il monologo con i verbi al futuro. Controlla le tue risposte con le soluzioni date in fondo al libro.

La mia povera bambina. _____[1] a Venezia? _____[2] freddo? _____[3]

abbastanza? _____[4] abbastanza? _____[5] soldi a sufficienza? _____[6] le

cartoline?

E. Domande personali. Di' quando farai le seguenti cose. Rispondi con il verbo al futuro.

ESEMPIO: *Senti e leggi:* Andrò al cinema se...
          Dici: Andrò al cinema se avrò tempo, soldi, ecc....

1. Studierò quando...
2. Andrò a mangiare appena...
3. Pulirò l'appartamento se...
4. Potrò riposare (*rest*) dopo che...
5. Ti scriverò una e-mail quando...

C. Il **si** impersonale

A. Come si preparano? Completa le battute (*exchanges*) con la forma corretta dei verbi tra parentesi. Usa il **si** impersonale.

1. s1: Come _____ (preparare) gli spaghetti alla carbonara?

   s2: _____ (Fare) soffriggere (*to brown*) la pancetta e

   _____ (aggiungere) a questa delle uova sbattute e del formaggio.

   _____ (Mettere) questa salsa sugli spaghetti cotti al dente.

2. s1: Cosa _____ (fare) in montagna?

   s2: _____ (Dormire) fino a tardi e _____

   (divertirsi) a giocare a carte o a fare passeggiate.

3. s1: Ci sono tanti film da vedere! Come _____ (fare) a decidere?

   s2: Bo', _____ (potere) semplicemente andare al cinema più vicino.

4. s1: A che ora _____ (partire) domani mattina?

   s2: _____ (Partire) molto presto e non _____

   (fermarsi) da nessuna parte (*anywhere*), così _____ (arrivare) al mare in

   serata (*by evening*).

—Quando non si hanno i soldi
per comprare la benzina, la
macchina è meglio venderla!

B. Una visita a Milano. Barbara ti racconta del suo viaggio a Milano con suo fratello. Cambia le sue frasi al passato, secondo l'esempio.

ESEMPIO: Si vedono delle mostre interessanti. → Si sono viste delle mostre interessanti.

1. Si arriva all'aeroporto Malpensa.

   _____

2. Si trova un albergo nel centro storico.

   _____

3. Si mangia fuori ogni sera.

_____

4. Ci si ferma sui navigli (*canals*).

_____

5. Si fanno tante foto.

_____

6. Si visita il museo di Brera.

_____

7. Si va a vedere la casa di Manzoni.

_____

8. Ci si diverte un mondo (*tons*)!

_____

❖ **C. Tutto da scoprire.** Osvaldo è arrivato da poco in paese. Rispondi liberamente alle sue domande.

ESEMPIO: Dove si danno i film migliori in questa città? →
I film migliori si danno al cinema Astoria.

1. Dove si fanno le pizze migliori?

_____

2. Dove si va per noleggiare una macchina?

_____

3. Dove si vendono le riviste e i giornali stranieri?

_____

4. Dove si mangia il miglior gelato?

_____

5. Dove si comprano vestiti a buon mercato (*at a good price*)?

_____

6. Dove si trovano i musei più interessanti?

_____

7. Dove si ascolta la musica rock più originale?

_____

8. Dove ci si diverte di più in questa città?

_____

D. All'università, cosa si fa? Sentirai un brano dal tuo testo seguito da quattro frasi. Sentirai il brano due volte. La prima volta, ascolta attentamente. La seconda volta, il brano verrà ripetuto con le pause per la ripetizione. Poi ascolta le frasi e scegli, per ciascuna frase, vero o falso.

Secondo Alberto, all'università si studia almeno sei ore al giorno, si frequentano tutte le lezioni, non si esce mai il venerdì o il sabato sera, non si parla mai al telefono, non si usa mai la carta di credito, non si comprano mai vestiti e Cd perché si devono risparmiare i soldi per pagare le spese universitarie.

1. vero   falso   3. vero   falso

2. vero   falso   4. vero   falso

E. Non si fa così. Rebecca fa i capricci. Dovrai dirle che certe cose si fanno o non si fanno. Usa il **si** impersonale. Ripeti la risposta.

> ESEMPIO: *Senti:* salutare la maestra
> *Dici:* Si saluta la maestra.

1. ... 2. ... 3. ... 4. ... 5. ...

F. Cosa si è fatto in Italia? Sei appena tornato/tornata da un bel viaggio in Italia. Di' agli amici italiani all'università cosa hai fatto in Italia. Usa il **si** impersonale. Ripeti la risposta.

> ESEMPIO: *Senti:* andare all'università
> *Dici:* Si è andati all'università.

1. ... 2. ... 3. ... 4. ... 5. ...

D. Formazione dei nomi femminili

A. Chi sono? Guarda i disegni e scrivi chi sono.

ESEMPIO:

un operaio comunista e un'operaia comunista

1. _____

2. _____

3. _____

4. _____

5. _____

6. _____

B. Uomini e donne interessanti. Sentirai un dialogo dal tuo testo. Sentirai il dialogo due volte. La prima volta, ascolta attentamente. La seconda volta, completa il dialogo con i nomi femminili che mancano. Controlla le tue risposte con le soluzioni date in fondo al libro.

CLAUDIO: Oggi al ricevimento dai Brambilla c'è un sacco di gente interessante.

MARINA: Ah sì? Chi c'è?

CLAUDIO: Il pittore Berardi con la moglie, _____[1] anche lei; dicono che è più brava del marito... la _____[2] di storia dell'arte Stoppato, il poeta Salimbeni con la moglie _____,[3] e un paio di scrittori...

MARINA: Che ambiente intellettuale! Ma i Brambilla cosa fanno?

CLAUDIO: Be', lui è un grosso industriale tessile e lei è un'ex-_____.[4]

C. Dal mondo femminile al mondo maschile... Di' la forma al maschile di ogni nome femminile. Ripeti la risposta.

ESEMPIO: *Senti:* una regista famosa
Dici: un regista famoso

1. ... 2. ... 3. ... 4. ... 5. ... 6. ... 7. ... 8. ... 9. ... 10. ...

Pronuncia: The Sounds of the Letters *b* and *p*

A. *B* **e doppia** *b*. The letter **b** is pronounced as in the English word *boy*. Compare and contrast the single and double sounds of **b** in these pairs of words. Listen and repeat.

1. da basso / abbasso
2. abile / abbaiare
3. laboratorio / labbro
4. debole / ebbene

B. *P*. The sound of the letter **p** in Italian is similar to that in the English word *pen*, though without the aspiration or slight puff of air one hears in English. Listen carefully to these English and Italian words, then repeat the Italian word. Listen and repeat.

1. pizza / pizza
2. page / pagina
3. palate / palato
4. pope / papa
5. pepper / pepe

C. Doppia *p*. Compare and contrast the single and double sound of **p** in these pairs of words. Listen and repeat.

1. papa / pappa
2. capelli / cappelli
3. capi / cappi
4. rapito / rapporto

D. Parliamo italiano! Listen and repeat.

1. Paolo ha i capelli e i baffi bianchi.
2. Ho paura di guidare quando c'è la nebbia.
3. Non capisco perché ti arrabbi sempre.
4. Hai già buttato giù la pasta?
5. Giuseppe, stappa una bottiglia di vino buono!

Lettura

Le vacanze negli Stati Uniti

Enrico racconta la sua vacanza negli Stati Uniti. Leggi la descrizione e rispondi alle domande.

Anche l'anno prossimo, se avrò abbastanza soldi, tornerò in vacanza negli Stati Uniti, così potrò perfezionare il mio inglese. La prossima volta, però, sarò meglio preparato psicologicamente per questa esperienza che mi ha conquistato.[a] Ho passato due mesi con una famiglia di Brooklyn, New York, e per la prima volta ho conosciuto la «grande mela» come turista italiano e come abitante.

    New York City per il turista italiano è una componente essenziale. New York, Los Angeles e San Francisco, forse Miami e il Grand Canyon sono infatti le tappe dei tipici viaggi turistici italiani. Anche Chicago adesso sta diventando famosa grazie a due trasmissioni televisive: «ER» e «Chicago Hope».

[a]mi... *won me over*

L'America che ho visto non è stata solo un'America da cartolina. Ho parlato con la gente, ho vissuto le «distance», sono andato al supermercato alle due di notte (cosa impossibile in Italia dopo le otto di sera), sono stato in enormi alberghi di lusso e ho fatto esperienza del cinema americano nei cinema giganti. Insomma, ho voluto vedere cosa è vivere in una città americana, le cose che offre. Mi sono svegliato la mattina per bere succo di arancia e mangiare bagels (che in Italia praticamente non esistono) e ho provato ristoranti di ogni tipo.

A New York il traffico è terribile, ma forse non è meno terribile a Roma o Milano o Napoli. Nelle grandi città americane è quasi impossibile muoversi a piedi.[b] Le distanze sono grandi ed è necessario prendere la macchina o la metropolitana. Diventa impossibile ogni forma di spontaneità nei contatti umani. È davvero necessario «prendere un appuntamento» con gli amici per vederli! Ma la verità è che New York è incredibile. I suoi monumenti sono giganti e inquietanti.[c] Davvero capisco l'ossessione di Woody Allen per questa magnifica città nervosa, dinamica, ossessiva, ottimista. Una città che offre tutto ai suoi abitanti, è veramente la città che non dorme mai.

[b]muoversi... *to go places on foot*

[c]*disquieting*

1. Che cosa conosce il turista italiano dell'America?

   _____

   _____

2. Quali sono gli elementi che colpiscono (*strike*) maggiormente l'immaginazione di un italiano? Secondo te, perché?

   _____

   _____

   _____

   _____

3. Perché le distanze americane sono un problema per il turista italiano?

   _____

   _____

4. Come viene descritta New York da Enrico? Con più qualità negative o positive?

   _____

   _____

✿ Ed ora ascoltiamo!

Sentirai un dialogo tra Tony e Cristina in cui discutono dei soldi da portare in viaggio. Puoi ascoltare il dialogo quante volte vuoi. Poi sentirai, due volte, sei frasi e dovrai segnare, per ciascuna frase, vero o falso.

1. vero   falso   4. vero   falso

2. vero   falso   5. vero   falso

3. vero   falso   6. vero   falso

Un po' di scrittura

❖ **Una vacanza ideale.** Immagina di avere molto tempo, molti soldi e di poter andare in vacanza dove e con chi vuoi. Descrivi con ricchezza di particolari e usa il futuro (quando necessario). Scrivi una pagina. Scrivi su un tuo foglio.

> ESEMPIO: Tra due settimane partirò per il Perù con Tobey Maguire. Ci incontreremo a Los Angeles e poi prenderemo l'aereo per Lima dove...

Dettato

Sentirai un breve dettato tre volte. La prima volta, ascolta attentamente. La seconda volta, il dettato verrà letto con pause tra le frasi. Scrivi quello che senti. La terza volta, correggi quello che hai scritto. Scrivi sulle righe date. Controlla il tuo dettato con le soluzioni date in fondo al libro.

Due coppie _____

_____

_____

_____

_____

_____

_____

_____

_____

_____

_____

_____

Attualità

Andiamo in vacanza! L'estate è vicina e chi non l'ha ancora fatto deve cominciare a fare progetti per le vacanze. Dai un'occhiata (*Take a look*) alla pubblicità dell'agenzia Comet nella prossima pagina e rispondi alle domande.

Parole utili: su misura (*tailor made*), tale (*such*), approfondito (*investigative*), ausilio (*assistance*), preconfezionato (*ready-made*), assiduo (*steady*)

1. In quali città italiane sono gli uffici dell'agenzia Comet?

_____

2. In quale parte del mondo organizza viaggi l'agenzia?

_____

_____

3. Per chi sono i viaggi organizzati da quest'agenzia? Sono solamente per un tipo particolare di viaggiatore?

_____

_____

_____

4. Che tipo di esperienza ha l'agenzia Comet nelle isole della Polinesia? Perché?

_____

_____

_____

_____

_____

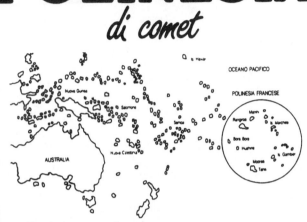

POLINESIA
di comet

Non è un caso se, da anni,
COMET è leader per la Polinesia e le isole del Pacifico

Il fatto è che:
- i nostri viaggi individuali "su misura" sono veramente tali, costruiti secondo i più personali desideri di ciascuno
- sulla base di esperienze approfondite e molteplici, la nostra consulenza attiva è di concreto ausilio per individuare le soluzioni più idonee alle migliori condizioni possibili
- il "prodotto" COMET é tutto italiano : abbiamo consolidati rapporti diretti in ogni isola ed atollo. Non Vi vendiamo pacchetti preconfezionati all'estero e riciclati per il nostro Paese
- A Tahiti, Moorea, Rangiroa, Manihi, Bora Bora etc. COMET è frequentatore noto, assiduo, apprezzato. E, perciò, i nostri Clienti sono ospiti preferiti.

**COMET è il VOSTRO CONSULENTE
per le ISOLE del PACIFICO**

"PUBLSEVEN 77"

COMET *libertà di viaggiare* ★★★★★ *al meglio*
Roma (Tel. 06/7222341) Milano (Tel. 02/225956)

cataloghi, informazioni, iscrizioni nelle migliori Agenzie di viaggi.

≡UTA
Compagnie Aérienne Française

OPATTI
Ufficio Turistico di Tahiti

Quanto ne vuoi?

Lezione 1: Vocabolario

A. Spese. Completa le frasi con le forme adatte delle seguenti espressioni: **la bancarella**, **la commessa**, **il commesso**, **fare la spesa**, **fare le spese**, **il grande magazzino**, **un negozio di abbigliamento**, **il venditore**, **la venditrice**.

> ESEMPIO: I venditori al mercato espongono (*display*) sulle _____*bancarelle*_____ gli oggetti che vendono.

1. Il _____ è un negozio che vende vestiti, oggetti per la casa, elettrodomestici (*home appliances*), ecc.

2. In Italia molte persone _____ tutti i giorni: dal fruttivendolo, dal panettiere, o nel negozio di alimentari vicino a casa loro.

3. I _____ e le _____ al mercato fanno spesso buoni sconti.

4. Lei vuole comprarsi una camicia ma non vuole andare né al mercato, né in una boutique, né in un grande magazzino. Può andare in _____.

5. Le persone che servono i clienti nei negozi sono i _____ e le _____.

6. Ci sono persone a cui (*whom*) non piace _____ in centro.

SALLUMERIA

—C'è una «elle» in più... la lasciamo?

❖ **B. Dove vanno a fare la spesa (le spese)?** Queste persone hanno bisogno di varie cose. Dove vanno a comprarle? Segui l'esempio.

> ESEMPIO: Stasera Francesca prepara gli spaghetti alle vongole (*clams*). →
> Compra gli spaghetti in un negozio di alimentari e le vongole in una pescheria.

1. Lucia ha intenzione di fare una gita domani. Vuole preparare dei panini con prosciutto, salame e formaggio. Vuole anche portare una bottiglia d'acqua e una di vino.

   _____

   _____

2. Il signor Lazzarini ha invitato degli amici a cena. Vuole servire un arrosto di maiale, patate al forno, un'insalata, delle paste e una bottiglia di spumante (*sparkling wine*).

   _____

   _____

3. Il bambino della signora Ghidini sta male. Ha bisogno di molte spremute d'arancia e può mangiare solo yogurt e pollo.

   _____

   _____

4. La settimana prossima Fiorella ricomincia l'università. Ha bisogno di una giacca nuova, di un paio di jeans e di un paio di stivali. Non vuole spendere troppo.

   _____

   _____

5. Domani è il compleanno di Giovanna. Sua madre vuole comprarle un cappotto all'ultima moda (*in the latest style*) molto elegante.

   _____

   _____

❖ **C. Domande personali.** Rispondi alle seguenti domande.

1. Dove vai quando vai a fare la spesa? _____

   _____

2. Descrivi il negozio o il supermercato che ti piace di più. Perché ci vai? _____

   _____

3. Vai spesso a fare le spese? Cosa compri di solito? _____

   _____

4. Vai mai in libreria? Che tipi di libri ti piace comprare? _____

   _____

5. Usi i contanti, la carta di credito o gli assegni quando fai la spesa o le spese? _____

   _____

D. Le boutique o il mercato? Sentirai un dialogo dal tuo testo due volte. La prima volta, ascolta attentamente. La seconda volta, il dialogo verrà ripetuto con le pause per la ripetizione.

SILVANA: Sono andata in centro a fare le spese l'altro giorno. C'erano un sacco di sconti nelle boutique e allora non ho resistito...

GIOVANNA: Cos'hai comprato?

SILVANA: Volevo un paio di scarpe eleganti e comode, come quelle che hai tu.

GIOVANNA: Dove le hai trovate?

SILVANA: In via Condotti: un vero affare, solo 150 euro.

GIOVANNA: Io invece le ho comprate al mercato: 35 euro!

E. Dove lo comprano? Guarda i disegni e di' dove e da chi queste persone fanno la spesa. Ripeti la risposta.

ESEMPIO: *Senti:* Dove comprano le paste le ragazze?
Dici: Le comprano in una pasticceria, dalla pasticciera.

1.

2.

3.

4.

5.

F. Dove siamo? Sentirai, per due volte, due dialoghi. Ascolta i dialoghi e stabilisci dove avvengono (*they take place*).

1. a. Siamo in un negozio di alimentari.   b. Siamo dal panettiere.

2. a. Siamo in una gelateria.   b. Siamo dal fruttivendolo.

A. Usi di **ne**

A. Ne parli? Chiedi ad un amico se parla spesso dei seguenti argomenti. Rispondi di sì o di no e usa **ne** nella tua risposta.

ESEMPIO: religione →
    s1: Parli spesso della religione?
    s2: Sì, ne parlo spesso. (No, non ne parlo spesso.)

1. filosofia

    s1: _____

    s2: _____

2. moda (*fashion*)

    s1: _____

    s2: _____

3. letteratura

    s1: _____

    s2: _____

4. sport

    s1: _____

    s2: _____

5. la violenza nella società moderna

    s1: _____

    s2: _____

—E bambini, ne ha?

B. No, ne voglio... Sei molto particolare e vuoi sempre qualcosa di diverso da quello che ti viene offerto. Rispondi di no alle seguenti domande. Usa **ne** e le informazioni date tra parentesi per spiegare esattamente cosa vuoi.

ESEMPIO: Non vuoi una casa in città? (in campagna) → No, ne voglio una in campagna.

1. Non vuoi un gelato al limone? (al cioccolato)

_____

2. Non vuoi molti dischi di musica classica? (di musica country)

_____

3. Non vuoi due etti di prosciutto cotto? (mezzo chilo)

_____

4. Non vuoi una camicetta di cotone (*cotton*)? (di seta [*silk*])

_____

5. Non vuoi comprare un negozio di abbigliamento?   (di alimentari)

_____

6. Non vuoi studiare solo una lingua?   (molte)

_____

Proverbi e modi di dire

Chi cento ne fa, una ne aspetti.
What goes around comes around. (Lit., Those who commit a hundred misdeeds must expect one in return.)

C. Perché mi piace! Le seguenti persone hanno delle ragioni molto semplici per fare quello che fanno. Segui l'esempio e rispondi alle domande.

ESEMPIO: Perché compri sempre molte cravatte? → Perché mi piace comprarne molte.

1. Perché mangi sempre molto pane a tavola?

_____

2. Perché vedete sempre molti film classici il sabato sera?

_____

3. Perché fa sempre molte foto Gianna?

_____

4. Perché danno sempre molti esami ogni semestre?

_____

5. Perché fa sempre tanti sconti il tuo commesso?

_____

6. Perché porti sempre molti anelli (*rings*)?

_____

D. Quanto ne vuoi? Sentirai un dialogo dal tuo testo seguito da tre domande. Sentirai il dialogo due volte. La prima volta, ascolta attentamente. La seconda volta, il dialogo verrà ripetuto con le pause per la ripetizione. Scegli poi le risposte giuste alle domande che senti.

MAMMA: Marta, per favore mi compri il pane?
MARTA: Volentieri! Quanto ne vuoi?
MAMMA: Un chilo. Ah sì, ho bisogno anche di prosciutto cotto.
MARTA: Ne prendo due etti?
MAMMA: Puoi prenderne anche quattro: tu e papà ne mangiate sempre tanto!
MARTA: Hai bisogno d'altro?
MAMMA: No, grazie, per il resto vado io al supermercato.

1. a. Ne deve prendere un chilo.   b. Ne deve prendere un chilo e mezzo.

2. a. Ne deve prendere due.   b. Ne deve prendere quattro.

3. a. Ne ha bisogno.   b. Non ne ha bisogno.

E. Quanti? Il tuo compagno di casa è stato via due settimane e ha tante domande da farti al suo ritorno. Rispondi alle sue domande secondo i suggerimenti. Ripeti la risposta.

> ESEMPIO: *Senti:* Quanti film hai visto?
> *Leggi:* tre
> *Dici:* Ne ho visti tre.

1. due
2. molto
3. poco
4. tanto
5. quattro
6. un po'

F. Domande personali. Rispondi alle seguenti domande. Usa **ne** nella tua risposta.

1. ...   2. ...   3. ...   4. ...   5. ...

B. Usi di ci

A. Domande personali. Rispondi alle seguenti domande secondo la tua esperienza. Usa **ci** nella tua risposta.

> ESEMPIO: Mangi spesso alla mensa universitaria? →
> Sì, ci mangio spesso. (*o* No, non ci mangio mai.)

1. Vai tutti i giorni in biblioteca?

   _____

2. Vai spesso a fare compere ai grandi magazzini?

   _____

3. Sei mai andato/andata a fare la spesa al mercato?

   _____

4. Credi all'astrologia?

   _____

5. Pensi spesso ai problemi politici e sociali?

   _____

B. *Ci o ne?* Vuoi affittare una stanza in un appartamento a Roma. La tua futura padrona di casa ti fa delle domande. Rispondi alle sue domande con frasi complete. Usa **ci** o **ne,** secondo la necessità.

1. Hai animali domestici?

   _____

2. A che ora vai a letto di solito?

   _____

3. Ricevi molte telefonate di sera tardi?

   _____

4. Torni sempre a casa per pranzare?

   _____

5. Hai intenzione di invitare molti amici?

   _____

6. Vai all'università tutti i giorni?

   _____

7. Da quanto tempo abiti in questa città?

   _____

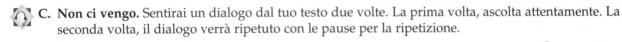

Ci Navigo Anch'io!

Naviga alla velocità di light!

www.lightspeed.it

C. Non ci vengo. Sentirai un dialogo dal tuo testo due volte. La prima volta, ascolta attentamente. La seconda volta, il dialogo verrà ripetuto con le pause per la ripetizione.

PAOLO: Rocco, vieni al cinema con noi domani sera?
ROCCO: No, non ci vengo.
PAOLO: Vieni allo zoo lunedì?
ROCCO: No, non ci vengo.
PAOLO: Vieni in discoteca venerdì sera? Facciamo una festa in onore di Giacomo che ritorna dagli Stati Uniti.
ROCCO: No, non ci vengo.
PAOLO: Ma perché non esci con noi questa settimana? Usciamo sempre insieme.
ROCCO: Vado in vacanza con Maddalena. Andiamo alle Bahamas.
PAOLO: Beh, potevi dirmelo anche prima!

D. Altre domande personali... Rispondi alle domande secondo la tua esperienza personale. Usa **ne** o **ci** nella tua risposta. Poi sentirai due risposte possibili. Ripeti la risposta adatta a te.

   1. ...   2. ...   3. ...   4. ...   5. ...   6. ...

C. Pronomi doppi

A. Ha provato tutto? Leggi il dialogo e completa le domande.

COMMESSA: Allora, che gliene sembra della giacca e dei pantaloni? Ha provato tutto? Come va?
SIGNORE: La giacca è troppo larga, glielo avevo detto, ho bisogno di una misura più piccola, mentre per i pantaloni non c'è male. Li prendo.
COMMESSA: Vuole provare un'altra giacca? Posso prendergliene un'altra di un'altra misura, se vuole.
SIGNORE: No, grazie, mi bastano i pantaloni.
COMMESSA: Va bene. Glieli metto in una borsa, un momento...
SIGNORE: Grazie.

1. «Che gliene sembra» si riferisce a...
   a. la giacca e i pantaloni.   b. la giacca.   c. i pantaloni.
2. «Posso prendergliene un'altra» si riferisce a...
   a. «Posso prendere un'altra giacca, in generale, per farla provare a Lei».
   b. «Posso prendere un'altra giacca di un'altra misura».
   c. «Posso andare a prendere un'altra giacca di un altro colore».
3. «Glieli metto in una borsa» si riferisce a...
   a. i pantaloni.   b. la giacca e i pantaloni.   c. la giacca.

B. Sì, te la compro! Sei molto disponibile e fai tutto quello che ti chiedono gli altri. Rispondi di sì alle loro richieste. Usa i pronomi doppi adeguati.

ESEMPIO: Mi dai la tua macchina? → Sì, te la do.

1. Mi offri una sigaretta?

   _____

2. Mi fai lo sconto?

   _____

3. Mi paghi i corsi?

   _____

4. Mi presti la tua carta di credito per questo acquisto?

   _____

5. Ci prendi i vestiti in lavanderia (*laundromat*)?

   _____

6. Mi compri queste scarpe?

   _____

7. Regali ad Alberto un libro di cucina?

   _____

8. Spieghi la lezione di ieri a Elisabetta ed Enrico?

   _____

C. Quanti? Nino è curioso di tutto quello che fai. Rispondi alle sue domande. Usa le informazioni date tra parentesi.

ESEMPIO: Quante fotografie hai fatto a Caterina?   (3) → Gliene ho fatte tre.

1.   Quante rose hai dato alla mamma?   (6)

_____

2.   Quante cartoline hai scritto a Enrico?   (molte)

_____

3.   Quanti dollari hai regalato a Doriana?   (5)

_____

4.   Quanti dischi hai portato a Carmela?   (2)

_____

5.   Quante riviste hai prestato al professore?   (1)

_____

6.   Quanti libri hai venduto alla signora?   (pochi)

_____

D. Chi te l'ha regalata? Carlo è molto elegante. Parla con un suo amico che gli fa i complimenti sui suoi vestiti e gli chiede chi glieli ha regalati. Carlo risponde sempre che glieli ha regalati la sua ragazza. Scrivi il loro dialogo.

ESEMPIO: cravatta →
        s1:   Che bella cravatta, Carlo! Chi te l'ha regalata?
        s2:   Me l'ha regalata la mia ragazza.

1.   orologio

    s1:   _____

    s2:   _____

2.   guanti

    s1:   _____

    s2:   _____

3.   sciarpa (*scarf*)

    s1:   _____

    s2:   _____

4.   stivali

    s1:   _____

    s2:   _____

E. Al negozio di abbigliamento. Sentirai un dialogo dal tuo testo. Sentirai il dialogo due volte. La prima volta, ascolta attentamente. La seconda volta, completa il dialogo con le parole che mancano. Controlla le tue risposte con le soluzioni date in fondo al libro.

COMMESSA: Allora, signora, ha provato tutto? Come le stanno?

CLIENTE: La gonna è troppo stretta, ma la camicetta va bene. La prendo.

COMMESSA: _____[1] incarto?

CLIENTE: No; _____ _____[2] può mettere da parte?
Ora vado a fare la spesa e poi passo a prenderla quando torno a casa.

COMMESSA: Va bene, signora, _____[3] metto qui, dietro il banco.

F. Di che cosa parliamo? Sentirai, per due volte, sei frasi con pronomi doppi. Dovrai scegliere a quale delle tre frasi scritte si riferisce ogni frase che senti.

ESEMPIO: *Senti:* Glielo do.
Leggi: a. Do a lui i libri.   b. Do a lei i libri.   c. Do a lui o lei il libro.
Scegli: c

1. a. Compriamo i giornali per loro.
   b. Compriamo le scarpe per voi.
   c. Compriamo scarpe e calzini per voi.
2. a. Regalo i profumi a lei.
   b. Regalo la penna e la matita a lei.
   c. Regalo la gonna a lei.
3. a. Diamo l'assegno a te.
   b. Diamo la carta di credito a te.
   c. Diamo i soldi a te.
4. a. Faccio la torta per lui.
   b. Faccio i compiti per lui.
   c. Faccio il compito per lei o per lui.
5. a. Presto il libro a voi.
   b. Presto la mappa e la guida turistica a voi.
   c. Presto la mappa, la guida turistica e il libro a voi.
6. a. Parlo a lui.
   b. Parlo a lei.
   c. Parlo a lui di lei.

G. Oggi no. Ti chiedono tutti dei piaceri, ma oggi non hai tempo e gli rispondi di no. Ripeti la risposta.

ESEMPIO: *Senti:* Puoi comprare il pane ai vicini (*neighbors*)?
Dici: Mi dispiace; oggi non glielo posso comprare.

1. ...   2. ...   3. ...   4. ...   5. ...

D. Imperativo (tu, noi, voi)

A. Non fare così! Teresa chiede i tuoi consigli su tutto. Dille cosa fare e cosa non fare, secondo i suggerimenti.

ESEMPIO: Che cosa devo servire: tè o caffè? → Non servire tè: servi caffè!

1.   Che cosa devo comprare: carne o pesce?

   _____

2.   Che cosa devo studiare: il francese o lo spagnolo?

   _____

3.   Dove devo vivere: in campagna o in città?

   _____

4.   Che cosa devo mettermi: la gonna o i jeans?

   _____

5.   Che cosa devo pulire: il bagno o la cucina?

   _____

6.   Dove devo andare: dal macellaio o dal salumiere?

   _____

7.   Che cosa devo dire al signor Branca: «Ciao!» o «Buon giorno!»?

   _____

8.   Che cosa devo fare: le crêpe o una torta?

   _____

B. Entra! Fai il pediatra e devi dire ai tuoi pazienti cosa fare durante la visita. Scrivi le frasi alla seconda persona dell'imperativo (**tu**).

1.   aprire la bocca _____

2.   mostrare la lingua _____

3.   guardare in alto _____

4.   stare fermo (*still*) _____

5.   prendere la medicina prima dei pasti _____

   _____

6.   bere tanta acqua _____

Ti piacciono gli LP?
Mettiteli sul cd!

Come trasferire il vecchio vinile su compact facilmente...

C. State fermi! I nostri genitori ci hanno detto tante cose quando eravamo piccoli. Segui l'esempio e scrivi frasi positive o negative all'imperativo, secondo i suggerimenti.

ESEMPIO: Quando noi non volevamo dormire, i nostri genitori ci dicevano... → Dormite!

1. Quando mangiavamo con la bocca aperta, i nostri genitori ci dicevano...

    _____

2. Quando non volevamo fare i compiti, i nostri genitori ci dicevano...

    _____

3. Quando non eravamo buoni, i nostri genitori ci dicevano...

    _____

4. Quando non avevamo pazienza, i nostri genitori ci dicevano...

    _____

5. Quando volevamo tornare a casa tardi, i nostri genitori ci dicevano...

    _____

6. Quando non volevamo alzarci per andare a scuola, i nostri genitori ci dicevano...

    _____

D. I consigli. Sentirai un monologo dal tuo testo. Sentirai il monologo due volte. La prima volta, ascolta attentamente. La seconda volta, completa il monologo con i verbi all'imperativo che mancano. Controlla le tue risposte con le soluzioni date in fondo al libro.

Consigli di una giornalista ad una adolescente in crisi

Soprattutto _____ _____ [1] da casa. _____ [2] invece, _____ [3]

tanti amici, _____ [4] il modo di capire perché a tua madre quest'uomo piace, perché ha

avuto bisogno di lui. Ti troverai meglio.

E. Baby-sitter autoritari... Fai la baby-sitter a Marisa e Stefano. Dovrai dirgli cosa fare e non fare. Ripeti la risposta.

ESEMPIO: *Leggi:*   stare zitto
            Senti: Marisa e Stefano
            Dici: State zitti!

1. avere pazienza   4. pulire il tavolo
2. andare in cucina   5. non mangiare la torta
3. non scrivere sul muro   6. essere buono

F. Ospiti. Hai due ospiti in casa. Quando ti chiedono se possono fare qualcosa, rispondi in modo affermativo. Usa **pure** e i pronomi di oggetto nella tua risposta. Ripeti la risposta.

ESEMPIO: *Senti:*   Possiamo leggere la rivista?
            Dici: Sì, leggetela pure!

1. ...   2. ...   3. ...   4. ...   5. ...

Lezione 4: Prospettive

Pronuncia: The Sounds of the Letters *f* and *v*

A. *F* e *f* doppia. The letter **f** is pronounced as in the English word *fine*. Compare and contrast the single and double sound of **f**. Listen and repeat.

1. da fare / daffare
2. tufo / tuffo
3. befana / beffare
4. epifania / piffero
5. gufo / ciuffo

B. *V* e doppia *v*. The letter **v** is pronounced as in the English word *vine*. Compare and contrast the single and double **v** sound in these pairs of words. Listen and repeat.

1. piove / piovve
2. bevi / bevvi
3. evidenza / evviva
4. ovest / ovvio
5. dove / ovvero

C. Parliamo italiano! Listen and repeat.

1. Servo il caffè all'avvocato.
2. È vero che vanno in ufficio alle nove?
3. Pioveva e faceva freddo.
4. L'imperfetto dei verbi irregolari non è difficile.
5. Vittoria aveva davvero fretta.
6. Dove vendono questo profumo?

Lettura

Fare la spesa

Rita, una dottoressa di 32 anni, ricorda com'era diverso fare la spesa quando era bambina. Leggi il brano e rispondi alle domande.

Adesso, con i supermercati, fare la spesa è diventata un'avventura meno eccitante di quando io ero bambina. Si andava con mamma e papà di negozio in negozio, si incontravano nuove persone, si parlava dei prodotti diversi e si tornava verso la macchina carichi di pacchi.[a] Si andava prima all'alimentari (il mio negozio favorito), per il pane, i panini, il prosciutto, i formaggi, la pasta e i biscotti per la colazione... Poi c'era il lattaio, per il latte fresco, le uova, spesso la panna, e poi il macellaio (per il vitello, pollo, la bistecca) e il fruttivendolo. Ricordo ancora gli odori di questi negozi, ma anche le chiacchiere e l'attenzione personale per ogni cliente. Ricordo anche i comandi di mamma e papà quando io volevo «aiutare»: «Prendi *un* pacco di biscotti, non due!» «Non toccare la frutta, non mangiare le noccioline[b]!» Ma anche i supermercati hanno il loro fascino: contenitori giganteschi di ogni tipo di biscotti o dolci possibili, pieni di oggetti curiosi, colorati...

[a]carichi... *loaded with bags*

[b]*peanuts*

Domande:

1. Che effetto aveva su Rita fare la spesa?

   _____

2. Quale negozio era il preferito di Rita?

   _____

3. Quali caratteristiche dei negozi Rita ricorda con piacere?

   _____

4. Cosa pensa dei supermercati?

   _____

❖ 5. E tu, che ricordi hai di quando andavi a fare la spesa da bambino?

   _____

   _____

   _____

✺ Ed ora ascoltiamo!

Sentirai tre conversazioni ai grandi magazzini. Puoi ascoltare il dialogo quante volte vuoi. Cosa vogliono comprare queste persone? Di che colore? Di che taglia? Inserisci nella tabella le informazioni che senti. Controlla le tue risposte con le soluzioni date in fondo al libro.

	CLIENTE A	CLIENTE B	CLIENTE C
il capo d'abbigliamento			
il colore			
la taglia			

Un po' di scrittura

❖ **Vestirsi.** Ci tieni a (*Do you care about*) vestirti con capi firmati (*designer clothing*)? È importante per te vestire all'ultima moda? Secondo te, l'abbigliamento di una persona è indicativo della sua personalità? C'è un proverbio che dice, «L'abito non fa il monaco» (*The cowl does not make the monk*). Sei d'accordo? Scrivi una pagina in cui rispondi a queste domande. Scrivi su un tuo foglio.

> ESEMPIO: Non ci tengo affatto a vestirmi con capi firmati; vestirsi all'ultima moda per me non vuol dire niente...

⟡ Dettato

Sentirai un breve dettato tre volte. La prima volta, ascolta attentamente. La seconda volta, il dettato verrà letto con pause tra le frasi. Scrivi quello che senti. La terza volta, correggi quello che hai scritto. Scrivi sulle righe date. Controlla il tuo dettato con le soluzioni date in fondo al libro.

Giovanna e Silvana _____

_____

_____

_____

_____

_____

_____

_____

_____

_____

_____

_____

Attualità

Tutto in vendita (*sale*)! Leggi il seguente annuncio e rispondi alle domande nella prossima pagina. Scrivi frasi complete.

CRESO
MILANO
boutique uomo/donna
V E N D I T A
TOTALE

per cessione attività[a] di tutta la nuova collezione AUTUNNO-INVERNO delle più prestigiose firme[b]!

Montoni, cappotti cachemire, parka in seta, montgomery, sportswear, giacconi sci...

INIZIO VENDITA SABATO 7 NOVEMBRE

(Autorizzazione Comunale di Milano N. 0299508.400 del 20-10-1992)

nei negozi: **P. S. MARIA BELTRADE 1** angolo via Torino (tram 19, 8 - MM1, MM3 Duomo)

VIA VITRUVIO 1 ang. B. Aires/Lima (MM Lima - bus 60 - tram 33)

[a]cessione... *going out of business* / [b]*designer labels*

1. Perché Creso ha annunciato una vendita totale?

    _____

2. La vendita include anche l'abbigliamento per bambino?

    _____

3. Sono in vendita anche capi firmati?

    _____

4. È in vendita la collezione primavera-estate?

    _____

5. Quando incomincia la vendita e dove?

    _____

6. Ci sono mezzi di trasporto pubblici per arrivare al negozio di via Vitruvio?

    _____

Capitolo
12
Arredare la casa

Name _____

Date _____

Class _____

Lezione 1: Vocabolario

A. La casa e l'affitto. Leggi il dialogo tra Carmen e Pina e rispondi alle domande.

CARMEN: Allora, hai trovato casa?

PINA: Sì, l'ho trovata, ma adesso devo trovare un secondo lavoro per pagare l'affitto! È praticamente una soffitta! È monolocale non ammobiliato in un palazzo senza ascensore e con poche finestre. Almeno è vicino a dove lavoro...

CARMEN: Anche un mio amico ha fatto fatica trovare un appartamento. Lui poi non è molto contento: l'appartamento va bene, dice, perché è anche ammobiliato, ma ha poca luce. Il palazzo ha altri palazzi accanto, davanti e dietro. E così è un po' triste perché anche se ha moltissime finestre, non vede mai il sole...

PINA: Beh, meglio due stanze buie ma ben sistemate che una soffitta senza mobili!

1. Qual è il problema di Pina?

   _____

   _____

2. Com'è l'appartamento dell'amico di Carmen?

   _____

   _____

3. Com'è l'appartamento di Pina?

   _____

   _____

4. Come risponde Pina alle osservazioni di Carmen?

   _____

   _____

B. Da Simonetta. Simonetta ha una grande casa, sempre piena di amici e parenti. Leggi le frasi e completale con il nome delle stanze in cui le varie persone si trovano.

Espressioni utili: il bagno, il balcone, la camera da letto, la camera per gli ospiti, la cucina, il soggiorno, lo studio

ESEMPIO: Simonetta prepara la cena _____*in cucina*_____.

1. Nanni è un amico di famiglia. È arrivato ieri sera da Firenze. In questo momento dorme

   _____.

2. Franco, il marito di Simonetta, non si sente bene e si riposa (*he's resting*) _____.

3. La madre di Simonetta prepara la lezione per domani e corregge (*corrects*) i compiti dei suoi

    studenti _____.

4. La nonna legge una rivista e il nonno fuma la pipa _____.

5. Lorenzo si prepara ad uscire. In questo momento si fa la barba _____.

6. A Mariella piace il sole. Si sta abbronzando (*She's getting a tan*) _____.

C. Cambiare casa. Completa il paragrafo con la forma adatta delle seguenti parole: **l'ascensore, l'inquilino, il monolocale, la padrona di casa, il riscaldamento, la soffitta, la vista.**

Alessandra è stanca della sua piccolissima _____[1] all'ultimo piano senza

_____.[2] D'inverno ha freddo perché il _____[3]

non è molto efficiente. Non le piace l'_____[4] che abita allo piano di sotto e

ha litigato con la _____[5] perché voleva aumentare l'affitto. Sta cercando

un _____[6] con _____[7] sui tetti (*roofs*) di Roma

e... qualche amica per dividere le spese!

D. Il matrimonio e la casa. Sentirai un dialogo dal tuo testo due volte. La prima volta, ascolta attentamente. La seconda volta, completa il dialogo con le parole che mancano. Controlla le tue risposte con le soluzioni date in fondo al libro.

ANTONELLA: Ho saputo che vi sposate tra due settimane!

PATRIZIA: Eh sì, è quasi tutto pronto, ma ci manca solo la

_____[1]...

ANTONELLA: La casa!? E dove andate a abitare?

MASSIMO: Dai miei genitori... Non è la migliore soluzione ma, come sai, trovare casa oggi è quasi impossibile: costa troppo!

PATRIZIA: E loro hanno una casa di cinque _____,[2] con

due _____.[3]

ANTONELLA: E le _____[4]?

MASSIMO: Ce ne sono tre: due _____[5] e una

_____,[6] per l'eventuale nipote, come dicono

loro...

E. Parliamo della casa. Guarda il disegno, poi scrivi le risposte alle domande che senti. Controlla le tue risposte con le soluzioni date in fondo al libro.

ESEMPIO: *Senti:*   Dove lascia la bici Sara? Al pianterreno o al primo piano?
                Scrivi: al pianterreno

1. _____   4. _____

2. _____   5. _____

3. _____

F. Arrediamo la nuova casa. Sentirai sei frasi e dovrai indovinare a quale oggetto si riferisce ogni frase. Ripeti la risposta.

l'armadio

il divano

la lavastoviglie

la lavatrice

la scrivania

le sedie

✓ lo specchio

ESEMPIO: *Senti:*   Mettiamolo nel bagno.
                Dici: lo specchio

1. ...   2. ...   3. ...   4. ...   5. ...   6. ...

A. Aggettivi indefiniti

A. E l'ascensore? Paolo e Gabriella cercano casa, senza successo. C'è qualcosa che non va in tutte le case che hanno visto. Riscrivi le loro lamentele (*complaints*). Cambia **qualche** in **alcuni/e**.

ESEMPIO: Qualche palazzo non aveva l'ascensore. → Alcuni palazzi non avevano l'ascensore.

1. Qualche mansarda costava 1.000 euro.

    _____

2. Qualche appartamento non aveva balconi.

    _____

3. Qualche stanza era troppo piccola.

    _____

4. C'era qualche topo in cantina.

    _____

5. Qualche inquilino faceva troppo rumore.

    _____

6. Qualche villetta era senza garage e senza soffitta.

    _____

B. Non tutti. Domenico è un tipo entusiasta e a volte esagera. Correggi i suoi commenti riguardo alla festa che avete fatto. Cambia **tutti** in **alcuni/e**.

ESEMPIO: Tutti i ragazzi cantavano. → Alcuni ragazzi cantavano.

1. Tutte le ragazze erano belle.

    _____

2. Tutti gli ospiti si sono divertiti.

    _____

3. Tutti i vini costavano molto.

    _____

4. Tutti i nostri amici sono venuti.

    _____

5. Tutte le stanze erano affollate.

    _____

6. Tutte le persone hanno ballato sul tavolo.

    _____

C. Un appartamento in centro o una casa in campagna? Completa il dialogo con le espressioni mancanti (*missing*). Alcune espressioni possono essere usate più di una volta.

Espressioni: alcune, alcuni, ogni, qualunque, tutte, tutti i giorni

GIGI: Ciao, Claudio, come stai? È da _____[1] giorni che non ti vedo. Ho sentito che hai cambiato casa. Dove abiti adesso?

CLAUDIO: Prima vivevo in un appartamento in centro, ma c'era troppo traffico e troppo rumore. _____[2] notte non potevo dormire e _____[3] era la stessa storia: difficilissimo trovare parcheggio per la macchina...

GIGI: E allora che hai fatto?

CLAUDIO: Ho deciso di andare a vivere in campagna. Ho consultato _____[4] le possibili immobiliari, e non per una zona _____,[5] ma per una con molte case con giardino e orto. Ho trovato alla fine una bella casa tutta di pietra, con un orto enorme pieno di alberi da frutta. _____[6] stanza è dipinta con colore diverso. È grande e _____[7] le finestre al secondo piano danno su un balcone...

GIGI: Sono contento per te! Sai che ti dico? _____[8] persone nascono fortunate!

PROVERBI E MODI DI DIRE

Tutto è bene quel che finisce bene.
All's well that ends well.

❖ **D. Ogni volta che...** Segui il modello del fumetto e scrivi quattro frasi in cui dici cosa succede ogni volta che fai certe cose.

—Ogni volta che lo vedo, questo
vestito mi piace sempre...

ESEMPI: Ogni volta che mangio alla mensa, sto male.
Ogni volta che vedo il professore d'italiano, gli parlo.
Ogni volta che mi lavo, uso l'acqua calda.

1. _____

2. _____

3. _____

4. _____

E. La nuova casa. Sentirai un dialogo dal tuo testo due volte. La prima volta, ascolta attentamente. La seconda volta, completa il dialogo con le parole che mancano. Controlla le tue risposte con le soluzioni date in fondo al libro.

PAOLA: Ciao, Claudia! Ho sentito che hai cambiato casa. Dove abiti adesso?

CLAUDIA: Prima vivevo in un appartamentino in centro, ma c'era troppo

traffico e troppo rumore; così sono andata a vivere in campagna.

Ho trovato una casetta che è un amore... È _____¹ in

pietra, ha un orto enorme e _____² albero da frutta.

PAOLA: Sono contenta per te! Sai cosa ti dico? _____³ persone

nascono fortunate!

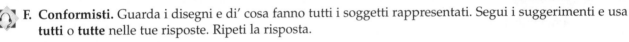

F. Conformisti. Guarda i disegni e di' cosa fanno tutti i soggetti rappresentati. Segui i suggerimenti e usa **tutti** o **tutte** nelle tue risposte. Ripeti la risposta.

> ESEMPIO: *Senti:*   ragazzi
> *Leggi:*   correre
> *Dici:*   Tutti i ragazzi corrono.

correre

1.   dormire   3.   cambiare casa

2.   cucinare   4.   sistemare i mobili

B. Pronomi indefiniti

A. Qualcuno. Riscrivi le seguenti frasi. Sostituisci le parole in corsivo con i pronomi indefiniti.

> ESEMPIO: *Qualche persona* vuole accompagnarmi (*to come with me*)? →
> Qualcuno vuole accompagnarmi?

1. *Alcune persone* parlavano, *alcune persone* ascoltavano.

   _____

2. *Qualche persona* può aiutarci.

   _____

3. *Ogni persona* ha il diritto di protestare.

   _____

4. È una persona impossibile! Si lamenta di *ogni cosa* e di *ogni persona*!

   _____

B. Lassù (*Up there*)**...** Sentirai un brano dal tuo testo due volte. La prima volta, ascolta attentamente. La seconda volta, il brano verrà ripetuto con le pause per la ripetizione.

Lassù in cielo, qualcuno deve aver lasciato aperto il frigorifero...

C. Che cos'è? Un tuo compagno di classe non ha studiato per l'esame di italiano e ti chiede il significato di tutti i vocaboli. Rispondi e usa **qualcuno** o **qualcosa** insieme alle informazioni date. Ripeti la risposta.

> ESEMPIO: *Senti:* E il lattaio?
> *Leggi:* vende il latte
> *Dici:* È qualcuno che vende il latte.

1. mangiamo a colazione
2. si mangia
3. vende la frutta
4. lavora in un negozio
5. si beve
6. fa il pane

D. Problemi di casa. Sentirai cinque brevi scambi sui problemi di casa di Giulia, Marta e Cinzia, seguiti da domande. Rispondi ad ogni domanda con i pronomi indefiniti adeguati. Ripeti la risposta.

1. ...   2. ...   3. ...   4. ...   5. ...

C. Negativi

A. Né questo né quello. Silvia è molto curiosa di sapere di Paolo e Francesca. Rispondi negativamente alle sue domande.

ESEMPIO: Frequentano ancora l'università? → No, non frequentano più l'università.

1. Ti telefonano qualche volta?

_____

2. Sono già partiti per Siena?

_____

3. Conoscono qualcuno in Italia?

_____

4. Hanno un cane o un gatto?

_____

5. Ti hanno portato qualcosa dalla Francia?

_____

—Sei sicuro che non ci vede nessuno?

B. Pessimisti ed ottimisti. Dario vede tutto nero, mentre Mario è ottimista. Riscrivi le frasi di Dario dal punto di vista di Mario.

ESEMPIO: Nessuno è felice. → Tutti sono felici!

1. Le persone non si aiutano mai.

_____

2. Non fanno più dei bei film.

_____

3. Non c'è rispetto (*respect*) né per i vecchi né per i giovani.

   _____

4. Non succede niente di interessante nel mondo (*world*).

   _____

5. Nessuno mi ama.

   _____

PROVERBI E MODI DI DIRE

Nessuna nuova, buona nuova.
No news is good news.

Con niente non si fa niente.
You can't make something from nothing.

C. Non ho sentito niente. Sentirai un dialogo dal tuo testo due volte. La prima volta, ascolta attentamente. La seconda volta, il dialogo verrà ripetuto con le pause per la ripetizione.

MARITO: Sento un rumore in cantina: ci sarà qualcuno, cara...
MOGLIE: Ma no, non c'è nessuno: saranno i topi!
MARITO: Ma che dici? Non abbiamo mai avuto topi in questa casa. Vado a vedere.

(*Alcuni minuti dopo.*)

MOGLIE: Ebbene?
MARITO: Ho guardato dappertutto ma non ho visto niente di strano.
MOGLIE: Meno male!

D. Arrivano le ragazze! Franco è contento di conoscere le tue amiche italiane che arrivano oggi. Rispondi alle sue domande negativamente. Ripeti la risposta.

ESEMPIO: *Senti:* Sono già arrivate?
            Dici: No, non sono ancora arrivate.

1. ...   2. ...   3. ...   4. ...   5. ...

E. Che dire? Sentirai cinque frasi due volte. Scegli, fra le seguenti coppie di frasi, quella che si collega meglio alla frase che hai sentito.

1. a. Non mi piacciono le due donne.
   b. Preferisco una delle due.
2. a. Devo ancora leggere alcune pagine del libro.
   b. È stato un bel libro.
3. a. Voglio divertirmi da solo stasera.
   b. Ho organizzato una bella cena per tutti stasera.
4. a. Ho ricevuto solo una lettera per posta.
   b. La posta non è venuta oggi.
5. a. Mi sono completamente rilassato ieri sera.
   b. Ho avuto una serata molto impegnata.

D. Imperativo (**Lei, Loro**)

A. Mi dica! Una rinomata (*renowned*) professoressa italiana è in visita alla tua università. Incoraggiala (*encourage her*) a fare le seguenti cose.

ESEMPIO: accomodarsi (*to make oneself comfortable*) → Professoressa, si accomodi!

1. parlarcene

_____

2. prendere un caffè

_____

3. aspettare un momento

_____

4. finire con calma

_____

5. riposarsi un po'

_____

6. venire in giardino

_____

Ora ripeti gli stessi incoraggiamenti a lei e un suo collega.

ESEMPIO: Professori, si accomodino!

1. _____
2. _____
3. _____
4. _____
5. _____
6. _____

SORRIDA,ª PURE! NON SI PREOCCUPI,   ªSmile
SIGNORINA! STAMATTINA HA USATO
DENTI-WHITE

B. Sempre in ufficio. Ripeti le istruzioni della dottoressa Ongetta alla sua segretaria. Sostituisci le espressioni in corsivo con i pronomi adeguati.

> ESEMPIO: Signorina, telefoni *all'avvocato*! → Signorina, gli telefoni!

1. Signorina, mi porti *l'agenda*!

   _____

2. Signorina, scriva *quelle lettere* subito!

   _____

3. Signorina, le spedisca *il pacco* oggi!

   _____

4. Signorina, non parli *dei prezzi* con nessuno!

   _____

5. Signorina, mi prenoti *l'albergo*!

   _____

6. Signorina, vada *alla posta* stamattina!

   _____

C. Abbia pazienza! Sentirai un dialogo dal tuo testo due volte. La prima volta, ascolta attentamente. La seconda volta, completa il dialogo con i verbi all'imperativo che mancano. Controlla le tue risposte con le soluzioni date in fondo al libro.

> SEGRETARIA: Dottoressa, il signor Biondi ha bisogno urgente di
>
> parlarLe: ha già telefonato tre volte.
>
> DOTTORESSA MANCINI: Che seccatore (*nuisance*)! Gli _____[1] Lei,
>
> signorina, e gli _____[2] che sono già partita
>
> per Chicago.
>
> SEGRETARIA: Pronto!... Signor Biondi?... Mi dispiace, la dottoressa è
>
> partita per un congresso a Chicago... Come dice?... L'indirizzo? Veramente, non
>
> glielo so dire: _____[3] pazienza e _____[4] tra dieci giorni!

D. Prego! Di' al tuo professore di fare le seguenti cose, se vuole. Ripeti la risposta.

> ESEMPIO: *Senti:* entrare
> *Dici:* Se vuole entrare, entri!

1. ... 2. ... 3. ... 4. ... 5. ...

E. Professori. Di' a due tuoi professori di non fare le seguenti cose se non possono. Ripeti la risposta.

> ESEMPIO: *Senti:* pagare
> *Dici:* Se non possono pagare, non paghino!

1. ... 2. ... 3. ... 4. ... 5. ...

⟨⟩ Pronuncia: The Sounds of the Letter *t*

The Italian sound [t] is similar to the **t** in the English word *top*, though it lacks the aspiration (the slight puff of air) that characterizes English **t** at the beginning of a word. To pronounce **t** in Italian, place the tip of the tongue against the back of the upper teeth, but a bit lower than for the similar sound in English.

A. *T.* Compare and contrast the sound of English and Italian **t**. Listen to the English words, then repeat the Italian ones. Listen and repeat.

1. tempo / tempo
2. type / tipo
3. tremble / tremare
4. metro / metro
5. mute / muto

B. *T* **e doppia** *t.* Compare and contrast the single and double sounds of **t**. Listen and repeat.

1. tuta / tutta
2. fato / fatto
3. mete / mette
4. riti / ritti
5. moto / motto

C. **Parliamo italiano!** Listen and repeat.

1. Avete fatto tutto in venti minuti. Ottimo!
2. Mettete il latte nel tè?
3. Quanti tavolini all'aperto!
4. Il treno delle quattro e un quarto è partito in ritardo.
5. I salatini sono sul tavolino del salotto.

Lettura

❖ L'appartamento ideale

Lanfranco è veramente felice: ha trovato un appartamento ideale per lui. Leggi la descrizione del suo appartamento e rispondi alle domande.

Penso proprio di avere trovato il mio appartamento ideale. È in centro città, al sesto piano di un palazzo modernissimo. È un appartamento piuttosto piccolo e stretto, ma con un sacco di finestre, almeno due per ogni stanza. Quando si entra, c'è subito un corridoio che divide l'appartamento in due parti. Sulla sinistra c'è la cucina, piccola piccola, e davanti alla porta della cucina due belle finestre. C'è sempre molta luce in cucina. Accanto alla cucina c'è la sala da pranzo, con altre due finestre, sulla destra della porta. Accanto alla sala da pranzo c'è un bagno piccolo, con una sola finestra. Davanti al bagno, sulla destra, c'è uno studio minuscolo. Poi c'è la camera da letto, accanto a questa camera c'è anche un ripostiglio,[a] che è davanti alla cucina. Una casa veramente confortevole!

[a]*closet*

1. Com'è la tua casa o il tuo appartamento? Puoi descriverla/lo?

_____

_____

2. Che tipo di mobili hai nell'appartamento o nella casa?

_____

_____

3. Hai la lavastovoglie e la lavatrice nel tuo appartamento o nella tua casa?

_____

_____

4. Dove tieni i tuoi libri, i tuoi Cd e il computer? In stanze differenti? Quali?

_____

_____

Ed ora ascoltiamo!

Luigi è veramente felice: ha trovato un appartamento ideale per lui. Sentirai una descrizione del suo appartamento. Ascolta il monologo quante volte vuoi. Guarda la piantina (*floor plan*) e scrivi in ogni stanza il suo nome, secondo la descrizione. Controlla le tue risposte con le soluzioni date in fondo al libro.

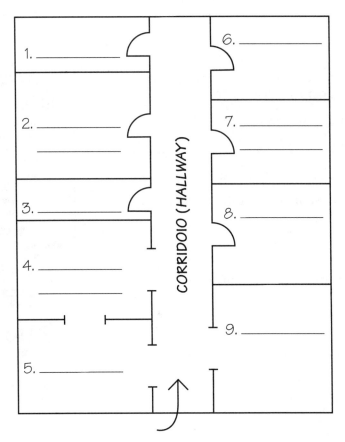

Un po' di scrittura

❖ **Il problema della casa.** Nella tua città c'è il problema della casa? Ci sono molti senzatetto (*homeless people*)? Tu, personalmente, hai mai avuto difficoltà a trovare una stanza, un appartamento o una casa ad un prezzo accessibile? Descrivi la situazione e proponi possibili soluzioni. Scrivi su un tuo foglio.

> ESEMPIO: Nella mia città (una piccola città di provincia), il problema della casa non è molto grave, ma a Berkeley, dove sto studiando, la situazione è un po' diversa...

Dettato

Sentirai un breve dettato tre volte. La prima volta, ascolta attentamente. La seconda volta, il dettato verrà letto con pause tra le frasi. Scrivi quello che senti. La terza volta, correggi quello che hai scritto. Scrivi sulle righe date. Controlla il tuo dettato con le soluzioni date in fondo al libro.

Simonetta e Lucia _____

_____

_____

_____

_____

_____

_____

Attualità

A. Il valore della casa. Guarda attentamente questa pagina del settimanale *L'Espresso,* poi rispondi alle domande.

1. Di che cosa parla questo articolo?

   _____

   _____

2. A quali città italiane si riferisce questo studio?

   _____

   _____

3. Il valore degli appartamenti è precipitato (*fallen*) solo a Milano?

   _____

   _____

MERCATO IMMOBILIARE/RAPPORTO GABETTI-"L'ESPRESSO"

Aiuto, qui crolla la casa

Via Veneto, Roma: 33 per cento in meno.
Via Montenapoleone, Milano: il 23 in meno. In un anno, il valore degli appartamenti è precipitato. Lo rivela uno studio esclusivo. Città per città

Via Gallarate 3.000 +2.6
Via Uruguay 2.800 -2.4
Via Fabio Filzi 4.000 -14.8
Via Montenapoleone 12.000 -23.3
Viale Washington 4.300 -8.4
C.so Vitt. Emanuele 10.000 -29.0
Milano
Via Mascagni 10.000 -20.1
Via Tortona 3.400 -13.1
Piazzale Cuoco 3.300 -5.6

0.000 Prezzi in milioni di lire al metro quadrato (ottobre 1993)

Variazione percentuale reale rispetto a un anno fa

4. Qual è la zona di Milano più costosa?

_____

_____

5. In quale zone di Milano i prezzi in percentuale sono crollati (*fallen*) di più?

_____

_____

❖ **B. Una casa da costruire** (*build*)! Scrivi un dialogo tra un architetto* e un/una cliente molto esigente (*demanding*)! Il cliente descrive le sue necessità, l'architetto deve trovare le soluzioni. Scrivi una pagina.

ESEMPIO: CLIENTE: Mi piace avere molti ospiti ma non voglio vederli sempre.
          ARCHITETTO: Allora dobbiamo costruire una casa per gli ospiti nel giardino, lontano della casa principale, con molti alberi nel mezzo (*in the middle*).
          CLIENTE: Mi piace dipingere con molta luce.
          ARCHITETTO: Allora...

_____

*The word **architetto** refers to both male and female architects.

Prova-quiz

A. A che piano? Lucia non riesce a decidersi sul piano al quale vuole abitare perché ogni piano ha i suoi vantaggi e svantaggi (*advantages and disadvantages*). Completa il dialogo con una delle seguenti espressioni: **ogni, ottavo, primo, qualcosa, qualunque, terzo, tutti.**

SIMONETTA: Allora, hai deciso? Lo sai che per _____[1] piano ci può essere un problema.

LUCIA: Infatti! Il _____[2] piano è troppo vicino alla strada. Non c'è molta luce ed è

troppo rumoroso... ma l'_____[3] piano è pericoloso. Pensa se si rompe

l'ascensore!

SIMONETTA: Allora il _____[4] piano! Non è troppo in alto e non è troppo in basso.

LUCIA: Sì, ma puoi sentire _____[5] gli inquilini del piano di sopra e quelli del

piano di sotto. No, dopotutto (*in the end*) preferisco la mansarda.

SIMONETTA: Per me non c'è problema: _____[6] piano va bene. L'importante è trovare

_____[7]!

B. Mini-dialoghi. Completa i dialoghetti con le espressioni adeguate.

Possibilità: ci, comprarmi, incartarmela, me ne, ne, parlagliene

1. GIOVANNA: Non ho ancora parlato a Paolo del nostro progetto.

   SILVANA: Ma cosa aspetti? _____ stasera!

2. COMMESSO: Questa camicia, è per un regalo?

   CLIENTE: Sì, può _____?

3. LINA: Sei già andata al mercato oggi?

   FRANCA: No, _____ vado più tardi; vuoi venire con me?

4. NINA: Se vai alla bancarella del formaggio, puoi _____ del provolone?

   GIANNI: Di quanto _____ hai bisogno?

5. ANNA: Guarda che bei pantaloni in vetrina!

   DONATO: Belli veramente! _____ compro un paio.

C. Tutti, ognuno. Riscrivi le seguenti frasi. Cambia **tutto** ad **ogni, ogni cosa** o **ognuno.**

ESEMPIO: Tutti hanno trovato una stanza. → Ognuno ha trovato una stanza.

1. Guardiamo la TV tutte le sere.

   _____

2. Mi hanno raccontato tutto.

   _____

3. Tutti gli inquilini hanno pagato l'affitto.

_____

4. Tutti hanno visto l'appartamento.

_____

5. Vado all'università tutti i giorni, anche il sabato.

_____

6. Hanno perso tutto durante (*during*) la guerra.

_____

7. Perché ti fermi davanti a tutte le vetrine (*shop windows*)?

_____

D. Parlane! Incoraggia Marisa a fare le seguenti cose. Segui l'esempio.

ESEMPIO: Non mangi frutta? → Mangiane!

1. Non compri libri? _____

2. Non scrivi lettere?_____

3. Non leggi riviste? _____

4. Non bevi latte? _____

E. Dategliele subito! I tuoi amici devono ancora fare molte cose. Dagli una mossa (*Get them started*).
Segui l'esempio.

ESEMPIO: Non avete dato le chiavi a Giuseppe? → Dategliele subito!

1. Non avete riportato i libri al professore? _____

2. Non avete dato il numero a Gilda?_____

3. Non avete spiegato la lezione agli studenti? _____

4. Non avete parlato della spesa a Carlo? _____

F. Un seminario. Il professore Di Franco è appena tornato da un seminario di un antropologo famoso.
Utilizza i suoi appunti, dati qui sotto, per scrivere una breve relazione su ciò che si è fatto.

ESEMPIO: discutere sulle origini dell'uomo → Si è discusso sulle origini dell'uomo.

1. fare confronti costruttivi

_____

2. distruggere (*to destroy, p.p.* **distrutto**) dei miti

_____

3. criticare l'atteggiamento (*attitude*) di alcuni

_____

4. lamentarsi dei pregiudizi di molti

_____

5. studiare le usanze (*customs*) di alcuni popoli

_____

6. rintracciare (*to trace*) le radici (*roots*) di una famiglia di immigrati

_____

G. Traduzioni. Traduci in italiano.

1. s1: English pronunciation is difficult. I'll never learn it!
   s2: But Miss Duranti, you already speak English very well.
2. Nobody likes a person who brings bad news.
3. Ask me no questions and I'll tell you no lies.
4. Everybody loves somebody sometime.

13

È finita la benzina!

Lezione 1: Vocabolario

A. Da abbinare. Abbina le espressioni della colonna A con le parole e le frasi della colonna B.

A

1. _____ l'inquinamento
2. _____ i rifiuti
3. _____ l'autostrada
4. _____ la benzina verde
5. _____ il divieto di sosta
6. _____ il limite di velocità
7. _____ il segnale
8. _____ le gomme

B

a. l'indicazione, l'avviso
b. gli pneumatici
c. se lo superiamo prendiamo la multa
d. se ci parcheggiamo prendiamo la multa
e. troppo spesso li scarichiamo invece di riciclarli
f. è un problema ecologico serio
g. la benzina senza piombo (*lead*)
h. gli automobilisti possono guidare più velocemente su questa strada

❖ **B. Cosa non va?** Trova la parola che, secondo te, ha poco in comune con le altre. Poi scrivi una frase usando questa parola in un contesto logico.

ESEMPIO: il distributore di benzina, (il riciclaggio) i mezzi di trasporto →

Il riciclaggio della plastica, della carta e del vetro è molto importante per la protezione dell'ambiente.

1. l'effetto serra, la fascia di ozono, la targa

   _____

2. inquinare, depurare, il limite di velocità

   _____

3. i rifiuti, la patente, scaricare

   _____

4. la protezione dell'ambiente, ecologico, guidare

   _____

C. Guidare, parcheggiare. Guarda il disegno e scrivi cosa fanno le persone rappresentate. I numeri nel disegno corrispondono ai numeri delle frasi.

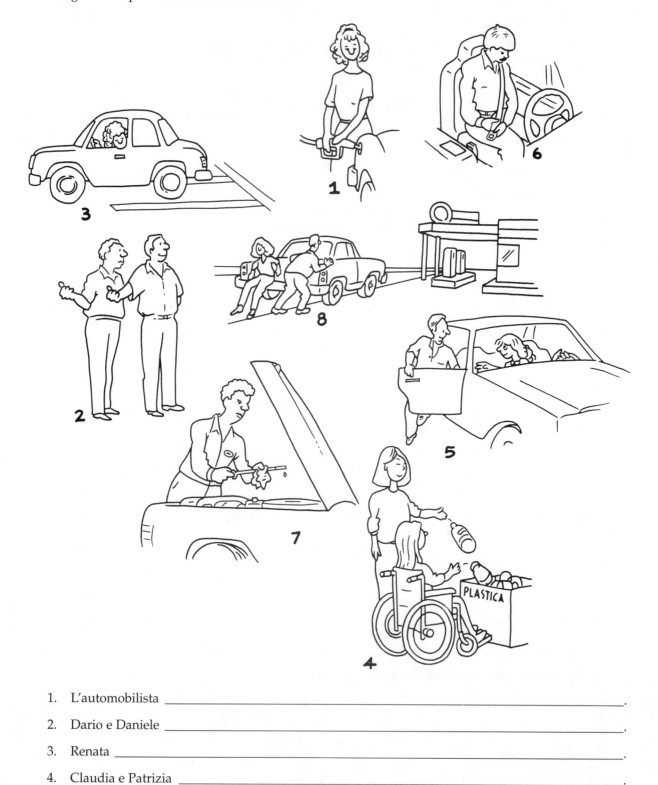

1. L'automobilista _____.

2. Dario e Daniele _____.

3. Renata _____.

4. Claudia e Patrizia _____.

5. Pina _____ a Giorgio.

6. Il signor Ronconi _____.

7. Il meccanico _____.

8. Graziano e Lara _____ senza benzina!

—Non hai rispettato il cartello!

D. Il traffico e l'ambiente. Sentirai, per due volte, sei definizioni riguardo al traffico e cinque definizioni riguardo all'ambiente e dovrai identificare i termini a cui si riferiscono. Scrivi le risposte nella colonna giusta. Controlla le tue risposte con le soluzioni date in fondo al libro.

> l'effetto serra,
> la fascia d'ozono, le gomme,
> l'inquinamento, i mezzi di
> trasporto, la patente, il pieno di
> benzina, il riciclaggio, i rifiuti,
> la targa, il vigile

IL TRAFFICO	L'AMBIENTE
1. _____	1. _____
2. _____	2. _____
3. _____	3. _____
4. _____	4. _____
5. _____	5. _____
6. _____	

A. Condizionale presente

A. Cosa faresti per non guidare? Un tuo amico ti chiede cosa saresti disposto/disposta (*willing*) a fare per evitare di guidare. Scrivi le sue domande e le tue risposte personali.

> ESEMPIO: uscire sempre a piedi →
> s1: Usciresti sempre a piedi?
> s2: Sì, uscirei sempre a piedi. (No, non uscirei sempre a piedi.)

1. vendere la tua macchina

   s1: _____

   s2: _____

2. fare l'autostop tutte le mattine

   s1: _____

   s2: _____

3. chiedere un passaggio a un amico

   s1: _____

   s2: _____

4. prendere l'autobus tutti i giorni

   s1: _____

   s2: _____

5. andare a lavorare a piedi

   s1: _____

   s2: _____

6. comprare un motorino o una bicicletta

   s1: _____

   s2: _____

❖ **B. Non mi stancherei mai di** (*I would never get tired of*)... Segui il modello del fumetto e scrivi quattro frasi sulle cose che tu o altre persone non vi stanchereste mai di fare.

1. io

   _____

   _____

   _____

   _____

—Giuro[a] che non mi stancherei   [a]*I swear*
mai di starti vicino!

2. il mio compagno / la mia compagna di camera

_____

_____

3. i miei genitori

_____

_____

4. l'insegnante d'italiano

_____

_____

C. Un passaggio. Sentirai un dialogo dal tuo testo due volte. La prima volta, ascolta attentamente. La seconda volta, completa il dialogo con le parole che mancano. Controlla le tue risposte con le soluzioni date in fondo al libro.

SANDRO: Pronto, Paola? Senti, oggi sono senza macchina. È dal meccanico

per un controllo. Mi _____[1] un passaggio per andare in

ufficio?

PAOLA: Ma certo! A che ora devo venire a prenderti? Va bene alle otto e un

quarto?

SANDRO: Non _____[2] possibile un po' prima: diciamo alle otto? Mi

_____[3] un vero piacere! Devo essere al lavoro alle otto e mezzo.

PAOLA: Va bene, ci vediamo giù al portone alle otto.

D. Qualcosa da bere? Quando Paola ti offre da bere, rispondi per te e per i tuoi amici che preferireste la bibita suggerita. Ripeti la risposta.

ESEMPIO: *Senti:* Vuoi una birra?
          Leggi: un'aranciata
          Dici: No, grazie, preferirei un'aranciata.

1. una cioccolata
2. una Coca-Cola
3. una limonata
4. un'acqua naturale
5. un tè freddo

E. Con un milione di dollari... Cosa farebbero le seguenti persone con un milione di dollari? Rispondi secondo i suggerimenti. Ripeti la risposta.

ESEMPIO: *Senti:* i signori Colombi
          Leggi: fare il giro del mondo
          Dici: Farebbero il giro del mondo.

1. comprare uno yacht
2. aiutare i poveri
3. andare a vivere alle Hawaii
4. scrivere il tuo romanzo
5. dare i soldi ai sieropositivi (*people who are HIV-positive*)

B. **Dovere, potere** e **volere** al condizionale

A. Dovresti aiutarmi... Qualche volta non va bene dire le cose in modo troppo deciso. Riscrivi le seguenti frasi al condizionale.

ESEMPIO: Puoi darmi un passaggio? → Potresti darmi un passaggio?

1.   Dobbiamo allacciare le cinture di sicurezza.

_____

2.   Voglio fare il pieno.

_____

3.   Potete parcheggiare qui?

_____

4.   Scusi, può controllare l'olio?

_____

5.   Dovete pagare prima di fare benzina.

_____

6.   Vogliamo guidare il meno possibile.

_____

B. Potrebbe? In una situazione particolare, cosa diresti? Segui l'esempio del fumetto e fai, per ognuna delle seguenti situazioni, una domanda con **potere** al condizionale.

—Sono scappato di[a] casa: potrebbe indicarmi una meta?

[a]Sono... *I ran away from*

1.   Non riesci a trovare il Centro per la protezione dell'ambiente. Fermi un vigile e domandi:

_____

2.   Vuoi comprare un orologio nuovo. Ce n'è uno che ti piace nella vetrina di una gioielleria (*jeweler's shop*). Entri nel negozio e dici:

_____

3.   Sei seduto/seduta al tavolino di un caffè. Non c'è zucchero sul tavolo. Chiami il cameriere e dici:

_____

❖ **C. Brevi pensieri.** Rispondi alle seguenti domande secondo le tue esperienze personali.

1. Che cosa dovresti fare per contribuire a proteggere l'ambiente?

_____

2. Che cosa potresti fare per avere più tempo da dedicare alle questioni sociali?

_____

3. Che cosa vorresti fare quest'anno che non hai potuto fare l'anno scorso?

_____

D. Vorrei andare in vacanza. Sentirai un dialogo due volte. La prima volta, ascolta attentamente. La seconda volta, il dialogo verrà ripetuto con le pause per la ripetizione.

Espressioni utili:

essere esaurito	*to be exhausted*
farti dare	*to have (someone) give you*

TOMMASO: Vorrei andare in vacanza, sono già esaurito dopo una settimana di scuola!

STEFANIA: Guarda che lo potresti fare: basta chiamare il medico e farti dare qualche giorno di riposo per stress!

TOMMASO: Eh sì, sarebbe bello, ma poi dovrei studiare di più per recuperare il tempo perduto!

E. Consigli. Daniele ti racconta delle cattive abitudini di tutti. Rispondi che dovrebbero fare o non fare le seguenti cose. Ripeti la risposta.

ESEMPIO: *Senti:* Bianca beve troppo.
Dici: Non dovrebbe bere troppo.

1. ... 2. ... 3. ... 4. ... 5. ... 6. ...

—Non dovresti giocare a poker se non sai controllare le tue emozioni...

F. L'esperto di trasporti. Sai tutto riguardo al viaggiare con la macchina. Quando i tuoi amici ti raccontano i loro problemi, proponi delle soluzioni, secondo i suggerimenti. Ripeti la risposta.

ESEMPIO: *Senti:* Sono quasi rimasta senza benzina.
Leggi: fare il pieno più spesso
Dici: Potresti fare il pieno più spesso!

1. chiedere un passaggio a Laura
2. rispettare i segnali
3. usare la benzina super
4. controllare l'olio
5. andare in bici

C. Condizionale passato

A. Io pensavo... Rimani sorpreso/sorpresa delle scelte di alcune persone. Di' che pensavi che avrebbero fatto altre cose, secondo i suggerimenti.

> ESEMPIO: Studierà recitazione.   (musica) → Io invece pensavo che avrebbe studiato musica.

1. Suonerà il flauto.   (la batteria)

   _____

2. Studierete all'Università di Bologna.   (all'Università di Roma)

   _____

3. Si metteranno un vestito lungo.   (i jeans)

   _____

4. Diventerai cantautrice.   (cantante d'opera)

   _____

5. Passerà due settimane a Parigi.   (a Roma)

   _____

6. Andrai all'opera.   (a teatro)

   _____

❖ **B. Ripensamenti** (*Second thoughts*). Roberta è una persona impulsiva e rimpiange (*regrets*) sempre le sue decisioni. Completa le sue frasi. Segui l'esempio.

> ESEMPIO: Ho imparato a suonare il piano; *avrei preferito imparare a suonare la chitarra.*

1. Ho studiato arte drammatica; _____

   _____

2. Sono andata al Festival di Spoleto; _____

   _____

3. Ho messo in scena una tragedia; _____

   _____

4. Ho preso l'aereo; _____

   _____

5. Sono ritornata a casa a mezzanotte; _____

   _____

6. Sono partita alle quattro di mattina; _____

   _____

❖ **C. Che cosa avresti fatto tu?** Cosa hanno fatto le seguenti persone? Cosa avresti fatto tu al posto loro (*in their shoes*)?

1. Era la settimana degli esami. Giuseppina era a casa e studiava. Le ha telefonato una sua amica per invitarla ad andare con lei a un concerto di musica rock. Cosa ha fatto Giuseppina? Cosa avresti fatto tu? Avresti accettato o saresti restato/restata a casa a studiare?

   _____

   _____

2. Osvaldo aveva trovato un lavoro per l'estate: avrebbe fatto il cameriere in un ristorante chic. Ha saputo che suo cugino Leo aveva intenzione di fare il giro d'Europa in motocicletta e che cercava un compagno. Cosa ha fatto Osvaldo? Cosa avresti fatto tu?

   _____

   _____

3. Antonella è al ristorante coi suoi genitori. Ha mangiato molto e ora vuole solo un po' di frutta. Il cameriere porta in tavola una torta di cioccolato offerta dalla casa. Cosa ha fatto Antonella? Cosa avresti fatto tu?

   _____

   _____

D. Avrei dovuto fare... Sentirai un dialogo dal tuo testo due volte. La prima volta, ascolta attentamente. La seconda volta, completa il dialogo con le parole che mancano. Controlla le tue risposte con le soluzioni date in fondo al libro.

IL CARABINIERE: Signore, Lei sa che faceva 90 chilometri all'ora? Il limite è 50 in questa zona.

IL SIGNORE: Sì, lo so. Chiedo scusa. Ho fretta perché mia moglie sta per partorire. _____ _____ [1] essere in ospedale mezz'ora fa, ma ho incontrato un ingorgo (*traffic jam*) enorme e sono stato fermo per venti minuti.

IL CARABINIERE: Lei sa che ha una freccia che non funziona?

IL SIGNORE: Sì, lo so. È colpa mia. _____ _____ [2] portare la macchina dal meccanico ieri, ma mio figlio si è rotto il braccio e l'ho dovuto portare all'ospedale.

IL CARABINIERE: Com'è che non ha la targa?

IL SIGNORE: Ho comprato la macchina la settimana scorsa. _____ _____ [3] la targa subito, ma il mio cane è morto e ho dovuto organizzare il funerale.

IL CARABINIERE: Beh, dovrei farLe la multa, ma visto che ha avuto tante tragedie in questi giorni, lascio perdere. Buona giornata. L'accompagno all'ospedale da Sua moglie.

E. Del senno di poi (*With hindsight*)**...** Di' cosa avrebbero dovuto fare prima le seguenti persone, secondo i suggerimenti. Ripeti la risposta.

> ESEMPIO: *Senti:* Laura è arrivata in ritardo.
> *Leggi:* alzarsi
> *Dici:* Laura avrebbe dovuto alzarsi prima.

1. prenotare   4. prendere
2. arrivare   5. tornare
3. mangiare   6. decidere

F. Tutti al mare! Tutti avevano programmato di studiare questo weekend... prima di sapere della festa al mare di Maurizio. Di' cosa hanno detto tutti, secondo i suggerimenti. Ripeti la risposta.

> ESEMPIO: *Senti:* Maria
> *Dici:* Ha detto che avrebbe studiato.

1. ...   2. ...   3. ...   4. ...   5. ...   6. ...

D. Pronomi possessivi

A. Il nostro è quello. Rispondi alle seguenti domande con le forme adeguate del pronome **quello.**

> ESEMPIO: Ecco il nostro tavolino! Dov'è il vostro? → Il nostro è quello.

1. Ecco la nostra macchina! Dov'è la vostra?

   _____

2. Ecco le nostre chiavi! Dove sono le vostre?

   _____

3. Ecco i nostri posti! Dove sono i vostri?

   _____

4. Ecco il nostro regalo! Dov'è il vostro?

   _____

5. Ecco nostro figlio! Dov'è il vostro?

   _____

B. La tua com'è? Sei stato/stata appena presentato/presentata a Stefano e gli racconti della tua vita. Chiedigli anche com'è la sua vita.

> ESEMPIO: La mia casa è piccola. → La tua com'è?

1. La mia famiglia è numerosa. _____

2. Il mio lavoro è interessante. _____

3. Le mie amiche sono simpatiche. _____

4. Mio fratello è allegro. _____

5. Mia sorella è molto attiva. _____

6. I miei compagni di camera sono pigri. _____

PROVERBI E MODI DI DIRE

A ciascuno il suo.
To each his own.

 C. La mia macchina e la tua. Sentirai un dialogo dal tuo testo. Sentirai il dialogo due volte. La prima volta, ascolta attentamente. La seconda volta, il dialogo verrà ripetuto con le pause per la ripetizione.

DANIELE: La mia macchina è una Ferrari; è velocissima. Com'è la tua?

ANTONIO: La mia è un po' vecchia, ma funziona.

DANIELE: La mia bici è una Bianchi. Che marca è la tua?

ANTONIO: Ma, non lo so. È una bici qualsiasi.

DANIELE: I miei vestiti sono tutti Armani. Che vestiti compri tu?

ANTONIO: I miei non sono di marche famose. Li compro più che altro al mercato.

DANIELE: Mi piacciono solamente le cose di qualità.

ANTONIO: Io ho i gusti semplici e non ho tanti soldi da spendere.

D. Una macchina economica... Sentirai un dialogo tra Aldo e Carlo due volte. La prima volta, ascolta attentamente. La seconda volta, completa il dialogo con le parole che mancano. Controlla le tue risposte con le soluzioni date in fondo al libro.

ALDO: La _____[1] macchina è una Ferrari, è velocissima, com'è la _____[2]?

CARLO: La _____[3] è un po' vecchia e funziona male. Ma come te la puoi permettere una Ferrari, consuma tanta benzina!

ALDO: La prendo solo per le grandi occasioni, altrimenti uso la macchina di _____[4] moglie.

CARLO: E cos'è la _____[5]?

ALDO: La sua è una Fiat del 1997, viaggia bene e risparmia più della _____[6]...

CARLO: Eh, ci credo!

 E. Curiosità. Sei ad una festa dove non conosci nessuno. Dovrai cercare di fare due chiacchiere, su qualsiasi argomento (*topic*), secondo i suggerimenti. Ripeti la risposta.

ESEMPIO: *Leggi:* La mia macchina è targata Roma.
Senti: Lei
Dici: La mia è targata Roma, e la Sua?

1. Il mio lavoro è interessante.
2. Nostro zio abita con noi.
3. Le mie nonne abitano a Roma.
4. La mia lavatrice non funziona.
5. I miei figli vanno a scuola.
6. Nostra sorella è sposata.

✿ Pronuncia: The Sounds of the Letter *d*

In Italian, the letter **d** is pronounced like the **d** in the English word *tide*. Unlike the English **d**, however, the Italian **d** is always clearly articulated, regardless of position.

A. *D.* Listen carefully to these English and Italian words, then repeat the Italian words. Listen and repeat.

1. ditto / dito
2. day / dei
3. grandma / grande
4. modern / moderno
5. wedding / vedi

B. *D e doppia d.* Compare and contrast the single and double sound of **d.** Listen and repeat.

1. Ada / Adda
2. cade / cadde
3. fede / Edda
4. cadi / caddi
5. idea / Iddio

C. Parliamo italiano! Listen and repeat.

1. Avete deciso dove andare questa domenica?
2. Fa freddo in dicembre?
3. Dammi i soldi che ti ho dato!
4. Non devi dare del tu a tutti.
5. Dieci più dodici fa ventidue.
6. Non so cosa dovrei dire al dottore.

Lettura

La patente in Italia

In Italia, per prendere la patente di guida bisogna avere diciotto anni. Di solito si va a «scuola-guida» dove si fanno lezioni di teoria e si inizia subito a guidare con una macchina speciale che ha i comandi anche dalla parte dell'istruttore. Così chi non sa guidare non causa incidenti, perché il controllo è comunque[a] mantenuto[b] dall'istruttore.

    Quando si inizia a guidare viene dato al guidatore un foglio chiamato «foglio rosa», un permesso provvisorio[c] di guida. Con quel permesso è possibile fare pratica con la propria macchina. Freno,[d] frizione,[e] acceleratore, cambio:[f] è tutto quello che c'è da imparare ma non è facilissimo. In Italia le macchine automatiche praticamente non esistono e guidare nel traffico intenso delle città italiane è una sfida.[g]

    Per avere la patente è necessario passare un esame di guida. C'è prima lo scritto (riconoscere i segnali stradali e rispondere a domande sul traffico, sulle regole della strada e sul motore) e poi la prova pratica (guidare per circa venti minuti). Quando si guida per l'esame, mettere la cintura, fermarsi agli stop, stare attenti ai segnali e parcheggiare in parallelo sono elementi importanti. Passare l'esame non è tanto difficile, ma è anche facile commettere[h] errori che non vengono perdonati.[i] Guidare nelle grandi città italiane è comunque molto simile a guidare nelle metropoli americane: guida aggressiva, un po' caotica, e grandi file[j] a tutte le ore del giorno...

[a]*in any case*
[b]*maintained*

[c]*permesso... temporary permit* / [d]*Brake* / [e]*clutch* / [f]*gearshift*

[g]*challenge*

[h]*to make*
[i]*non... are inexcusable*

[j]*traffic jams*

1. Quando si prende la patente in Italia?

   _____

2. Cosa è necessario fare per prendere la patente?

   _____

3. Cos'è il «foglio rosa»?

   _____

❖ 4. Hai la patente? Secondo quello che dice il testo, ci sono differenze tra il sistema in questo paese e
     quello italiano?

   _____

❖ 5. Quali sono le regole più importanti di rispettare nella guida in questo paese?

   _____

Ed ora ascoltiamo!

Sentirai tre dialoghi seguiti da due domande. Puoi ascoltare ogni dialogo quante volte vuoi. Poi dovrai
scegliere la risposta giusta a ciascuna domanda.

Dialogo 1

1. a. alle sette   b. alle otto
2. a. la mattina   b. il pomeriggio

Dialogo 2

1. a. Massimo è andato al cinema.
   b. Massimo è uscito con la sua fidanzata.
2. a. Patrizia non è andata a sedere in prima fila.
   b. Patrizia avrebbe voluto sedere in prima fila.

Dialogo 3

1. a. I biglietti saranno in vendita tra un mese.
   b. I biglietti avrebbero dovuto essere comprati già da un po' di tempo.
2. a. I biglietti si potrebbero avere pagando di più.
   b. I biglietti non sono più sul mercato.

Un po' di scrittura

❖ **Pensiamo all'ambiente!** Quali sono i problemi ecologici più importanti di oggi? Secondo te, esagerano
quelli che dicono che la terra (*earth*) è in serio pericolo? Scrivi una pagina su questo argomento. Scrivi su
un tuo foglio.

ESEMPIO: Secondo me, i problemi ecologici più importanti sono l'inquinamento dell'acqua e la
distruzione delle foreste vergini...

✿ Dettato

Sentirai un breve dettato tre volte. La prima volta, ascolta attentamente. La seconda volta, il dettato verrà letto con pause tra le frasi. Scrivi quello che senti. La terza volta, correggi quello che hai scritto. Scrivi sulle righe date. Controlla il tuo dettato con le soluzioni date in fondo al libro.

Enrico, Aldo e Paola _____

_____

_____

_____

_____

_____

_____

_____

_____

_____

_____

Attualità

A. Interamente riciclabile! Leggi il breve articolo nella prossima pagina e cerca di capirne il senso generale. Poi rispondi alle seguenti domande.

1. Qual è la compagnia che ha creato *Jim Nature*?

_____

_____

2. Qual è la caratteristica più importante di questo nuovo televisore?

_____

_____

3. Costa molto?

_____

_____

❖ 4. Conosci altri prodotti interamente riciclabili?

_____

_____

ECOLOGIA

Arriva il televisore riciclabile

È totalmente ecologico ed è fatto apposta per piacere ai ragazzi. Si chiama «Jim Nature» ed è l'ultima Tv creata dalla Saba. È un televisore con schermo 14 pollici a colori e ha due caratteristiche che lo rendono unico: l'estetica accattivante «anni 50», tanto di moda in questo periodo, e l'uso di materiali (come il legno, la colla priva di formalina e la vernice ad acqua) interamente riciclabili, per la gioia di chi non vuole avere sulla coscienza un rifiuto inquinante. Il prezzo è tutto sommato ragionevole: il Saba «Jim Nature» viene venduto a 350 euro circa.

«Jim Nature», il nuovissimo televisore «verde» della Saba.

❖ **B. Cerchiamo di capire!** Adesso cerca di capire il significato delle espressioni in corsivo. I primi esempi sono presi dal testo, gli altri due ti aiuteranno a capire il significato dell'espressione. Scrivi poi una tua frase usando la stessa espressione.

1. (Questo televisore) è fatto *apposta* per piacere ai ragazzi.
   Scusami! Non l'ho fatto *apposta*!
   Ho comprato questo regalo *apposta* per te.

   _____

2. (Questo televisore è fatto) per la gioia di chi non vuole *avere sulla coscienza* un rifiuto inquinante.
   Non puoi venire con me! È troppo pericoloso! Non voglio *averti sulla coscienza*!
   Se non passo questo esame, *avrai* sempre *sulla coscienza* il fatto di non avermi aiutato!

   _____

3. Il prezzo è *tutto sommato* ragionevole.
   Devo ammettere che, *tutto sommato*, hai ragione.
   Tutto sommato, non è una grande perdita (*loss*).

   _____

14

*Uno spettacolo
da non perdere!*

Lezione 1: Vocabolario

A. Vero o falso? Se è falso, correggi!

ESEMPIO: Il / La musicista scrive poesie. → Falso; il/la musicista scrive musica.

1.   Il/La regista mette in (*sets to*) musica opere.

   _____

2.   Il cantautore / La cantautrice dirige un'orchestra.

   _____

3.   Il compositore / La compositrice scrive commedie.

   _____

4.   Il baritono e il basso sono voci femminili.

   _____

5.   **Musica leggera** è un sinonimo di **musica classica**.

   _____

6.   La soprano e il tenore cantano nel melodramma.

   _____

7.   La prima è l'ultima rappresentazione teatrale della stagione.

   _____

8.   Quando il pubblico è soddisfatto fischia.

   _____

B.   La parola giusta. Completa le frasi con le forme adatte delle seguenti espressioni: **l'autrice,
il balletto, la canzone, dilettante, mettere in scena, la tragedia**.

1.   Il regista Giorgio Strehler ha _____ molte rappresentazioni teatrali.

2.   Sono una cantante _____; non sono una cantante di professione.

3.   Stasera andiamo a vedere l'*Edipo Re,* una _____ greca.

4.   Valentina ama _____. Adesso studia danza perché vuole diventare ballerina.

5.   Chi è _____ di questa commedia?

6.   Le _____ di Andrea Bocelli sono molto popolari negli Stati Uniti.

C. Fuori posto. Trova l'espressione che sembra fuori posto e spiega perché.

ESEMPIO: la tragedia, il baritono, la commedia →
Il baritono è l'espressione fuori luogo perché non è una rappresentazione teatrale.

1. il palcoscenico, l'orchestra, recitare

_____

2. allestire uno spettacolo, fischiare, applaudire

_____

3. l'aria, lirico, il cantautore

_____

D. Enrico, il musicista. Sentirai un dialogo dal tuo testo due volte. La prima volta, ascolta attentamente. La seconda volta, completa il dialogo con le parole che mancano. Controlla le tue risposte con le soluzioni date in fondo al libro.

SIGNOR CECCHI: Con chi esci stasera?

CATERINA: Con Enrico. È un _____^{1} di professione.
Vedrai, ti piacerà.

SIGNOR CECCHI: Non vedo l'ora di incontrarlo! Lo potrei invitare a
venire all'_____^{2} con me...

CATERINA: Beh, papà, Enrico non è un tipo da vestirsi elegante per andare ai _____^{3} o
all'opera...

SIGNOR CECCHI: E perché no?

CATERINA: A lui piacciono il _____^{4} e la musica alternativa. Non so se gli piace
l'opera...

SIGNOR CECCHI: Ah sì? Suona per caso il _____^{5}? Ha i capelli lunghi?

CATERINA: Ma sì. Lo conosci per caso?

SIGNOR CECCHI: No. Ma te l'ho chiesto perché, a dire il vero ero così anch'io da giovane! Ma
l'_____^{6} comunque mi piaceva!

E. Indovinelli. Sentirai, per due volte, otto indovinelli. Indovina la parola dello spettacolo alla quale (*to which*) ogni frase si riferisce. Scrivi il numero corrispondente alla parola e di' la risposta. Ripeti la risposta.

ESEMPIO: *Senti:* È la voce femminile più alta.
Segna: 1
Dici: La soprano

_____ l'autore, l'autrice

_____ il basso   _____ il coro

_____ il musical

_____ il regista, la regista   _____ l'opera

_____ il direttore   _____ la prima

_1_ il soprano, la soprano

F. Musica e teatro. Guarda i disegni e rispondi alle domande che senti. Ripeti la risposta.

ESEMPIO: *Senti:* Nina e Franco guardano una commedia
o una tragedia?
Dici: Guardano una tragedia.

1.

2.

3.

4.

5.

G. Domande personali. Rispondi alle seguenti domande personali. Scrivi sulle righe date.

1. _____

_____

2. _____

_____

3. _____

_____

4. _____

_____

5. _____

_____

A. Pronomi relativi

A. *Che* o *cui*? Completa le frasi con **che** o **cui.**

1. Chi è il regista _____ ha allestito questo spettacolo?

2. Il ragazzo con _____ esce Gianna è attore.

3. Non ho capito la ragione per _____ hanno fischiato.

4. Non sono d'accordo con quello _____ mi hai detto del concerto di Luciano Pavarotti.

5. Vi è piaciuta la commedia _____ avete visto ieri sera?

6. La signora a _____ ti ho presentato è una cantante bravissima.

7. Qual è l'opera da _____ viene l'aria «La donna è mobile»?

8. L'attrice _____ preferisco è Valeria Golino.

B. Qual è? Ad Antonio piace sapere tutto quello che fanno o pensano i suoi amici. Scrivi le domande che Antonio fa quando sente le seguenti informazioni. Comincia ogni domanda con **Qual è...**

ESEMPIO: Ha parlato con un regista. → Qual è il regista con cui ha parlato?

1. Ero innamorato di una studentessa del mio corso.

   _____

2. Pensiamo a una canzone.

   _____

3. Lavoreranno per una musicista.

   _____

4. Ho sentito parlare di uno scittore.

   _____

5. Abbiamo bisogno di un libro.

   _____

6. Dovrebbe rispondere a una lettera.

   _____

7. Uscirò con una compositrice.

   _____

Proverbi e modi di dire

Cane che abbaia non morde.
A dog that barks doesn't bite.

C. A cui, di cui... Completa i dialoghetti con **cui,** con o senza la preposizione.

1. s1: È questo il libretto _____ ha bisogno?

   s2: Sì, grazie. Non dimenticherò mai l'estate _____ ho visto quest'opera per la prima

   volta.

2. s1: Gianna, chi è il ragazzo _____ dai lezioni di piano?

   s2: Quello _____ frequento il corso di recitazione.

3. s1: Dai, Sergio, dimmi la ragione _____ sei tanto distratto!

   s2: Pensavo a quella musicista _____ ho parlato ieri sera...

D. Il ragazzo che non conosco. Sentirai un dialogo dal tuo testo.
Sentirai il dialogo due volte. La prima volta, ascolta attentamente. La seconda volta, il dialogo verrà ripetuto con le pause
per la ripetizione.

ANTONIO: Conosci quel ragazzo?
BRUNO: No, non lo conosco. È il ragazzo con cui è uscita ieri
Roberta?
ANTONIO: No.
BRUNO: È il ragazzo di cui è innamorata Gianna?
ANTONIO: No.
BRUNO: Allora, chi è?
ANTONIO: Tu, ovviamente, non ti intendi di musica pop. Lui è il
cantautore Eros Ramazzotti di cui tutti parlano!
BRUNO: Oh! Allora, andiamo a parlargli!

E. Benvenuta! È appena arrivata alla stazione una tua amica. Indica le varie cose della tua città che
vedete mentre l'accompagni a casa. Segui i suggerimenti. Ripeti la risposta.

ESEMPIO: *Senti:* Vado in quella palestra.
Dici: Quella è la palestra in cui vado.

1. ...   2. ...   3. ...   4. ...   5. ...

F. Festival. Parla del festival estivo dello spettacolo, secondo i suggerimenti. Usa **che** per legare le due
frasi. Ripeti la risposta.

ESEMPIO: *Leggi:* Il musicista suona stasera.
Senti: È famoso.
Dici: Il musicista che suona stasera è famoso.

1. La canzone ha vinto il festival.
2. Il tenore canta l'opera.
3. La regista ha messo in scena la commedia.
4. La soprano canta in tedesco.
5. L'attore recita nell'*Amleto.*

G. Non lo capisco! Simone è un tipo difficile da capire! Di' che non capisci tante cose riguardo a lui, secondo i suggerimenti. Ripeti la risposta.

> ESEMPIO: *Senti:*   dire
> *Dici:*   Non capisco quello che dice.

1. ...   2. ...   3. ...   4. ...

B. Chi

PROVERBI E MODI DI DIRE

Ride bene chi ride ultimo.
He who laughs last laughs best.

A. Chi sta attento, capisce! Sostituisci le parole in corsivo con **chi.** Fa' tutti gli altri cambiamenti necessari.

> ESEMPIO: *Quelli che* mangiano troppo ingrassano → Chi mangia troppo ingrassa.

1. *Quelli che* hanno studiato hanno fatto bene l'esame.

   _____

2. *La persona che* ha applaudito non ha capito niente.

   _____

3. I bambini non dovrebbero parlare con *le persone che* non conoscono.

   _____

4. Ad Elisabetta non piacciono *quelli che* cercano di attirare sempre l'attenzione.

   _____

5. *Quelli che* vanno nei ristoranti giapponesi amano mangiare il pesce crudo (*raw*).

   _____

6. *La persona che* suona il violino di professione è un/una violinista.

   _____

—Lo vedi cosa succede a chi continua a rosicchiarsi le unghie[a]?

[a]rosicchiarsi... *chew their nails*

B. **Di chi parli?** Completa con **chi,** con o senza una preposizione.

1. La professoressa ha dato un buon voto _____ ha fatto bene il compito di matematica.

2. _____ prende i libri dalla biblioteca, deve riportarceli.

3. Hai paura _____ non rispetta i limiti di velocità?

4. _____ hai telefonato?

5. A Marcello non piace uscire _____ beve troppo.

6. _____ dorme poco è molto nervoso.

7. La signora darà 50 euro _____ troverà il suo cane Fido.

8. _____ è il tenore italiano più famoso?

C. **Chi parla?** Sentirai un dialogo due volte. La prima volta, ascolta attentamente. La seconda volta, il dialogo verrà ripetuto con le pause per la ripetizione della parte della nonna.

NONNA: Chi parla?
SANDRA: Sono io, nonna!
NONNA: Chi?
SANDRA: Io, la tua nipote!
NONNA: E chi sei?
SANDRA: Come chi sono, quante nipoti hai?
NONNA: Mah, chissà, non si sa mai chi chiama al telefono e per quale motivo...
SANDRA: Ma la mia voce la riconosci?
NONNA: No.

D. **Generalità.** Trasforma le frasi che senti. Comincia la nuova frase con **Chi...,** secondo l'esempio. Ripeti la risposta.

ESEMPIO: *Senti:* Le persone che parlano troppo non sono simpatiche.
Dici: Chi parla troppo non è simpatico.

1. ... 2. ... 3. ... 4. ... 5. ...

E. **Chi?** Sentirai, per due volte, cinque definizioni. Dovrai scegliere la parola che viene descritta nella definizione.

ESEMPIO: *Senti:* Chi scrive e canta canzoni.

Leggi e segna: il basso (il cantautore)

1. a. il pittore   b. lo scultore

2. a. l'ascensore   b. le scale

3. a. l'autore   b. l'attore

4. a. il regista   b. il compositore

5. a. il frigo   b. il forno

C. Costruzioni con l'infinito

A. In ufficio. Completa le seguenti frasi con l'espressione corretta.

1. Preferisce _____ qualcuno con più esperienza.
   a. di assumere   b. assumere

2. È vietato (*prohibited*) _____ in ufficio.
   a. fumare   b. fumando

3. _____ un concorso non è facile.
   a. Vincendo   b. Vincere

4. Bisogna _____ all'annuncio immediatamente.
   a. rispondere   b. a rispondere

B. La preposizione corretta. Completa le battute con le preposizioni adeguate, quando necessario. (Se non ci vuole la preposizione, scrivi **X**.)

1. s1: Quando pensi _____ smettere _____ lavorare?

   s2: Ho intenzione _____ continuare _____ lavorare fino alla fine del mese; poi comincerò _____ stare a casa.

2. s1: Abbiamo paura _____ non ottenere tutto quello che abbiamo chiesto. Speriamo _____ ricevere almeno l'aumento.

   s2: Non dovete accettare _____ lavorare alle loro condizioni!

3. s1: Fermati _____ mangiare a casa mia stasera! Posso passare _____ prenderti al lavoro.

   s2: Stasera non posso; devo passare _____ salutare un mio vecchio collega.

4. s1: Non sono riuscita _____ finire _____ scrivere l'articolo.

   s2: Vuoi _____ fare sempre troppe cose! Devi _____ abituarti _____ lavorare di meno.

❖ **C. Un po' di fantasia.** Completa le frasi secondo le tue esperienze personali.

   ESEMPIO: Invece di... → Invece di cercare lavoro ho deciso di specializzarmi.

1. Dopo aver...

   _____

2. Dopo essermi...

   _____

3. Per imparare...

   _____

4. Prima di...

   _____

5. Non sono mai riuscito/riuscita a...

   _____

D. Trovare biglietti per un concerto. Sentirai un dialogo dal tuo testo seguito da tre frasi da completare. Sentirai il dialogo due volte. La prima volta, ascolta attentamente. La seconda volta, sottolinea i verbi all'infinito. Poi dovrai fermare la registrazione e completare le frasi. Controlla le tue risposte con le soluzioni date in fondo al libro.

MARCELLO: Ho sentito che ormai trovare biglietti per il concerto di Zucchero è impossibile. Ti sei ricordato di chiedere al tuo amico se conosce qualcuno che ha biglietti da vendere?

PIETRO: Oh no! Ho dimenticato!

MARCELLO: Non preoccuparti! Mi sono ricordato di cercarli io. Li ho comprati da mio cugino perché sapevo che avresti dimenticato.

1. Marcello dice che _____

   _____.

2. Pietro ha dimenticato di _____

   _____.

3. Marcello si è ricordato _____

   _____.

E. Propositi (*Intentions*) **e pensieri.** Quali sono i tuoi propositi? E i tuoi pensieri? Componi una frase sola, secondo i suggerimenti. Ripeti la risposta.

ESEMPIO: *Senti:* Ho paura: non voglio dimenticare l'appuntamento!
Leggi: dimenticare l'appuntamento
Dici: Ho paura di dimenticare l'appuntamento!

1. preparare la tavola
2. contare fino a cento in spagnolo
3. non mangiare più le caramelle
4. andare in vacanza
5. farmi male in cucina
6. ascoltare dischi

F. Alcune domande personali. Rispondi alle seguenti domande secondo le tue esperienze personali. Usa la costruzione con l'infinito.

ESEMPIO: *Senti:* Che cosa hai bisogno di fare?
Dici: Ho bisogno di fare più ginnastica.

1. ...   2. ...   3. ...   4. ...   5. ...

D. Nomi e aggettivi in -a

A. Risposte facili. Guarda i disegni e rispondi alle domande.

ESEMPIO:

È ottimista Marco? → No, è pessimista.

1. Chi sono?

_____

2. Sono delle artiste?

_____

3. Chi è?

_____

4. È pessimista Flavia?

_____

5. Chi è?

_____

B. **Femminili e maschili.** Cambia al maschile le seguenti espressioni.

ESEMPIO: quella poetessa pessimista → quel poeta pessimista

1. una ragazza ottimista _____
2. le professoresse comuniste _____
3. la famosa pianista _____
4. delle presentatrici entusiaste _____
5. le artiste interessanti _____
6. le peggiori turiste _____

C. **Plurali e singolari.** Riscrivi al singolare le seguenti espressioni plurali.

ESEMPIO: i migliori panorami → il migliore panorama

1. gli ultimi problemi _____
2. i papi stranieri _____
3. nei programmi comunisti _____
4. ai poeti originali _____
5. le registe italiane _____
6. i partiti socialisti _____

D. **Dal plurale al singolare.** Sentirai sei frasi al plurale. Cambia le frasi al singolare. Ripeti la risposta.

ESEMPIO: *Senti:* I programmi della televisione sono ripetitivi.
Dici: Il programma della televisione è ripetitivo.

1. ... 2. ... 3. ... 4. ... 5. ...

E. **Chi sono?** Sentirai, per due volte, cinque descrizioni di persone. Ascolta attentamente e di' chi sono le persone descritte. Ripeti la risposta.

ESEMPIO: *Senti:* È un signore che visita un paese straniero.
Dici: È un turista.

1. ... 2. ... 3. ... 4. ... 5. ...

F. **Domande personali.** Rispondi alle seguenti domande secondo le tue esperienze personali.

1. ... 2. ... 3. ... 4. ... 5. ...

Lettura

L'educazione musicale in Italia

Leggi il testo e poi rispondi alle domande.

L'Italia è considerata il paese del bel canto. E non perché c'è Andrea Bocelli che oggi è molto famoso, ma perché in Italia la musica ha una tradizione vecchia di secoli. Certo l'Italia ha sempre avuto cantanti lirici famosi come oggi Bocelli, Cecilia Bartoli e Luciano Pavarotti, e prima Enrico Caruso, Renata Tebaldi o Renata Scotto. Ma sono stati soprattutto i grandi compositori come Rossini, Bellini, Donizetti, Verdi, Puccini, Mascagni, fino al Giancarlo Menotti di oggi, fondatore del Festival dei Due Mondi, a fare dell'Italia la patria della musica.

Ogni estate, in tutta Italia, ci sono tantissime manifestazioni musicali conosciute in tutto il mondo, come il Maggio Musicale Fiorentino, Umbria Jazz (dove vanno a suonare tutti i grandi jazzisti, e Perugia diventa il centro del mondo jazz per un mese) o l'Arena di Verona con la sua stagione operistica, dove possono essere viste grandi opere come *Aida* e *Turandot*. E naturalmente, conosciuta in tutto il mondo è La Scala di Milano, il teatro dell'opera forse più importante del mondo.

Gli italiani, però, studiano poco la musica, e questo è davvero un paradosso per un paese che ama la musica così tanto. Gli italiani hanno lezione obbligatoria di musica solo quando hanno tra gli undici e i tredici anni, nella scuola media, poi la musica scompare[a] dal curriculum. Se si vuole studiare la musica, è necessario andare al Conservatorio, una vera scuola musicale. All'università la musica non si studia quasi mai. La musica si studia solo nei pochi DAMS (Dipartimenti di Arte, Musica e Spettacolo) che ci sono in Italia, il più famoso dei quali è quello di Bologna. Fa parte dei piani di studio delle facoltà di lettere, ma solo come storia della musica, non come pratica.

[a]*disappears*

1. Quali sono i maggiori compositori italiani d'opera?

    _____

    _____

2. Quali sono le manifestazioni musicali più importanti in Italia durante l'estate?

    _____

    _____

3. Qual è il paradosso della situazione musicale in Italia?

    _____

    _____

4. Dove viene studiata la musica in Italia?

    _____

    _____

🎧 Ed ora ascoltiamo!

Sentirai un dialogo tra Nicoletta e Elena in cui discutono sui loro gusti musicali, seguito da quattro frasi da completare. Puoi ascoltare il dialogo quante volte vuoi. Poi dovrai fermare la registrazione e completare le frasi, secondo il dialogo. Controlla le tue risposte con le soluzioni date in fondo al libro.

1. La canzone di Gino Paoli è _____ e ha più di _____ anni.

2. Gli strumenti che ci sono nelle canzoni preferite da Nicoletta sono, per esempio, _____

    _____ e _____ _____.

3. Elena preferisce invece le canzoni di Dalla, De Gregori e Guccini e _____ _____

    _____.

4. Nicoletta, in questa settimana, guarderà in televisione _____ _____ _____

    _____.

🎧 Un po' di scrittura

❖ **Una vita d'artista.** C'è una carriera nel campo teatrale o in quello musicale che avresti voluto intraprendere (*to pursue*)? Se sì, quale? Spiega il perché. Scrivi su un tuo foglio.

> ESEMPIO: Io avrei voluto fare la direttrice d'orchestra. Da piccola ho visto Leonard Bernstein alla televisione e da allora...

🎧 Dettato

Sentirai un breve dettato tre volte. La prima volta, ascolta attentamente. La seconda volta, il dettato verrà letto con pause tra le frasi. Scrivi quello che senti. La terza volta, correggi quello che hai scritto. Scrivi sulle righe date. Controlla il tuo dettato con le soluzioni date in fondo al libro.

Clark e Christie _____

_____

_____

_____

_____

_____

_____

_____

_____

_____

_____

Attualità

A. **Roma punta su Verdi.** Dai un'occhiata al programma della stagione operistica in Italia e impara i nomi dei maggiori teatri d'opera! Poi abbina il nome del teatro con la città in cui si trova (*it is located*).

Roma punta su Verdi e Napoli su Rossini

*O*ltre alla Scala, riaprono i maggiori teatri d'opera con una serie di proposte davvero valide e di gran qualità. Vediamole.

● **Bologna.** *Il «Comunale» ha in scena, fino al 15 dicembre, diretto da Riccardo Chailly, il* Trittico *di Puccini formato dai tre atti unici* Il tabarro, Suor Angelica *(questa, con un brano non più eseguito dal 1922, recuperato da Alfredo Mandelli e dallo stesso Chailly) e* Gianni Schicchi; *regia di Luìs Pascual (tel. 051/529999).*

● **Napoli.** *Il «San Carlo» rappresenta il* Mosè in Egitto *di Rossini (versione originaria del* Moïse *francese e del* Mosè *italiano) dal 10 al 22 dicembre; dirige Salvatore Accardo ancora una volta lasciando il violino, che lo rese celebre, per il podio in teatro; con le voci «rossiniane» Devìa e Blake; regia di De Ahna (tel. 081/417144).*

● **Torino.** *Il «Regio», dal 9 al 23 dicembre, dà* Il caso Makropoulos *di Janacek dal dramma di Capek con Raina Kabaivanska nella parte di una donna vissuta 300 anni (la stessa edizione si darà a Bologna in marzo). Tel. 011/8815209-383210.*

● **Catania.** *Il «Bellini», dal 3 al 14 dicembre, accoppia* La medium *di Menotti al* Castello di Barbablù *di Bartok (tel. 095/7150921).*

● **Trìeste.** *Il «Verdi» in Sala Tripcovich riapre con la celebre fiaba* Haensel & Gretel *di Umperdinck con Fiamma Izzo dal 10 al 22 dicembre (tel. 040/631948-62931).*

● **Roma.** Aida *di Verdi, all'«Opera», nella famosa messinscena Zeffirelli - Lilla De Nobili (tel. 06/461755).*

● **Genova.** *Il «Carlo Felice» inaugura con il* Don Giovanni *di Mozart, messinscena di Strehler, dal 9 al 21 dicembre (tel. 010/589329).*

---

1. _____ Trieste
2. _____ Genova
3. _____ Catania
4. _____ Roma
5. _____ Torino
6. _____ Napoli
7. _____ Bologna

a. il Regio
b. il Comunale
c. il San Carlo
d. il Bellini
e. il Carlo Felice
f. il Verdi
g. l'Opera

❖ B. **Parole in musica.** Scrivi una breve canzone in italiano. Oppure, se preferisci, traduci in italiano una strofa (*verse*) della tua canzone preferita.

Capitolo

15

Name _____

Date _____

Class _____

Chi fu Dante?

Lezione 1: Vocabolario

A. Chi sono? Che cosa fanno? Guarda il disegno e di' qual è la professione delle seguenti persone e che cosa fanno.

ESEMPIO:

Gabriella è ___*un'archeologa; fa uno scavo archeologico*___.

1. Paolo è _____

   _____

2. Giuliano è _____

   _____

3. Claudia è _____

   _____

4. Lina è _____

   _____

❖ **B. Il linguaggio della letteratura.** Scrivi cinque frasi che includono le seguenti paroli.

1. la citazione: _____

2. la relazione: _____

3. il riassunto: _____

4. il brano: _____

5. il/la protagonista: _____

C. Preferenze. Valerio e Giovanna discutono delle loro preferenze letterarie. Completa il dialogo con la forma adatta delle seguenti parole: **il capolavoro, la poesia, il poeta, il racconto, il romanzo, lo scrittore, la scrittrice.**

VALERIO: Io preferisco leggere _____[1] di venti o trenta pagine, non di più!

I _____[2] sono troppo lunghi per il mio carattere, non ho pazienza.

GIOVANNA: E le _____[3]? Di solito sono brevi e intense. Sono la mia lettura

preferita!

VALERIO: No, anche la rima non fa per me. La prosa è il mio genere.

GIOVANNA: C'è uno _____[4] o una _____[5] che

leggi più spesso?

VALERIO: Be', in questo momento sto leggendo Tabucchi e mi piace molto; poi rileggo spesso

Calvino... I suoi racconti sono affascinanti. E tu, invece?

GIOVANNA: Il mio _____[6] preferito è Leopardi. Certo, non è un poeta

contemporaneo, ma le sue poesie sono uniche. Sono dei _____[7]!

PROVERBI E MODI DI DIRE

Fermo come una statua.
Still as a statue.

D. Il linguaggio dell'arte. Guarda il giochetto e cerca di trovare le seguenti parole: **affrescare, archeologia, architettura, dipinto, mosaico, opera, paesaggio, pittura, quadro, restauro, rovine, ruderi.**

```
C A R O A D I P I N T O H
R L L O I G G A S E A P P
E N T E G R U D E R O N I
S O M M O S A I C O E R T
T E A R L A R C H E N G T
A R E P O I R E D U R O U
U S T R E L L E N I V O R
R A R C H I T E T T U R A
O S T R C C A N I N O B E
O S F E R A C S E R F F A
I N Q U A D R O T R I A N
```

E. Il Cenacolo di Leonardo. Sentirai un dialogo seguito da cinque domande. Sentirai il dialogo due volte. La prima volta, ascolta attentamente. La seconda volta, il dialogo verrà ripetuto con le pause per la ripetizione. Sentirai, per due volte, cinque domande e dovrai scrivere le risposte giuste alle domande. Controlla le tue risposte con le soluzioni date in fondo al libro.

FRANCO: Hai visto il *Cenacolo* di Leonardo dopo il restauro?

ROSSELLA: No, non ancora. Tu ci sei stato? Che ne dici?

FRANCO: Bellissimo! Ma ci ho messo più di un'ora per entrare, c'era una fila lunghissima, e tutta di italiani, questa volta...

ROSSELLA: Sorpreso? Aspettavi solo turisti? Anche gli italiani si interessano d'arte, cosa credi? Ma dimmi, com'era?

FRANCO: È certo un restauro che possiamo paragonare a quello della Cappella Sistina, anche se l'affresco è ancora molto rovinato e delle parti non ci sono più. Ma finalmente è visibile al pubblico, e rimane sempre un'opera d'arte molto suggestiva!

ROSSELLA: Proverò ad andarci questo fine settimana.

1. _____

2. _____

3. _____

4. _____

5. _____

F. Un capolavoro della letteratura italiana: Dante e la *Divina Commedia*. Sentirai una lettura su Dante due volte. La prima volta, ascolta attentamente. La seconda volta, completa la lettura con le parole che mancano. Controlla le tue risposte con le soluzioni date in fondo al libro. Ora ferma la registrazione, dai un'occhiata alla lettura e leggi la nota a piè di pagina (*footnote*).

Espressioni utili:

la salvezza	*salvation*
la simpatia	*liking*
essere dannato	*to be damned*

Non possiamo che cominciare a parlare di letteratura italiana con il nome di Dante, uno dei grandi del '300 italiano, insieme a Boccaccio e Petrarca. Il _____[1] di Dante è la *Divina Commedia*, un'opera in versi. L'opera narra il viaggio dell'_____[2] nei tre regni dell'Inferno, Purgatorio e Paradiso, alla ricerca di una salvezza personale e collettiva. La _____[3] dantesca è stata molto importante per la lingua italiana. Intere generazioni hanno imparato a memoria dei versi della *Divina Commedia*. Hanno _____[4] dal poema, e specialmente dall'inizio... «Nel mezzo del cammin di nostra vita / mi ritrovai per una selva oscura / che la diritta via era smarrita»[a]...

_____[5] la *Divina Commedia* è difficile perché è una vera enciclopedia del sapere, della poesia, della filosofia, ed è ricchissima di fatti e personaggi del Medioevo. Ed è anche una storia, un _____[6] appassionante: Dante che passa attraverso i tre regni fino alla visione finale di Dio. *L'Inferno* è la parte più famosa, nell'*Inferno* troviamo i personaggi più umani e più affascinanti. E forse noi abbiamo simpatia per queste figure perché anche noi, come Dante, ci riconosciamo in loro, anche se sono dannati...

[a]*In the midst of this walk of life / I found myself in dark woods / in which the straight path was missing...*

A. Passato remoto

A. Parliamo d'arte. Riscrivi le seguenti frasi prima con il passato prossimo e poi con il passato remoto.

ESEMPIO: Michelangelo scolpisce la Pietà →
Michelangelo ha scolpito la Pietà.
Michelangelo scolpì la Pietà.

1. Michelangelo affresca la Cappella Sistina.

_____

_____

2. Botticelli dipinge la *Primavera*.

_____

_____

3. Gli studenti di storia dell'arte ammirano i disegni di Leonardo.

_____

_____

4. Giovanni fotografa i mosaici di Ravenna.

_____

_____

5. La guida mostra le rovine del Foro Romano ai turisti.

_____

_____

6. I greci costruiscono molti templi in Sicilia.

_____

_____

B. Gli zii d'America. Il nonno racconta una storia ai suoi nipotini. Riscrivi la storia. Cambia i verbi dal passato remoto al passato prossimo.

Un giorno lo zio Antonio _____ [1] (prese) la nave da Genova e

_____ [2] (partì) per gli Stati Uniti. Il viaggio _____ [3]

(durò [*lasted*]) molte settimane e quando finalmente lo zio Antonio _____ [4]

(arrivò) a New York _____ [5] (ebbe) paura di trovarsi in una città così

grande dove non conosceva nessuno. _____ [6] (Cercò) lavoro per molto

tempo, poi finalmente lo _____ [7] (trovò) in una piccola fabbrica (*factory*) di

scarpe. Dopo un anno, _____ [8] (conobbe) Elisabetta, una ragazza del suo

paese (*village*). Dopo un po' di tempo lo zio Antonio _____ [9] (chiese) ad

Elisabetta se si voleva sposare con lui. Lei _____[10] (rispose) di sì e così

dopo due mesi _____[11] (si sposarono). Non _____[12]

(fecero) una grande festa perché erano soli e i loro parenti ed amici erano tutti in Italia. Gli zii

_____[13] (ebbero) cinque figli. _____[14] (Vissero)

sempre negli Stati Uniti e non _____[15] (ritornarono mai) in Italia.

C. Avvenimenti del passato. Completa le frasi con i verbi al passato remoto.

1. I miei antenati (venire) _____ dall'Irlanda nel 1830.

2. L'anno scorso, gli studenti del corso di cinema italiano (vedere) _____

   tutti i film di Federico Fellini.

3. Quando Cristoforo Colombo, nel 1492, (mettere) _____ piede nell'isola

   di San Salvador, (credere) _____ di aver raggiunto le Indie Orientali.

4. Michelangelo (vivere) _____ per molti anni della sua vita a Roma,

   dove (dipingere) _____ gli affreschi della Cappella Sistina, nel

   Vaticano.

5. Roma (diventare) _____ la capitale d'Italia nel 1870.

6. Amerigo Vespucci (1454–1512) (esplorare) _____ le coste del «Nuovo

   Mondo» e (dare) _____ il suo nome al nuovo continente.

D. Una favola: Cappuccetto Rosso. Completa la favola con il passato remoto o l'imperfetto.

_____[1] (Esserci) una volta una bambina che

_____[2] (chiamarsi) Cappuccetto Rosso. Un giorno

Cappuccetto Rosso _____[3] (dovere) andare dalla

nonna a portarle un cestino di cibo, perché la nonna

_____[4] (essere) ammalata. Cappuccetto Rosso

_____[5] (uscire) di casa ed _____[6] (entrare) nel

bosco. Cappuccetto Rosso _____[7] (vedere) dei fiori e

_____[8] (decidere) di raccoglierne (*pick*) alcuni per la nonna.

Improvvisamente _____[9] (incontrare) un grosso lupo che le

_____[10] (chiedere) dove _____[11] (andare).

«Dalla nonna» _____[12] (rispondere) Cappuccetto. Il lupo la

_____[13] (salutare) e _____[14] (andare) via. Il lupo

_____[15] (correre) a casa della nonna, la _____[16]

(mangiare) e _____[17] (mettersi) a letto al suo posto. Quando Cappuccetto

Rosso _____[18] (arrivare) dalla nonna, la _____[19]

(trovare) a letto. Ma la nonna _____ [20] (sembrare) un po' strana. «Nonna,

che orecchie lunghe che hai» _____ [21] (dire) la bambina. «È per sentirti

meglio» _____ [22] (rispondere) la nonna. «Nonna, che bocca grande che hai,

che denti grandi che hai...» «È per mangiarti meglio!» E il lupo _____ [23]

(saltare) dal letto e _____ [24] (mangiare) la bambina.

E. Piccoli dialoghi. Completa i dialoghi o con il passato prossimo e l'imperfetto o con il passato remoto e l'imperfetto.

1. s1: Quando _____ (trasferirsi) in America i tuoi nonni?

   s2: Quando mio padre _____ (avere) due anni. Ma poi mio nonno

   _____ (dovere) tornare in Italia, due anni dopo.

2. s1: Luigi, come mai _____ (leggere) tutti quei libri?

   s2: Be', _____ (volere) fare bella figura (*a good impression*) con il

   nuovo professore.

3. s1: _____ (Uscire) in fretta stamattina Marco e Nino. Perché?

   s2: _____ (Avere) un esame di storia e non

   _____ (potere) arrivare tardi all'università.

F. Michelangelo. Sentirai un monologo dal tuo testo due volte. La prima volta, ascolta attentamente. La seconda volta, il monologo verrà ripetuto con le pause per la ripetizione. Poi sentirai, due volte, cinque frasi e dovrai segnare, per ciascuna frase, vero o falso.

«Oggi vi parlerò di Michelangelo, di questo grandissimo artista che si affermò come pittore, scultore, architetto ed anche come poeta. Studiò con il Ghirlandaio e poi lavorò per principi, duchi, vescovi e papi. La sua opera più famosa sono gli affreschi della Cappella Sistina. Questo immenso lavoro che Michelangelo volle eseguire senza alcun aiuto durò ben quattro anni (1508–1512). Gli affreschi illustrano episodi del Vecchio Testamento e culminano con il Giudizio Universale... »

1. vero   falso

2. vero   falso

3. vero   falso

4. vero   falso

5. vero   falso

G. Chi venne in America? Di' chi venne in America, secondo i suggerimenti. Ripeti la risposta.

ESEMPIO: *Senti:* mio nonno
Dici: Tuo nonno venne in America.

1. ...   2. ...   3. ...   4. ...   5. ...   6. ...

B. Numeri ordinali

A. Personaggi storici. Scrivi in lettere il numero ordinale.

1. Luigi IX, re di Francia _____

2. Leone XIII, papa nel XIX secolo _____

3. Enrico IV, imperatore di Germania nel Medioevo _____

4. Bonifacio VIII, papa nel Medioevo _____

5. Vittorio Emanuele III, penultimo re d'Italia _____

6. Elisabetta II d'Inghilterra _____

B. I secoli. Scrivi a quale secolo appartengono questi anni.

1. l'anno 2000 _____

2. il 1989 _____

3. il 1776 _____

4. il 1865 _____

5. il 1620 _____

C. In quale secolo? Di' in quale secolo successero i seguenti avvenimenti. Ripeti la risposta.

    ESEMPIO: *Senti:* nell'anno 1517, la Riforma luterana
                   Dici: nel sedicesimo secolo

1. ...   2. ...   3. ...   4. ...   5. ...   6. ...

D. Quale periodo? Sentirai nominare un secolo e dovrai dire a quale periodo corrisponde. Ripeti la risposta.

    ESEMPIO: *Senti:* il sedicesimo secolo
                   Dici: il Cinquecento

1. ...   2. ...   3. ...   4. ...   5. ...   6. ...

C. **Volerci** vs **metterci**

A. **Cosa ci vuole?** Completa con la forma corretta di **volerci.**

1. Per fare un tavolo, _____ il legno.

2. Nel secolo passato _____ tre giorni per andare da Firenze a Milano.

3. _____ sei uova per fare questo dolce.

4. L'anno prossimo _____ più professori di italiano per questa università.

5. _____ coraggio per fare questo esame domani.

❖ **B.** *Volerci o metterci?* Completa le seguenti frasi con **volerci** o **metterci,** secondo la costruzione della frase. Presta particolare attenzione al soggetto della frase.

> ESEMPI: Io ci metto cinque minuti per arrivare all'università.
> Per Gianni ci vuole molta volontà per studiare la chimica.

1. Mio padre dice sempre che _____.

2. Secondo mia madre _____.

3. I miei fratelli (Le mie sorelle) _____.

4. Per mia nonna _____.

5. I miei amici _____.

C. **In macchina.** Sentirai un dialogo dal tuo testo due volte. La prima volta, ascolta attentamente. La seconda volta, il dialogo verrà ripetuto con le pause per la ripetizione.

—Quanto ci vuole per arrivare a Cutrofiano?

—Dipende da quale strada sceglie. Potrebbe metterci mezz'ora o potrebbe metterci due ore.

D. **Quanto ci vuole?** Di' quanto ci vuole per fare le seguenti cose, secondo i suggerimenti. Ripeti la risposta.

> ESEMPIO: *Senti:* Per fare la torta...
> *Leggi:* un'ora e mezzo
> *Dici:* Per fare la torta ci vuole un'ora e mezzo.

1. un'ora
2. tre ore e mezzo
3. una mezza giornata
4. mezz'ora
5. due minuti

Lezione 4: Prospettive

Lettura

Dall'*Inferno* di Dante: Canto V, l'episodio di Paolo e Francesca

Dante parla con Francesca, morta (uccisa, anzi) per amore. Un amore peccaminoso (*sinful*). Nel suo dialogo con Dante, Francesca racconta la sua versione di come lei e Paolo, suo cognato, si innamorarono.

Noi leggiavamo un giorno per diletto[a]
di Lancialotto come amor lo strinse;[b]
soli eravamo e sanza alcun sospetto.
Per più fiate[c] li occhi ci sospinse[d]
quella lettura, e scolorocci[e] il viso;
ma solo un punto fu quel che ci vinse.
Quando leggemmo il disiato riso[f]
esser baciato da cotanto[g] amante,
questi, che mai da me non fia[h] diviso,
la bocca mi baciò tutto tremante.

[a] per... per passatempo, per piacere
[b] (da **stringere**)

[c] volte / [d] ci... ci spinse in avanti
[e] ci scolorì, ci fece perdere colore
[f] il... il desiderato sorriso
[g] tanto grande
[h] sarà

1. Cosa facevano Paolo e Francesca prima di commettere il loro peccato d'amore?

   _____

2. Perché, secondo Francesca, commettono questo peccato?

   _____

3. Fai una lista dei verbi al passato remoto, e poi riscrivi il brano usando verbi al passato prossimo. Scrivi su un tuo foglio.

🎧 Ed ora ascoltiamo!

Sentirai l'inizio di una lezione su Boccaccio. Puoi ascoltare il monologo quante volte vuoi. Poi sentirai, due volte, sei frasi e dovrai segnare, per ciascuna frase, vero o falso.

1. vero   falso
2. vero   falso
3. vero   falso
4. vero   falso
5. vero   falso
6. vero   falso

Un po' di scrittura

❖ **Una lettura amata.** C'è un racconto o un romanzo che ami particolarmente? Perché? Racconta prima la trama (*plot*) (usando il passato remoto e l'imperfetto), poi cerca di dire in poche parole perché ti piace tanto. Scrivi una pagina. Scrivi su un tuo foglio.

ESEMPIO: Il mio romanzo preferito è *Sostiene Pereira* di Antonio Tabucchi. Il protagonista è un vecchio giornalista portoghese che viveva di ricordi e di rimpianti (*regrets*) finché (*until*) un giorno qualcosa di diverso accadde (*happened*) nella sua vita...

 Dettato

Sentirai un dettato tre volte. La prima volta, ascolta attentamente. La seconda volta, il dettato verrà letto con pause tra le frasi. Scrivi quello che senti. La terza volta, correggi quello che hai scritto. Scrivi sulle righe date. Controlla il tuo dettato con le soluzioni date in fondo al libro.

Petrarca scrisse le *Rime* _____

_____

_____

_____

_____

_____

_____

_____

_____

_____

Attualità

Sull'arte. Leggi le notizie qui riportate, poi rispondi alle domande.

Parole utili: il periodico (*periodical*), affermare (*to affirm*)

- Il periodico americano «Art and Antiques» afferma nel suo numero di gennaio '87 che una ricerca condotta negli Usa con l'ausilio di un computer stabilisce che il famoso quadro di Leonardo da Vinci «Monna Lisa» non sarebbe altro che la copia al femminile del volto dello stesso Leonardo.

1. Di quale artista italiano parla l'articolo pubblicato nel periodico americano *Art and Antiques*?

   _____

2. Chi sarebbe veramente Monna Lisa secondo i ricercatori americani?

   _____

3. Come sono arrivati a questa conclusione?

   _____

4. Dove lavora la ragazza nella foto?

   _____

5. Che cosa fa?

   _____

UN'ANTICA ARTE
Ravenna. Una ragazza
al lavoro nella
Cooperativa Mosaicisti.
«A Ravenna il mosaico
viene ancora eseguito
secondo la tecnica e
la metodologia aulica
bizantina», afferma
Bruno Bandini, direttore
della Pinacoteca
Comunale di Ravenna.

6. Che tecnica usa per fare i mosaici?

   _____

7. Chi è Bruno Bandini?

   _____

A. Io, al tuo posto... Marisa ti racconta dei suoi programmi di vacanza in Brasile sulle spiagge di Rio de Janeiro. Tu, invece, hai in mente una vacanza sempre in Brasile, ma meno convenzionale. Rispondi alle affermazioni di Marisa usando le informazioni date tra parentesi. Comincia con **Io al tuo posto...**

> ESEMPIO: Andrò solo nelle grandi città.   (in Amazzonia) →
> Io, al tuo posto, andrei in Amazzonia.

1. Dormirò tutti i giorni fino a mezzogiorno.   (alzarmi presto)

    _____

    _____

2. Viaggerò solo in aereo.   (in treno)

    _____

    _____

3. Visiterò i posti più popolari.   (i piccoli paesi)

    _____

    _____

4. Mangerò nei grandi ristoranti.   (nelle trattorie locali)

    _____

    _____

5. Farò il giro dei quartieri più chic.   (dei quartieri popolari [*working class*])

    _____

    _____

6. Ballerò in discoteca tutte le sere.   (andare a visitare i centri sociali)

    _____

    _____

B. La ragione per cui... Completa il seguente paragrafo con i pronomi relativi appropriati.

Ci sono varie ragioni per _____[1] gli americani studiano l'italiano: ci sono studenti

_____[2] sono d'origine italiana, altri _____[3] s'interessano alla musica e all'arte,

altri ancora _____[4] sono stati in Italia e vogliono tornarci. Io domando sempre ai miei

studenti, il primo giorno di lezione, perché studiano l'italiano. La risposta più originale

_____[5] ho avuto finora (*so far*) è la seguente: «Studio l'italiano perché ho un compagno di

camera _____[6] è italiano. Lui parla nel sonno (*sleep*) e io voglio capire quello

_____[7] dice!»

C. **Scrittori e opere del medioevo.** Riscrivi il seguente testo usando il passato remoto, l'imperfetto o il trapassato prossimo, come necessario.

ESEMPIO: I tre grandi del Medioevo italiano furono Dante...

I tre grandi del Medioevo italiano sono Dante, Petrarca e Boccaccio. Dante nasce e vive a Firenze. Partecipa attivamente alla vita politica della città. Si occupa di questioni filosofiche, teologiche e linguistiche. Scrive, quando ha circa trentatré anni, la sua opera più famosa, la *Divina Commedia*.

L'opera più nota di Petrarca è invece *Il Canzoniere*. Il poeta dedica la sua opera alla donna amata, Laura, che ha incontrato ad Avignone nel 1327. Nel corso della sua vita Petrarca prepara nove versioni del *Canzoniere*.

Boccaccio scrive il suo capolavoro, *Il Decameron*, subito dopo la peste[a] di Firenze del 1348. Come anticipa il titolo greco (che significa «Dieci giornate»), l'azione rappresentata si svolge[b] in dieci giorni. In questo periodo di tempo, mentre infuria[c] la peste a Firenze, sette donne e tre uomini si riuniscono in una villa di campagna e raccontano le novelle che leggiamo nel *Decameron*.

[a]*plague*

[b]si... *takes place*

[c]*rages*

D. **Traduzioni.** Traduci in italiano. Scrivi su un tuo foglio.

1. A date we'll never forget is July 21, 1969, the day when (on which) man set foot (*to set foot* = **mettere piedi**) on the moon (**luna**) for the first time.
2. As soon as they went out, it began to rain. They tried to get a cab (**tassì,** *m.*) but there were too many people who were trying to do the same thing. They ended up (**finire per** + *inf.*) walking.
3. s1: Fabio, tell me the reason why you're so worried (**preoccupato**).
   s2: Nothing, really—only that I didn't do all I could do.
4. s1: Gina, could you give me a hand?
   s2: Sure, but you should really learn to change the tires by yourself.

Per chi voti?

Lezione 1: Vocabolario

A. Definizioni. Abbina le parole della colonna A con le parole e le definizioni della colonna B.

A

1. _____ eleggere

2. _____ la riduzione

3. _____ la costituzione

4. _____ la disoccupazione

5. _____ il ministro

6. _____ il salario

B

a. le leggi, lo statuto
b. lo stipendio, la paga
c. il membro del governo
d. nominare, votare
e. la mancanza (*lack*) di lavoro
f. la diminuzione, la limitazione

—...Buone notizie, signor ministro: il 60% della popolazione si augura una sua guarigione,[a] il 40% invece è decisamente contrario...

[a]si... *hopes that you recover*

B. La Repubblica. Completa le frasi con le parole adatte.

1. Il _____ è il capo dello stato italiano.

2. Il _____ è il capo del governo.

3. Al governo partecipano i rappresentanti dei maggiori _____ italiani.

4. La _____ e il _____ formano il Parlamento.

5. Le _____ e il _____ sono gli strumenti della democrazia.

C. Il costo della vita. Giulia e Guido sono preoccupati del continuo aumento del costo della vita. Completa il dialogo con la forma adatta delle seguenti parole: **aumentare, aumento, diminuire, lo stipendio, le tasse.**

GIULIA: Il costo della vita è in continuo _____[1]!

GUIDO: Sì, è sempre peggio! I prezzi _____,[2] le _____[3] non _____[4]....

GIULIA: Tra poco ci ridurranno (*they'll reduce*) anche gli _____[5]!

GUIDO: Io faccio sciopero!

❖ **D. Domande personali.** Rispondi alle seguenti domande secondo la tua esperienza personale.

1. Chi sono i rappresentanti al Senato del tuo Stato? Conosci i loro programmi?

   _____

2. Vai a votare alle elezioni nazionali e federali? Perché sì, perché no?

   _____

3. Cosa pensi del leader di questo paese?

   _____

4. Quali sono i maggiori partiti in questo paese?

   _____

5. Secondo te, è importante interessarsi di politica?

   _____

E. Il giorno delle elezioni. Sentirai un dialogo dal tuo testo, seguito da tre frasi. Sentirai il dialogo due volte. La prima volta, ascolta attentamente. La seconda volta, il dialogo verrà ripetuto con le pause per la ripetizione. Poi ascolta le frasi e scegli, per ciascuna frase, vero o falso.

MARISA: Finalmente un'Europa unita, con una sola moneta!
ADRIANA: A dire il vero dobbiamo aspettare fino al 2002 perché tutti gli stati della comunità abbiano l'euro. E un po' mi dispiace che la lira scompaia...
MARISA: Spero che questa unità porti più lavoro e meno disoccupazione.
ADRIANA: Speriamo. Ma intanto oggi dobbiamo votare per il nuovo Parlamento europeo.
MARISA: E tu, per chi voti?
ADRIANA: Per chi difende la democrazia, gli interessi di tutti i cittadini... e dell'Italia in Europa!
MARISA: E quale sarebbe il partito giusto?
ADRIANA: Devo ancora deciderlo!

1. vero   falso

2. vero   falso

3. vero   falso

F. Politica e società. Sentirai, per due volte, cinque frasi da completare. Ascolta attentamente, poi scegli il completamento giusto.

ESEMPIO: *Senti:* Mia sorella è segretaria presso l'Olivetti. È...

Segna: ⟨a. un'impiegata.⟩   b.   un'operaia.   c.   una deputata.

1. a.   un aumento.   b.   una riduzione.   c.   una costituzione.

2. a.   partiti politici.   b.   ministri.   c.   disoccupati.

3. a.   diminuire.   b.   scioperare.   c.   votare.

4. a.   le tasse.   b.   gli operai.   c.   le elezioni.

5. a.   in aumento.   b.   in sciopero.   c.   in diminuzione.

G. La politica italiana e sociale... Definizioni. Sentirai, per due volte, otto definizioni riguardo allo Stato e sei definizioni riguardo ai problemi sociali. Dovrai identificare i termini a cui si riferiscono. Scrivi le risposte nella colonna adeguata. Controlla le tue risposte con le soluzioni date in fondo al libro.

la Camera dei Deputati e il Senato

la Costituzione

il deputato, la deputata

la disoccupazione

le elezioni

l'operaio, l'operaia

l'impiegato, l'impiegata

il primo ministro

il Presidente della Repubblica

il salario, lo stipendio

il voto

uno sciopero

le tasse

votare

LO STATO

1. _____

_____

2. _____

_____

3. _____

_____

4. _____

_____

5. _____

_____

6. _____

_____

7. _____

_____

8. _____

_____

I PROBLEMI SOCIALI

1. _____

_____

2. _____

_____

3. _____

_____

4. _____

_____

5. _____

_____

6. _____

_____

A. Congiuntivo presente

A. Un padre troppo protettivo. Il padre di Marina è molto severo (*strict*) e protettivo. Scrivi le sue risposte alle richieste di sua figlia.

ESEMPIO: Posso uscire con Claudio? → No, non voglio che tu esca con Claudio.

1. Posso prendere la macchina stasera?

2. Posso andare in discoteca con gli amici?

3. Possiamo fare una passeggiata dopo cena, io e Claudio?

4. Posso mettermi la minigonna?

5. Posso tornare dopo mezzanotte il sabato sera?

6. Posso frequentare un corso di nuoto?

B. Io non credo! Enrico ha poca fede nelle dichiarazioni di politica del governo. Segui l'esempio e scrivi le opinioni di Enrico.

ESEMPIO: il governo / aumentare gli stipendi →
Io non credo che il governo aumenti davvero gli stipendi.

1. il governo / diminuire le tasse

2. il governo / aiutare gli immigrati

3. i ministri / risolvere il problema del deficit finanziario

4. i ministri / migliorare l'assistenza medica

5. il governo / fare qualcosa per l'Aids

6. il parlamento / approvare leggi per cambiare il sistema universitario

C. **Spero che...** Sei preoccupato/preoccupata per la visita dei tuoi cognati presuntuosi (*opinionated*). Ne parli con tua madre. Rispondi alle sue domande con **Non so, ma spero che...** e le informazioni suggerite.

> ESEMPIO: A che ora arriveranno? (tardi) → Non so, ma spero che arrivino tardi.

1. Quando partiranno? (domenica sera)

   _____

2. Dove dormiranno? (nella stanza degli ospiti)

   _____

3. A che ora si alzeranno? (presto)

   _____

4. Di che cosa discuteremo? (di arte e di cultura, non di politica)

   _____

D. **I problemi dei pensionati.** Sentirai un dialogo dal tuo testo due volte. La prima volta, ascolta attentamente. La seconda volta, completa il dialogo con i verbi al congiuntivo presente che mancano. Controlla le tue risposte con le soluzioni date in fondo al libro.

SIGNOR TESTA: Ho l'impressione che i problemi del mondo _____[1] in continuo aumento: mi pare che _____[2] il problema della povertà, così come quello della disoccupazione; mi sembra che _____[3] i problemi delle minoranze e degli immigrati; credo che _____[4] molto gravi i problemi ecologici... chi vuoi che _____[5] ai pensionati?

SIGNOR MAZZOLA: Ma anche i nostri problemi sono importanti e dobbiamo farci sentire. Anzi, io penso che _____[6] necessario che tutti _____ _____[7] dei problemi di tutti, non solo dei propri!

E. Candidati al Parlamento... Sentirai un dialogo tra Silvia e Marzia, seguito da tre frasi. Sentirai il dialogo due volte. La prima volta, ascolta attentamente. La seconda volta, il dialogo verrà ripetuto con le pause per la ripetizione. Poi ascolta le frasi e scegli, per ciascuna frase, vero o falso.

Espressioni utili:

essere coscienti	*to be aware*
ritenere giusto	*to consider it right*
possedere	*to possess*

SILVIA: E allora, cosa sai di questi candidati al Parlamento?

MARZIA: Credo siano i migliori, non mi sembra che usino alcuna demagogia: vogliono che la disoccupazione diminuisca, che i salari siano difesi, che i diritti dei lavoratori non siano toccati, ma sono anche coscienti che tutto ha un prezzo e che tutti dovranno fare sacrifici...

SILVIA: Dipende chi dovrà fare i sacrifici, a dire il vero: sono stanca che a pagare siano sempre le donne, le casalinghe, i giovani, i pensionati.

MARZIA: Sai, la mia candidata preferita ha proposto una tassa sui capitali, perché non ritiene giusto che ci sia una piccola percentuale della popolazione che possiede tanta ricchezza e non paga nulla.

1. vero   falso

2. vero   falso

3. vero   falso

F. Le faccende di casa. Quando Renata ti chiede di fare le faccende di casa, rispondi che vuoi che le facciano gli altri, secondo i suggerimenti. Ripeti la risposta.

ESEMPIO: *Senti:* Pulirai il frigo?
Leggi: Paolo
Dici: No, voglio che Paolo pulisca il frigo!

1. voi
2. tu
3. gli altri
4. Claudio
5. tu e Claudio

B. Verbi ed espressioni che richiedono il congiuntivo

A. È bene? Esprimi la tua opinione riguardo ai seguenti fatti. Reagisci ad ogni affermazione cominciando con **È bene che...** o **Non è bene che...**

ESEMPIO: Il governo aumenta le tasse. →
È bene che (Non è bene che) il governo aumenti le tasse.

1. Il governo è principalmente un sistema di due partiti.

_____

2. Negli Stati Uniti non c'è assistenza medica per tutti i cittadini.

_____

3. Le Nazioni Unite aiutano i paesi più poveri.

   _____

4. I lavoratori esigono stipendi migliori.

   _____

5. Le femministe organizzano una manifestazione per la parità dei diritti.

   _____

B. Indicativo o congiuntivo? Completa i dialoghetti con la forma adeguata del indicativo o del congiuntivo.

1. s1: Peccato che tu oggi non _____ (stare) bene, perché volevo andare a fare

   una passeggiata.

   s2: Ho un brutto raffreddore ed è bene che io non _____ (uscire) e che

   _____ (bere) molto succo d'arancia.

2. s1: Penso che stasera _____ (arrivare) Valeria dall'Inghilterra. Vorresti andare

   a prenderla all'aeroporto?

   s2: No, non posso. È meglio che io _____ (leggere) un po' e che poi

   _____ (andare) a letto presto.

3. s1: Bambini, è ora che _____ (alzarsi) e _____ (prepararsi)

   per andare a scuola.

   s2: Mamma, è proprio necessario che noi _____ (andare) a scuola?

—Credi che stia bene un vaso del paleolitico
insieme ad un tavolo del paleozoico?

❖ **C. Opinioni personali.** Completa le frasi secondo le tue opinioni personali.

   ESEMPIO: È importante che il governo... →
   È importante che il governo faccia di più per le persone povere.

1. Ho l'impressione che il presidente _____.

2. È ora che i nostri senatori _____.

3. Sembra che gli operai in questo paese _____.

4. È strano che il papa _____.

5. Spero che alle prossime elezioni _____.

6. Ho paura che nel nostro paese _____.

D. È meglio che... Sentirai un dialogo dal tuo testo. Sentirai il dialogo due volte. La prima volta, ascolta attentamente. La seconda volta, il dialogo verrà ripetuto con le pause per la ripetizione.

CAMERIERE: Professore, vuole che Le porti il solito caffè o preferisce un poncino?

PROFESSORE: Fa un po' fresco... Forse è meglio che prenda un poncino. Scalda di più.

CAMERIERE: Speriamo che questo sciopero finisca presto, professore.

PROFESSORE: Certo, ma bisogna che prima gli insegnanti abbiano un miglioramento delle loro condizioni di lavoro.

E. Sfumature. Fai il dirigente di un'azienda e devi parlare in modo preciso. Esprimi le tue opinioni secondo i suggerimenti. Ripeti la risposta.

ESEMPI: *Senti:* Preferisco...
Leggi: Morelli va a Roma.
Dici: Preferisco che Morelli vada a Roma.

Senti: Sono certo...
Leggi: Avete il personale necessario.
Dici: Sono certo che avete il personale necessario.

1. Arrivate puntuali.
2. Gli operai sono in sciopero.
3. Finiamo in tempo.
4. Tutti partecipano alla riunione.
5. Dobbiamo licenziare (*fire*) qualcuno.

F. Opinioni sulla politica. Esprimi delle opinioni sulla politica, secondo i suggerimenti. Ripeti la risposta.

ESEMPIO: *Senti:* Dubito...
Leggi: il primo ministro andare in Cina
Dici: Dubito che il primo ministro vada in Cina.

1. l'inflazione essere ferma
2. lo sciopero continuare
3. il governo vincere le elezioni
4. il mio stipendio aumentare
5. il governo mettere nuove tasse
6. i politici essere onesti

G. Cosa pensi della politica? Sentirai sei espressioni che richiedono il congiuntivo. Dovrai formare delle frasi complete con le espressioni che senti, utilizzando (*using*) un soggetto della colonna A e un verbo della colonna B. Di' la tua frase e poi ascolta, di seguito, una risposta possibile.

ESEMPIO: *Senti:* Immagino...
Dici: Immagino che il governo alzi le tasse.

A	B
il conflitto tra industria e operai	avere un buon esito (*outcome*)
i deputati al Parlamento	essere onesto
i ministri	fermare l'inflazione
lo sciopero	finire prima

Lezione 3: Grammatica

C. Congiuntivo passato

A. Ieri. Completa le seguenti frasi con il congiuntivo passato del verbo.

ESEMPIO: Voi non avete scioperato. Speriamo che almeno Giovanni ____*abbia scioperato*____!

1.   Io non ho finito. È possibile che gli altri _____!

2.   Hai votato! Sono contenta che tu _____!

3.   Non si sono divertiti? Peccato che non si _____!

4.   Vi siete trasferiti a Milano? È strano che vi _____ così lontano!

5.   Non avete chiesto l'aumento? Mi dispiace che non _____ l'aumento!

6.   Ho capito tutto! È incredibile che io _____ tutto!

B. Può darsi. Roberto non ha molte certezze. Scrivi le sue risposte alle seguenti domande. Comincia con **Può darsi che...** e segui l'esempio.

ESEMPIO: Sai quando arriva l'aereo? → Può darsi che sia già arrivato.

1.   Sai quando vanno a dormire?

_____

2.   Sai quando fanno colazione?

_____

3.   Sai quando pagano?

_____

4.   Sai quando escono?

_____

5.   Sai quando parte il treno?

_____

6.   Sai quando danno i risultati delle elezioni?

_____

—Sembra che abbia perso tutta la sua
capacità di ricupero...

C. **Piccoli dialoghi.** Completa i dialoghetti con la forma adeguata del congiuntivo presente o passato.

1. s1: Sono contenta che Renata e Gianni _____ (incontrare) mio fratello ieri sera.

   s2: Ne sono contenta anch'io. Ho l'impressione che quei due non _____ (avere) molti amici qui a Roma.

2. s1: Credi che il signor Albi _____ (annoiarsi) alle feste?

   s2: Direi di no. Pare che lui _____ (divertirsi) tanto alla festa dei Mauri la settimana scorsa.

3. s1: Carlo, dove sono i ragazzi? Ho paura che _____ (succedere) qualcosa.

   s2: Non ti preoccupare, Franca. Immagino che quel distratto di nostro figlio _____ (dimenticare) di fare benzina.

4. s1: Spero che non ci _____ (essere) lo sciopero dei treni domani.

   s2: Ho appena sentito il giornale radio e pare che gli operai _____ (ottenere) l'aumento che chiedevano.

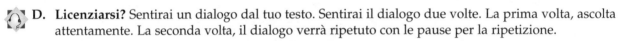

D. **Licenziarsi?** Sentirai un dialogo dal tuo testo. Sentirai il dialogo due volte. La prima volta, ascolta attentamente. La seconda volta, il dialogo verrà ripetuto con le pause per la ripetizione.

—Perché Maria non si è licenziata (*quit*)? Ieri mi ha detto che non le piaceva il suo lavoro e che avrebbe dato le dimissioni oggi.

—Penso che le abbiano aumentato lo stipendio.

E. **Speranze.** Fai la parte dell'attivista politico ed esprimi la tua speranza in risposta alle domande che ti fa un giornalista. Ripeti la risposta.

    ESEMPIO: *Senti:* Il governo ha aiutato i poveri?
                  Dici: Spero che abbia aiutato i poveri.

1. ...   2. ...   3. ...   4. ...   5. ...s

Lezione 4: Prospettive

Lettura

La politica in Italia

Leggi cosa pensa Stefania, una segretaria di 38 anni, della politica italiana. Poi rispondi alle domande.

Per votare in Italia, alla Camera dei Deputati, bisogna avere 18 anni, mentre per il Senato sono necessari 21 anni. Io ho votato la prima volta, nel lontano 1983 e mi sembra un secolo fa. A leggere i nomi dei partiti adesso e a paragonarli con quelli che esistevano vent'anni fa, mi trovo infatti disorientata.

Anche se i partiti sono cambiati, lo spirito italiano riguardo alla politica credo sia rimasto immutato. Gli italiani sono abbastanza scettici.[a] Non credono ai partiti, ma vanno a votare in massa lo stesso perché vogliono fare sentire la loro voce. La politica poi è un po' come lo sport del calcio: è un argomento che appassiona la gente. Gli italiani litigano quando parlano di politica, sono sarcastici, eppure[b] la seguono giorno dopo giorno.

L'italiano medio conosce bene i nomi dei ministri, segue l'itinerario delle leggi, ed ascolta con attenzione chi promette di far pagare meno tasse. Le tasse! Sono queste l'argomento più spinoso.[c] In Italia esistono tasse per ogni cosa possibile e immaginabile e il fisco (*Italian IRS*) ovviamente è odiato anche perché molto denaro[d] non viene speso bene. Ma forse questo non è solo un male italiano.

Secondo me, un problema è invece che ci sono troppi partiti. Negli Stati Uniti è l'opposto, ce ne sono troppo pochi, mentre in Italia chi non è d'accordo con le politiche correnti forma un partito e prova ad andare al parlamento.

Negli ultimi dieci anni è cambiato molto nella politica italiana, e molto cambierà ancora. Adesso che l'Italia è parte integrante della Comunità Europea, per molte cose dovrà adeguarsi alla legislazione europea. E questo, secondo me, avrà un effetto positivo, perché la politica italiana sarà legata a quella degli altri paesi in Europa e sarà più responsabile.

[a]*skeptical*

[b]*yet*

[c]*thorny*

[d]*money*

1. Che spirito hanno gli italiani nei confronti della politica secondo Stefania?

   _____

   _____

2. Che cosa pensano gli italiani delle tasse?

   _____

   _____

3. Cosa dice Stefania del numero dei partiti in Italia e negli Stati Uniti? È un bene o un male secondo lei che ci siano tanti partiti?

   _____

   _____

4. Cosa pensa Stefania dell'Italia nell'Unione Europea?

   _____

   _____

Ed ora ascoltiamo!

Aliza, una studentessa americana di storia, discute con Valerio del sistema politico italiano. Sentirai il loro dialogo. Puoi ascoltare il dialogo quante volte vuoi. Poi sentirai, due volte, sei frasi e dovrai segnare, per ciascuna frase, vero o falso.

1.	vero	falso	4.	vero	falso
2.	vero	falso	5.	vero	falso
3.	vero	falso	6.	vero	falso

Un po' di scrittura

❖ **Uno stato ideale.** Come dovrebbe funzionare, secondo te, uno stato che faccia davvero gli interessi di tutti i cittadini? Immagina questo stato ideale e descrivilo con tutti i particolari. Scrivi una pagina e mezzo. Scrivi su un tuo foglio.

ESEMPIO: Secondo me lo stato dovrebbe garantire alcune cose essenziali a tutti i cittadini. Innanzitutto (*First of all*) la possibilità di lavorare e di vivere dignitosamente (*with dignity*), con assistenza medica, istruzione...

Dettato

Sentirai un breve dettato tre volte. La prima volta, ascolta attentamente. La seconda volta, il dettato verrà letto con pause tra le frasi. Scrivi quello che senti. La terza volta, correggi quello che hai scritto. Scrivi sulle righe date. Controlla il tuo dettato con le soluzioni date in fondo al libro.

Guido ha invitato ____________________

Attualità

A. La fine di un'epoca. L'articolo sotto è dedicato al crollo (*collapse*), nel 1992–93, di uno dei maggiori partiti italiani, il partito dei cattolici, la Dc (Democrazia cristiana, detto anche il partito bianco, in contrapposizione al vecchio partito comunista, PCI, detto anche il partito rosso). Prima leggi le domande, poi leggi i titoli e i brani riportati. Rispondi con frasi complete.

1. Che cosa può significare il titolo?

   _____

2. Perché la Dc, secondo il giornalista, «ha le maggiori responsabilità della catastrofe»?

   _____

3. Perché nel 1945 «le macerie (*rubble*) invadevano i marciapiedi (*sidewalks*)»?

   _____

4. Perché nel 1945 «i fascisti si nascondevano sotto i letti»?

   _____

5. Questi tre partiti sono ancora importanti?

   _____

6. Che cosa pensano gli italiani della vecchia classe dirigente (*ruling*)?

   _____

Requiem in bianco

Ha le maggiori responsabilità della catastrofe, per la sua vocazione alle transazioni, al malgoverno. Non poteva bastare un segretario integerrimo come Martinazzoli. Il trasformismo le ha tolto credibilità. E i cattolici devono ricominciare...

di ENZO BIAGI

Si conclude un'epoca che ha segnato mezzo secolo di vita italiana. Una storia cominciata nel 1945: c'erano ancora i governatori alleati, gli sciuscià (chi ricorda questo nome?) pulivano le scarpe ai soldati dell'US Army e del re d'Inghilterra, le «signorine» facevano compagnia anche ai disertori nella pineta di Tombolo, le macerie invadevano i marciapiedi, i fascisti di Salò si nascondevano sotto i letti, occorrevano le tessere coi punti per mangiare e per vestirsi...

C'erano tre grandi partiti; due sono praticamente finiti, il Pc ha cambiato faccia e programma. È caduto un muro e sotto i detriti sono scomparsi i socialisti, i comunisti e i democristiani, e la polvere rende quasi irrespirabile l'aria. Il dollaro è oggi la moneta che conta. I tribunali si stanno occupando di una classe dirigente che i cittadini considerano traditrice. Sono mille le cause avviate: che numero fatale. O sbarcano a Marsala o sbancano il Paese.

AMICI AMERICANI. *Aldo Moro e Amintore Fanfani in visita a Washington.*

❖ **B. Politica italiana, politica americana.** Quali sono le principali differenze tra il sistema politico italiano e quello di questo paese? La storia di questo paese nell'ultimo secolo è simile o diversa da quella italiana? Perché? Sei soddisfatto/soddisfatta del sistema politico di questo paese? Che cosa vorresti cambiare o migliorare?

Scrivi una pagina pensando a questi temi: partiti, economia, sistema assistenziale (*welfare*), politica interna, politica estera, eccètera. Poi confronta le tue conclusioni con il resto della classe. Scrivi su un tuo foglio.

ESEMPIO: Secondo me, il sistema politico italiano e quello degli Stati Uniti sono molto diversi. Per esempio, noi abbiamo solo due partiti...

Capitolo

17

Fare domanda di lavoro

Name _____

Date _____

Class _____

Lezione 1: Vocabolario

A. Trovare un lavoro... Leggi il dialogo e rispondi alle domande.

EMANUELE: Forse è vero che l'inflazione e la disoccupazione sono in diminuzione, e che la crisi economica è una cosa del passato, ma intanto[a] sono disoccupato. E come lo trovo un lavoro? Ho fatto tutto, domande, concorsi, ho risposto ad annunci...

[a] *in the meantime*

GABRIELLA: Bisogna aver pazienza e persistere. Poi dipende dal tipo di curriculum che mandi, dalle mansioni che cerchi e anche dalla zona. Noi siamo più fortunati che al Sud, dove la disoccupazione è grande.

EMANUELE: Mah, saremo anche più fortunati, ma io il lavoro non ce l'ho. Forse dovrei trasferirmi a Milano, o andare a Torino, lì forse c'è meno crisi. O no?

GABRIELLA: A dire il vero non lo so. Con il tuo curriculum puoi avere molte possibilità, dipende anche dalla tua flessibilità. E ricorda che puoi sempre chiedere aiuto al sindacato, e io lo so bene. Lavoro per il sindacato, io!

1. Cosa ha fatto Emanuele per trovare un lavoro? _____

_____

2. Qual è l'opinione di Gabriella? _____

_____

3. Cosa pensa di fare Emanuele? _____

_____

4. Quale aiuto propone Gabriella? _____

_____

B. Un colloquio di lavoro. Emanuele scrive a Gabriella. Usa il **Vocabolario** dal tuo testo per completare la sua lettera.

Cara Gabriella, finalmente ho _____[1] con una grande

_____[2] di Milano. Avevo fatto _____[3] un mese

fa, spedito il mio _____[4] e riempito tutti i _____[5]

ma poi non avevo sentito più nulla. Adesso hanno _____[6] per martedì

prossimo. Spero che mi _____,[7] sono qualificato per il

_____[8] e spero che _____[9] economica sia

adeguata al _____[10] di Milano.

❖ **C. A caccia di lavoro** (*Job hunting*). Pensa un po' al tuo ultimo lavoro. Perché cercavi lavoro? Com'è andato il colloquio? Quali erano le tue mansioni? Scrivi una pagina usando almeno cinque delle seguenti espressioni. Scrivi su un tuo foglio. (Se non hai lavorato recentemente, scrivi di un tuo lavoro ideale.)

Espressioni utili: cercare lavoro, fare domanda, fissare un colloquio, l'offerta, partecipare a un concorso, il requisito, la richiesta, riempire un modulo, rispondere ad un annuncio

> ESEMPIO: L'anno scorso ho lavorato come bagnina (*lifeguard*) alla piscina comunale. Cercavo lavoro perché avevo bisogno di soldi per andare in Europa...

D. Il sindacato. Sentirai un dialogo dal tuo testo. Sentirai il dialogo due volte. La prima volta, ascolta attentamente. La seconda volta, il dialogo verrà ripetuto con le pause per la ripetizione.

EMANUELE: Inflazione, disoccupazione, crisi economica... e come lo trovo un lavoro?

GABRIELLA: Bisogna avere pazienza e insistere: fare domande, rispondere agli annunci, partecipare ai concorsi...

EMANUELE: E tu, da quanto tempo insisti?

GABRIELLA: A dire il vero io un lavoro ce l'ho: e serve anche a trovarti un lavoro. Lavoro per il sindacato, io!

E. Definizioni. Sentirai, per due volte, cinque definizioni riguardo al lavoro. Scrivi la lettera del termine affianco del numero della definizione che senti.

1. _____   a. il lavoratore, la lavoratrice

2. _____   b. il sindacato

3. _____   c. il costo della vita

4. _____   d. l'assistenza sanitaria nazionale

5. _____   e. il colloquio di lavoro

F. Breve storia di Alessandra. Sentirai, per due volte, un brano seguito da cinque frasi. Ascolta attentamente. Poi dovrai scegliere, per ciascuna frase, vero o falso.

1. vero   falso

2. vero   falso

3. vero   falso

4. vero   falso

5. vero   falso

Lezione 2: Grammatica

A. Congiunzioni che richiedono il congiuntivo

A. Il verbo giusto. Completa le seguenti frasi con la forma adeguata dell'indicativo o del congiuntivo dei verbi tra parentesi.

ESEMPIO: Vi telefoneremo appena _____*potremo*_____ (potere).

1. Chiudo la finestra perché la nonna _____ (avere) freddo.

2. Chiudo la finestra perché non _____ (entrare) l'aria fredda.

3. Vieni qui prima che io _____ (arrabbiarsi)!

4. Telefonami appena _____ (potere).

5. Benché non _____ (esserci) il sole, fa abbastanza caldo.

6. Non mi parlare di linguistica perché non ne _____ (capire) niente!

7. Io lavo i piatti mentre Renata _____ (studiare).

8. Uscite di casa senza che i bambini vi _____ (vedere).

9. Stiamo a casa perché _____ (piovere).

10. Usciremo purché non _____ (piovere).

B. Il mondo del lavoro. Completa le frasi con le congiunzioni appropriate.

1. Un dirigente dice agli operai: «parlerò col rappresentante del sindacato _____ capiate meglio la mia posizione».

2. Parteciperemo al concorso insieme _____ tu non preferisca cercare un lavoro diverso.

3. Ti aiuto a riempire il modulo _____ tu prometta di fare davvero domanda.

4. _____ loro mi licenzino, mi licenzio io!

5. _____ abbia già avuto due colloqui, è ancora disoccupato.

6. Posso aumentare gli stipendi _____ voi lavoriate di sabato.

7. Te lo ripetono _____ tu lo ricordi: il sindacato può aiutarti a trovare un lavoro!

8. Ho una buona professione: mi hanno dato un aumento _____ io lo chiedessi!

LAVORARE PER VIVERE

O

VIVERE PER LAVORARE

❖ **C. Cerco un lavoro...** Completa le seguenti frasi secondo le tue abitudini. (Se la frase non corrisponde alle tue abitudini, inventa la risposta.)

> ESEMPIO: Cerco un lavoro part-time per... →
> Cerco un lavoro part-time per pagarmi le lezioni di musica.

1. Mi licenzio a meno che...

   _____

2. Continuo a frequentare l'università sebbene...

   _____

3. Faccio il/la dirigente benché...

   _____

4. Parto senza che...

   _____

5. Faccio domanda prima di...

   _____

6. Telefono subito prima che...

   _____

7. Accetto quest'offerta di lavoro purché...

   _____

8. Non esco con un ragazzo/una ragazza senza...

   _____

D. La Bottega del Gioello. Sentirai un dialogo dal tuo testo. Ascolta attentamente. Poi sentirai, due volte, tre frasi da completare e dovrai scegliere, per ciascuna frase, il completamento giusto.

SIGNOR ONGETTA:	Pronto, Signora Croci? Buongiorno, sono il rappresentante della Bottega del Gioiello. A proposito delle catene d'oro... non deve preoccuparsi, le ho già spedite e arriveranno in settimana... a meno che la posta non abbia ritardi!
SIGNORA CROCI:	Sarebbe possibile una seconda spedizione prima che finisca l'anno? Ai nostri clienti piacciono molto le vostre creazioni!
SIGNOR ONGETTA:	Non glielo posso promettere: per quanto i miei operai facciano il possibile, c'è sempre la possibilità di qualche intoppo.[a]
SIGNORA CROCI:	E il costo, sarà lo stesso?
SIGNOR ONGETTA:	Beh, no, ci sarà un leggero aumento. Ne capirà i motivi senza che glieli spieghi: il prezzo dell'oro, il costo della mano d'opera, l'inflazione...

[a]*obstacle*

1. a. l'anno.   b. il mese.   c. la settimana.
2. a. uno sconto.   b. una seconda spedizione.   c. una terza spedizione.
3. a. più alto.   b. uguale.   c. più basso.

E. Chi si sveglia prima? La tua compagna di casa esce di casa prima di tutti la mattina. Di' prima di chi esce di casa, secondo i suggerimenti. Ripeti la risposta.

> ESEMPIO: *Senti:* tu
> *Dici:* Esce di casa prima che io mi alzi.

1. ...   2. ...   3. ...   4. ...   5. ...

F. Scopi, condizioni. Parla dei tuoi programmi di carriera e anche di quelli dei tuoi amici. Completa le frasi che senti, secondo i suggerimenti. Ripeti la risposta.

> ESEMPIO: *Senti:* La ditta mi assume purché...
> *Leggi:* io / avere i requisiti
> *Dici:* La ditta mi assume purché io abbia i requisiti.

1. tu / poter trovare lavoro facilmente
2. io / continuare a telefonare
3. lei / non avere la macchina
4. voi / accompagnarmi in agenzia
5. Beatrice / poter essere felice

B. Altri usi del congiuntivo

A. Comunque... Completa le frasi con **chiunque, comunque, dovunque** o **qualunque.**

> ESEMPIO: _____*Chiunque*_____ mi telefoni, rispondete che non sono in casa.

1. Io non la lascerò _____ cosa succeda.

2. Verremo a trovarvi in _____ paese vi trasferiate.

3. _____ voglia, può far domanda.

4. _____ tu lavorerai, avrai successo.

5. _____ vadano le cose, Le scriverò.

6. Vi seguiranno _____ voi andiate.

—Carlo è il cacciatore più leale[a] che abbia mai visto!

[a]*honorable*

B. Esagerazioni. A Giorgio piace esagerare sempre. Scrivi le sue risposte alle seguenti domande. Segui l'esempio.

ESEMPIO: È difficile questa lingua? → Sì, è la più difficile che io conosca.

1.   È alto il costo della vita a Venezia?

_____

2.   È buono questo lavoro che hai?

_____

3.   Sono simpatiche queste colleghe di lavoro?

_____

4.   È caro questo tipo di assistenza medica?

_____

5.   Sono esigenti questi requisiti?

_____

6.   Sono ragionevoli (*reasonable*) quelle richieste sindacali?

_____

C. Piccoli dialoghi. Completa i dialoghetti con la forma adeguata dell'indicativo o del congiuntivo dei verbi tra parentesi.

1.   s1:   Ragazzi, non c'è nessuno qui che _____ (sapere) leggere il russo?

     s2:   Qui no, ma c'è qualcuno che _____ (parlare) russo nell'ufficio di mio

           marito. Gli telefono?

2.   s1:   Ho bisogno di un dizionario che _____ (dare) le forme dei verbi irregolari.

     s2:   Vediamo... c'è questo che _____ (avere) delle tabelle in fondo (*in the back*).

           Lo vuole vedere?

3.   s1:   Mia moglie conosce una signora che _____ (avere) intenzione di vendere

           la propria macchina, un'Alfa Romeo del '99.

     s2:   Grazie, Mauro, ma io cerco una macchina che _____ (essere) un po' meno

           costosa.

4.   s1:   Per arrivare a Milano prima delle nove, posso prendere il treno che _____

           (partire) alle tre?

     s2:   No, signore, deve prendere un treno che non _____ (fermarsi) a tutte le

           stazioni!

D. Il dittatore. Sentirai un monologo dal tuo testo. Sentirai il monologo due volte. La prima volta, ascolta attentamente. La seconda volta, completa il monologo con le parole che mancano. Controlla le tue risposte con le soluzioni date in fondo al libro.

_____¹ siate, mi dovete ubbidire! _____² decisione io prenda, dovete essere

d'accordo! _____³ io vada, dovete seguirmi!

E. Certezze. Di' le frasi che senti con convinzione, secondo i suggerimenti. Ripeti la risposta.

    ESEMPIO: *Senti:* Le persone che cercano lavoro devono riempire questi moduli.
                  Leggi: Chiunque...
                  Dici: Chiunque cerchi lavoro deve riempire questi moduli.

1. Dovunque...
2. Qualunque cosa...
3. Comunque...
4. Chiunque...
5. Qualunque...

F. Cattivo umore. Sei di cattivo umore oggi. Lamentati di tutto, secondo i suggerimenti. Ripeti la risposta.

    ESEMPIO: *Leggi:* nessuno / amarmi
                Dici: Non c'è nessuno che mi ami.

1. niente / interessarmi
2. nessuno / volere studiare con me
3. niente / piacermi nel frigo
4. nessuno / farmi regali

C. Congiuntivo o infinito?

❖ **A. L'aspettativa per donne e uomini.** Leggi il dialogo tra Cinzia e Patrizia e rispondi alle domande.

CINZIA: Ciao, Patrizia! Come vanno le cose con il lavoro e la maternità?
PATRIZIA: Oh, non sai! Pensavo di chiedere sei mesi di aspettativa per stare con Davide e invece ne ho chiesti solo tre.
CINZIA: Come mai? Mandi il bambino all'asilo-nido, o tua madre fa la babysitter?
PATRIZIA: A dire il vero no, Roberto ha deciso di stare con Davide per tre mesi. Penso abbia ragione a dire che vuole passare più tempo col bambino, e per fortuna la legge lo permette.
CINZIA: Quando torni a lavorare, allora?
PATRIZIA: Ho l'aspettativa per altri due mesi, ma sarò comunque impegnata a tempo pieno. Crescere un figlio è il vero lavoro, adesso!

1. Esiste l'aspettativa per maternità in questo paese?

   _____

2. Cosa dice la legge in questo paese sui padri e le madri che lavorano? Che diritti hanno?

   _____

   _____

> E Lei, signore,
> farebbe il mammo[a]?

[a]*Mr. Mom*

B. È importante! Crea delle frasi nuove con le espressioni date tra parentesi.

ESEMPIO: Voto domani. (È importante / Ho intenzione / Voglio) →
È importante che io voti domani.
Ho intenzione di votare domani.
Voglio votare domani.

1. Si sono fatti sentire. (Sono contento / Pare / Credo)

   _____

   _____

2. Il governo applica le riforme. (È ora / Voglio / È importante)

   _____

   _____

3. Hai ripreso il lavoro. (È meglio / Sei felice / Lui spera)

   _____

   _____

4. Chiedete un grosso aumento. (È opportuno / Desiderate / Avete bisogno)

   _____

   _____

C. I genitori e i figli. Sentirai un dialogo dal tuo testo due volte. La prima volta, ascolta attentamente. La seconda volta, il dialogo verrà ripetuto con le pause per la ripetizione. Poi sentirai, due volte, tre frasi da completare e dovrai scegliere, per ciascuna frase, il completamento giusto.

FIORELLA: Valentina, come mai in giro a quest'ora? Non sei andata in ufficio?

VALENTINA: Non lo sapevi? Ho chiesto altri sei mesi di aspettativa per avere più tempo per mio figlio.

FIORELLA: Sei contenta di stare a casa?

VALENTINA: Per ora sì, ma tra sei mesi bisogna che io torni a lavorare e allora mio marito chiederà l'aspettativa per stare con il bambino.

1. a. in ufficio.
   b. a casa.
   c. in giro.
2. a. licenziarsi.
   b. stare di più con suo figlio.
   c. tornare al lavoro subito.
3. a. tre mesi
   b. sei mesi
   c. dodici mesi

D. Impressioni, pensieri e sentimenti. A cosa pensano tutti? Di' a cosa pensi e a cosa pensano i tuoi amici, secondo i suggerimenti. Ripeti la risposta.

ESEMPI: *Senti:* Io spero...
       Leggi: Tu hai fortuna.
       Dici: Io spero che tu abbia fortuna.

       Senti: Lisa vuole...
       Leggi: Lisa trova un lavoro.
       Dici: Lisa vuole trovare un lavoro.

1. Marco è sfortunato.
2. Sonia torna presto.
3. Perdete il lavoro.
4. Sono in ritardo.
5. Herbert non dice la verità.

E. Pensieri e opinioni personali. Componi delle frasi nuove che comincian o con le espressioni suggerite. Usa **che** + indicativo, **che** + congiuntivo o l'infinito con o senza **di**. Ripeti la risposta.

ESEMPI: *Leggi:* Marco è in sciopero.
       Senti: È vero...
       Dici: È vero che Marco è in sciopero.

       Senti: Crediamo...
       Dici: Crediamo che Marco sia in sciopero.

       Senti: Marco vorrebbe...
       Dici: Marco vorrebbe essere in sciopero.

Voto socialista.

    1. ... 2. ... 3. ... 4. ...

Hanno avuto un aumento.

    1. ... 2. ... 3. ... 4. ...

Lettura

Il mio primo lavoro

Silvia, una professoressa italiana di lingue, ci parla delle difficoltà del primo lavoro. Leggi il brano e rispondi alle domande.

Trovare lavoro in Italia, diciamocelo subito, non è una cosa facilissima, specialmente appena usciti dall'Università, con la laurea in mano. Dipende dal mercato, da cosa si ha in mente, dalla voglia di andare ad abitare lontano dalla famiglia e fare tanti sacrifici. Principalmente, dipende dal tipo di laurea che si ha e dai compromessi a cui siamo disposti. Per me, per esempio, è stata un po' dura: sono «emigrata» dalla Toscana in Valle d'Aosta, dal momento che lì c'erano posti per l'insegnamento dell'inglese al liceo e alle scuole medie. Per insegnare in quella regione bisogna conoscere il francese, che io per fortuna conosco bene. Però trasferirmi dalla mia città a Courmayer non è stato facile. Anche avere il posto di insegnamento è stato lungo: ho fatto tanti concorsi, ho mandato tante domande, ho scritto tanti curriculi e ho ricevuto anche tanti rifiuti.[a] Ma non ho rinunciato, ho perseverato. Poi ho provato come sia difficile l'adattamento ad un nuovo ambiente anche con un lavoro. A Courmayer non avevo amici, solo colleghi di lavoro. E le mie mansioni nel lavoro non corrispondevano veramente al mio sogno (insegnare a studenti della scuola media è duro), per non parlare[b] dello stipendio, che non mi permetteva una vita molto agiata.[c] Non ho una visione negativa del lavoro di insegnante, comunque. Tra tante difficoltà, ci sono molte soddisfazioni: la possibilità di vedere «crescere» intellettualmente gli studenti, la possibilità di fare delle escursioni guidate, vedere posti nuovi e imparare le lingue sempre meglio. Certo sarebbe bello vivere in Toscana, più vicino alla mia famiglia, ma nel complesso[d] sono contenta del mio lavoro e non lo cambierei.

[a]*rejections*

[b]*per... not to mention*
[c]*comfortable*

[d]*nel... all in all*

1. Secondo Silvia, perché è difficile trovare lavoro in Italia?

   _____

   _____

   _____

2. Cosa ha dovuto fare Silvia per trovare un posto di insegnamento?

   _____

   _____

   _____

3. Perché le piace il lavoro di insegnante?

   _____

   _____

   _____

◈ Ed ora ascoltiamo!

Sentirai un messaggio di posta elettronica che Laura invia al suo fidanzato, Roberto. Puoi ascoltare il brano quante volte vuoi. Poi sentirai, due volte, cinque frasi e dovrai segnare, per ciascuna frase, vero o falso.

1. vero   falso

2. vero   falso

3. vero   falso

4. vero   falso

5. vero   falso

Un po' di scrittura

❖ **Il mondo del lavoro.** Scegli un aspetto del mondo del lavoro in questo paese (disoccupazione, sindacati, ore lavorative, condizioni di lavoro, prospettive di lavoro per il futuro) e parlane, facendo riferimento ad altri paesi e a qualche esperienza personale. Scrivi una pagina e mezzo. Scrivi su un tuo foglio.

> ESEMPIO: Io finora ho fatto solo qualche lavoro part-time, ma mia sorella lavora a Minneapolis per una ditta le cui condizioni di lavoro sono veramente buone. La ditta ha un asilo per i bambini dei dipendenti...

◈ Dettato

Sentirai un dettato tre volte. La prima volta, ascolta attentamente. La seconda volta, il dettato verrà letto con pause tra le frasi. Scrivi quello che senti. La terza volta, correggi quello che hai scritto. Scrivi sulle righe date. Controlla il tuo dettato con le soluzioni date in fondo al libro.

Stamattina Cinzia, Gabriella e Francesco _____

_____

_____

_____

_____

_____

_____

_____

_____

_____

_____

_____

_____

Attualità

Cercate un lavoro? Le offerte d'impiego (lavoro) nella prossima pagina sono state messe insieme dalla redazione della rivista *Epoca* dopo aver fatto «un rapido giro tra le aziende più in forma sul mercato». Leggi gli annunci di lavoro e trova un posto per le seguenti persone.

ESEMPIO: Daniele, 30 anni, laureato in economia e commercio, 110 e lode (*the highest score at the university*) →
Mi sembra che Daniele abbia tutti i requisiti necessari per lavorare come consulente...
Daniele dovrebbe fare domanda...

1. Maria, 28 anni, laureata in ingegneria, residente a Milano

   _____

   _____

   _____

2. Caterina, 25 anni, diplomata in ragioneria (*accounting*), residente a Torino, disponibile a (*willing to*) trasferirsi

   _____

   _____

   _____

3. Debora, 21 anni, brava in tutti gli sport, energica, suona la chitarra, cerca un lavoro per l'estate in Calabria

   _____

   _____

   _____

4. Federico, 38 anni, laureato in scienze politiche, residente in provincia di Brindisi

   _____

   _____

   _____

Lavoro

UN SERVIZIO ESCLUSIVO DI EPOCA

346 posti pubblici

Devi trovarlo? Vuoi cambiarlo? Ecco 6.000 posti in tutta Italia

10 laureati in ingegneria o economia e commercio cerca Bain, Cuneo e Associati (società per la consulenza di strategia) voto 110 e lode, età tra i 28 e i 32 anni, per ruoli di dirigenza. Possibilità di partnership.
Telefonare a Bain, Cuneo e Associati: 02-58.28.81 (dott.ssa Nicoletta Nefri).

100 posti di lavoro. Sgs Thomson Semiconducteurs cerca 50 addetti tecnici che posseggano il titolo di studio di perito elettronico e 50 laureati in ingegneria elettronica.
Inviare un dettagliato curriculum a: Sgs-Thomson Microelectronics. Direzione Generale del Personale, Via Camillo Olivetti, 2 - 20041 Agrate Brianza, Milano, Casella postale 3651.

16 Regione **Piemonte** (Usl 72): 10 posti di infermiere professionale. Per i requisiti e le modalità della domanda fare riferimento all'ufficio del bollettino ufficiale, Piazza Castello, 165 - Torino - tel. 011/4323453.
Ultimo termine per inviare la domanda 10/3/00.

5 La Regione **Campania** bandisce 5 posti di autista di ambulanza, dei quali tre riservati al personale interno delle Usl n.46. Per i requisiti richiesti e le modalità della domanda fare riferimento al Bollettino ufficiale della Regione n.5 del 24/1/2000 (tel. 081/7961111).
Ultimo termine per la domanda 27/3/2000.

6 La provincia di **Brindisi** bandisce un concorso per 2 posti da bibliotecario e 4 per aiuto bibliotecari a tempo determinato (un anno). Requisiti per i 2 posti da bibliotecario: età compresa tra i 18 e i 40 anni; laurea in lettere o storia o filosofia o giurisprudenza o scienze politiche o sociologia o magistero o lingue straniere o psicologia. Requisiti per i 4 posti da aiuto bibliotecario: diploma di maturità. Per ulteriori informazioni fare riferimento alla G.U. IV serie speciale n.9 dell'1/2/2000. Inviare la domanda a: Amministrazione provinciale, Via De Leo, 3 - 72100 Brindisi - tel 0831/221111.

1.670 assunzioni in aziende private

8 Regione **Lombardia**: 8 posti di cui uno di assistente medico di cardiologia, uno di assidente medico di psichiatria, uno di assistente medico di urologia, uno di assistente medico di organizzazione dei sistemi sanitari di base, uno di fisico coadiutore, tre di tecnico di neurofisiopatologia presso la Usl n.11. Per i requisiti fare riferimento al bollettino ufficiale della Regione n.1 del 5/1/2000. Per informazioni ufficio del bollettino ufficiale della Regione, via F. Filzi, 22 - Milano - 02/67654600.
Ultimo termine per la domanda 4/3/2000.

30 persone dai 20 ai 50 anni Mirino Marketing Srl ricerca per l'apertura e la direzione di nuovi uffici nell'area nord Italia.
Telefonare allo 02-98282221.

200 operatori turistici. Villaggi Vacanze Spa cerca per la prossima stagione estiva 200 giovani, e meno giovani, per i propri villaggi turistici in Calabria, Sardegna, Sicilia e Trentino Alto Adige. Il contratto stagionale (maggio-settembre). Le selezioni partono ora e la richiesta è molto ampia: direttori, vicedirettori, cuochi, maitre, chef de rang, barman, parrucchieri, massaggiatori, estetiste, bagnini, capi animazione, capi sport, istruttori (sub, velisti, canoisti, arcieri e tennisti), musicisti, disc-jockey, tecnici del suono e delle luci.
Inviare un dettagliato curriculum a: Villaggi Vacanze Spa, Via Paolo da Cannobio, 33 - 20122 Milano.

10 giovani, diplomati e laureati tra i 24 e i 28 anni, Gruppo Pam cerca. Anche senza precedenti esperienze per svolgere il ruolo di allievi direttori in supermercati di media grandezza. Preferibile la residenza a Roma, Milano, Torino o nel Triveneto, altrimenti la disponibilità al trasferimento. La selezione avverrà nella seconda metà di marzo, il contratto è a tempo indeterminato e la formazione dura dai 15 ai 18 mesi.
Il curriculum va inviato a Supermercati Pam, Direzione del personale, via delle Industrie, 8 - 30038 - Spinea (Venezia).

5 Comune di **Seregno**: 5 posti di vigile urbano. Requisiti: tra i 18 e i 40 anni, diploma di maturità. Per ulteriori informazioni fare riferimento alla G.U. IV serie speciale n.12 del 11/2/2000.
Ultimo termine per la domanda 12/3/2000.

Capitolo

18

La società multiculturale

Lezione 1: Vocabolario

A. La parola giusta. Abbina le parole della colonna A e le definizioni della colonna B.

A

1. _____ convivere
2. _____ essere a favore di
3. _____ eliminare
4. _____ apprezzare
5. _____ fidarsi di
6. _____ essere contro
7. _____ assicurare
8. _____ giudicare

B

a. rimuovere
b. avere fiducia (*faith*) in
c. esprimere un giudizio
d. vivere insieme
e. obiettare
f. stimare (*to esteem*)
g. favorire
h. rendere certo

—Ho dei problemi con i miei genitori: si ribellano reclamando[a] i loro diritti.

[a]*claiming*

B. Temi e problemi. Riscrivi le frasi sostituendo le parti indicate con un'espressione simile.

ESEMPIO: Il problema *della cocaina, dell'eroina e di altri stupefacenti* nelle scuole preoccupa molti genitori. →
Il problema *della droga* nelle scuole preoccupa molti genitori.

1. I giornalisti scrivono molti articoli *sui problemi di chi beve molti alcolici.*

   _____

2. Molti giovani oggi sono *coinvolti* (*engaged*) in varie questioni sociali.

   _____

3. La pubblicità alimenta (*encourages*) *il desiderio di comprare e di avere le cose di cui non abbiamo veramente bisogno.*

   _____

4. *Avere amici* è più importante che *avere molti soldi.*

   _____

5. *Il modo di vivere non pacifico* nelle grandi città è un altro grosso problema che la società d'oggi deve risolvere.

   _____

Proverbi e modi di dire

Il mondo è bello perché è vario.
The world is beautiful because it's varied. (Vive la différence!)

C. **La società d'oggi.** Completa le frasi con la forma adatta delle seguenti parole. Usa le preposizioni articolate quando necessario.

Espressioni: la droga, l'ingiustizia, la giustizia, il materialismo, la povertà, il razzismo, l'uguaglianza

ESEMPIO: _____*Il materialismo*_____ e il consumismo sono due grossi problemi della

società capitalista.

1. Il _____ è una delle ragioni per cui i nuovi immigrati hanno difficoltà

   a trovare lavoro.

2. Purtroppo, molti giovani oggi cercano di risolvere i loro problemi con l'aiuto (di)

   _____.

3. I parenti della vittima hanno richiesto (*demanded*) che _____ sia fatta.

4. In una società ideale non ci dovrebbe essere né _____ né

   _____.

5. In una democrazia bisogna assicurare _____ tra tutti i cittadini.

D. **Contro il razzismo.** Sentirai un dialogo dal tuo testo. Sentirai il dialogo due volte. La prima volta, ascolta attentamente. La seconda volta, il dialogo verrà ripetuto con le pause per la ripetizione.

ANTONIO: Siete andati tu e Carla alla manifestazione contro la violenza razzista ieri?

FABRIZIO: Sì, e ho portato anche due miei studenti del Nord Africa, per mostrargli la nostra solidarietà...

ANTONIO: È stata bellissima, non credi? Con tutti quei giovani che cantavano e si tenevano per mano.

FABRIZIO: I giovani sono la nostra speranza. Il razzismo non è genetico, è una cosa che impariamo quando riceviamo messaggi che dobbiamo avere paura di chi è diverso.

ANTONIO: È quello che dico sempre ai miei figli. La diversità è un valore positivo, e possiamo imparare tanto dalle altre culture...

E. **Per discutere dei problemi sociali...** Sentirai cinque definizioni. Dovrai scegliere e dire la definizione che abbia lo stesso significato. Ripeti la risposta.

ESEMPIO: *Senti:* opporsi al razzismo
Dici: essere contro il razzismo

1. ... 2. ... 3. ... 4. ... 5. ...

convivere con diverse razze
eliminare le differenze di classe
essere a favore della diversità
essere contro il razzismo
essere impegnato in politica
fidarsi degli stranieri

Lezione 2: Grammatica

A. Imperfetto del congiuntivo

A. **Bisognerebbe che...** Ci sono tante cose da fare. Riscrivi le seguenti frasi. Comincia con **Bisognerebbe che** e fai tutti gli altri cambiamenti necessari.

ESEMPIO: Dovrei scrivere ai sindacati → Bisognerebbe che io scrivessi ai sindacati.

1. Marco dovrebbe fare amicizia con persone meno materialiste.

   _____

2. Dovresti deciderti a votare contro quella legge.

   _____

3. Dovremmo iscriverci a quel seminario sull'immigrazione.

   _____

4. Silvia e Piera dovrebbero leggere il giornale tutti i giorni.

   _____

5. Dovrei scegliere la sede (*center*) per la nostra prossima riunione.

   _____

6. Tu e Gianni dovreste imparare a convivere meglio con gli immigrati.

   _____

B. **Lettera a un'amica.** Completa la seguente lettera con le forme corrette del congiuntivo dei verbi tra parentesi.

Cara Francesca,

come vorrei che tu _____[1] (essere) qui! Mi sento molto solo. A dire la verità, ci

sono molte persone intorno a (*around*) me, ma preferirei che _____[2] (andare) via

tutti. Ho cercato tante volte di parlare con loro, ma non c'era nessuno che mi

_____[3] (capire). Bisognerebbe che io _____[4] (cercare) di

divertirmi un po'. Come se _____[5] (essere) possibile divertirsi senza di te!

   Cara, vorrei che noi _____[6] (potere) stare insieme sempre, e che non ci

_____[7] (dovere) essere questi orribili periodi di separazione. Ma, come ti ho detto

quando ci siamo lasciati due giorni fa, sarebbe bene che noi _____[8] (pensare) di

sposarci, e subito. Dicevi che ero pazzo, ma non era possibile che tu _____[9]

(parlare) sul serio. Carissima Francesca, non vorresti che io _____[10] (morire) di

dolore (*pain*), vero?

Scrivimi presto,

tuo Paolo

—... ed ora vorrei che qualcuno
del gentile pubblico venisse sul
palcoscenico per aiutarmi nel
prossimo numero!

C. **Preferenze, voglie, esigenze** (*demands*)**...** Completa i dialoghetti con la forma corretta dell'infinito o del congiuntivo, presente o imperfetto. Aggiungi le preposizioni dove è necessario.

1. s1: Simone, era importante che tu _____ (fare) quello che ti avevo

   chiesto.

   s2: Mi dispiace, Nina. Avevo intenzione _____ (passare) dai Maffei

   ma all'ultimo momento sono dovuto _____ (restare) in ufficio.

2. s1: Franco preferisce che suo figlio _____ (studiare) legge.

   s2: Suo figlio, invece, preferirebbe _____ (frequentare) l'Istituto di

   Belle Arti. Spero che loro _____ (riuscire) mettersi d'accordo (*to*

   come to an agreement).

3. s1: Ah, come mi piacerebbe _____ (provare) quelle sigarette francesi!

   s2: Ma Valeria, il dottore vuole che tu _____ (smettere) fumare.

4. s1: Lina, vorrei che tu non _____ (essere) così pignola (*fussy*)!

   s2: Gianni, io voglio solo che tu _____ (pulire) la tua camera ogni

   tanto!

5. s1: Adriana, bisogna che tu mi _____ (dare) una mano in cucina.

   s2: Ma Michele, credevo che tu _____ (potere) fare tutto da solo.

❖ **D. Opinioni personali.** Completa le frasi secondo i tuoi desideri e le tue opinioni.

ESEMPIO: Bisognerebbe che tu... →
Bisognerebbe che tu fossi più impegnato in questioni sociali.

1. Vorrei che i miei amici...

   _____

2. Preferirei che la mia famiglia...

   _____

3. Quando ero giovane, i miei genitori non volevano che io...

   _____

4. Sarebbe meglio che, nella classe d'italiano, noi...

   _____

5. Speravo che il nuovo presidente...

   _____

6. Mi piacerebbe che...

   _____

E. Mio padre sperava che... Sentirai un dialogo dal tuo testo due volte. La prima volta, ascolta attentamente. La seconda volta, completa il dialogo con le parole che mancano. Controlla le tue risposte con le soluzioni date in fondo al libro.

CINZIA: Così tuo padre non voleva che tu _____ _____¹ con Shamira?

IVAN: Assurdo! Sperava invece che _____ _____² di Daniela, così sarei diventato dirigente nell'azienda di suo padre!

CINZIA: Che materialista! E tua madre?

IVAN: Lei invece non vedeva l'ora che _____ _____³ con Shamira! Non può sopportare Daniela!

F. **Problemi di famiglia.** Piera ti racconta dei problemi con i suoi genitori. Rispondi che sarebbe meglio che i suoi genitori non facessero quelle cose, secondo i suggerimenti. Ripeti la risposta.

> ESEMPIO: *Senti:* Interferiscono sempre!
> *Dici:* Sarebbe meglio che non interferissero.

1. ...   2. ...   3. ...   4. ...

G. **Lo zio Carlo.** Racconta ai tuoi amici come ha reagito tuo zio, che è un tradizionalista, quando gli hai raccontato della tua vita indipendente. Ripeti la risposta.

> ESEMPIO: *Leggi:* dividere un appartamento con gli amici
> *Dici:* Non credeva che io dividessi un appartamento con gli amici.

1. guadagnarsi da vivere a 20 anni
2. volere studiare invece di sposarsi subito
3. impegnarmi per eliminare il consumismo
4. essere felice della mia vita

—Ehi, mamma, credevi che fossi
nella vasca da bagno[a]?   [a]vasca... *bathtub*

B. Trapassato del congiuntivo

A. **Mah!** Le tue convinzioni su cosa hanno fatto le seguenti persone sono sbagliate. Di' che ti eri sbagliato. Segui l'esempio.

> ESEMPIO: Non vi siete sposati. → Credevo che vi foste già sposati.

1. Non hanno partecipato alla manifestazione contro il razzismo.

   _____

2. Francesca non è andata alla riunione.

   _____

3. Non si sono fermati dal meccanico.

   _____

4. Non abbiamo risolto il problema.

   _____

5. Non avete imparato ad usare il computer.

   _____

6. Non ti sei laureata.

   _____

B. La settimana di Beatrice. Racconta della settimana lavorativa di Beatrice. Unisci le due frasi. Usa **di** + infinito o **che** + congiuntivo. Segui l'esempio.

ESEMPI: Beatrice era contenta. Era riuscita a fare tutto. →
Beatrice era contenta di essere riuscita a fare tutto.

Beatrice era contenta. La sua amica aveva trovato un buon lavoro. →
Beatrice era contenta che la sua amica avesse trovato un buon lavoro.

1. Beatrice era contenta. Aveva ricevuto una lettera da un'azienda di Milano.

   _____

2. Era sorpresa. Le avevano scritto.

   _____

3. Era probabile. Qualcuno aveva fatto (*mentioned*) il suo nome.

   _____

4. Sembrava strano. Avevano deciso di chiamarla per un colloquio alle otto di mattina.

   _____

5. Aveva paura. L'azienda aveva ricevuto molte domande di lavoro.

   _____

6. Era contenta. Non era andata in vacanza in quel periodo.

   _____

C. Non sapevo! Il tuo amico ti racconta tante novità. Di' che non sapevi tali cose, secondo i suggerimenti. Ripeti la risposta.

ESEMPIO: *Senti e leggi:* Nicoletta ha vinto il torneo di tennis.
Dici: Non sapevo che avesse vinto il torneo di tennis!

1. Nadia ha studiato tutta la notte.
2. Claudio ed io siamo andati alla riunione.
3. Fabio ed io abbiamo avuto l'aumento.
4. Mia madre è stata politicamente impegnata.
5. Ho giudicato male i loro amici.

D. Zia Matilda. La tua zia credeva nella filosofia che «non si è mai troppo vecchi!» Completa le frasi che elencano le cose che ha fatto, secondo i suggerimenti. Comincia il completamento con **benché non.** Ripeti la risposta.

ESEMPIO: *Senti e leggi:* A ottant'anni scrisse un libro...
Dici: ...benché non avesse mai scritto prima.

1. A settant'anni dipinse un quadro...
2. A sessant'anni scolpì una statua...
3. A cinquant'anni si sposò...
4. A settant'anni fece un lungo viaggio...
5. A settant'anni imparò a nuotare...

C. Correlazione dei tempi nel congiuntivo

A. Trasformazioni. Completa le seguenti frasi con il tempo adeguato del congiuntivo.

> ESEMPIO: È meglio che tu torni a casa. → Sarebbe meglio che tu tornassi a casa.

1. L'hanno mandato in Italia affinché imparasse l'italiano.

   Lo mandano in Italia affinché _____ l'italiano.

2. Penso che i tuoi genitori abbiano ragione.

   Pensavo che i tuoi genitori _____ ragione.

3. Vogliono che io faccia l'ingegnere.

   Volevano che io _____ l'ingegnere.

4. Speravano che il nuovo governo eliminasse il problema dei senzatetto.

   Sperano che il nuovo governo _____ il problema dei senzatetto.

5. Non c'è nessuno che si fidi di lui.

   Non c'era nessuno che _____ di lui.

6. Qualunque sia il problema, bisogna risolverlo.

   Qualunque _____ il problema, bisognava risolverlo.

7. Parlano dei tossicodipendenti come se non facciano parte della società.

   Parlavano dei tossicodipendenti come se non _____ parte della società.

8. Speriamo che lo sciopero finisca presto.

   Speravamo che lo sciopero _____ presto.

9. Vi do il libro perché lo leggiate.

   Vi ho dato il libro perché lo _____.

10. Eravamo contenti che fossero ritornati.

    Siamo contenti che _____.

B. Problemi sociali. Utilizza ciascun gruppo di parole per formare una frase.

> ESEMPIO: Era bene che / Martin Luther King / lottare / contro / l'ingiustizia →
> Era bene che Martin Luther King lottasse contro l'ingiustizia.

1. Sarebbe bene che / la gente / cercare di / eliminare / l'inquinamento

   _____

2. Bisogna che / i genitori / fidarsi di / i figli

   _____

3. Tutti vorrebbero che / non esistere / il razzismo

_____

4. È necessario che / il governo / assicurare / la parità di diritti / tra uomini e donne

_____

5. È bene che / la gente / lottare / per / proteggere / i diritti di ogni cittadino

_____

—Ma a te piacerebbe che
venissimo a curiosare^a in   ^asnoop around
casa tua?

C. **Sbagliato!** Meno male che c'è Gregorio per dirti come sono le cose! Reagisci alle sue affermazioni.
Usa **pensare** o **credere.** Segui l'esempio.

ESEMPIO: Non sono fratelli, sono amici. → Oh, pensavo che fossero fratelli!

1. Non sono contro la legge sull'aborto; sono contro la legge che limita l'assistenza agli immigrati.

_____

2. Non si è fermata a fare spese; si è fermata al Centro sociale.

_____

3. Non hanno organizzato uno sciopero; hanno organizzato una conferenza sull'Aids.

_____

4. Non sono extracomunitari; sono turisti.

_____

D. **Mini-dialoghi.** Completa i dialoghetti con il tempo adeguato del congiuntivo o con l'infinito.
Aggiungi le preposizioni, se sono necessarie.

1. s1: Credevo che Marco _____ (sapere) che Luisa e Stefano divorziano.

    s2: Tutt'altro. Quando l'ho visto mi ha detto di non _____ (saperne) niente.

2. s1: Mi dispiace tanto che il signor De Marco _____ (stare) male. Vorrei

    _____ (fare) qualcosa per la famiglia.

    s2: Non ti preoccupare—ho l'impressione che le cose _____ (andare) già un

    po' meglio per loro.

3. s1: Cercano qualcuno che _____ (conoscere) il BASIC.

s2: Davvero? Pensavo che _____ già _____ (trovare)

qualcuno.

4. s1: Questo documentario sull'alcolismo è il più interessante che io _____ mai

_____ (vedere).

s2: Sarebbe una buona idea che anche gli altri lo _____ (vedere).

5. s1: Ho deciso _____ (scrivere) una lettera ai Della Corte. Ti ricordi il loro

padre?

s2: Un uomo in gamba! Continuava _____ (organizzare) conferenze e

_____ (lottare) contro i pregiudizi benché _____ (avere)

più di novant'anni.

E. **Sarebbe meglio che...** Sentirai un dialogo dal tuo testo due volte. La prima volta, ascolta attentamente. La seconda volta, completa il dialogo con le parole che mancano. Controlla le tue risposte con le soluzioni date in fondo al libro.

LAURA: Mamma, ho deciso di accettare quel lavoro a New York.

MADRE: Ma non sarebbe meglio che ____ _____[1] qui a

Trieste, vicino alla famiglia, agli amici? A New York c'è il

problema della violenza e della droga: non voglio che ____

_____[2] qualcosa di brutto...

LAURA: Mamma, il problema della violenza e della droga c'è in tutte le grosse città. E poi, vorrei che tu

_____[3] che è importante che io _____[4] nuove esperienze.

MADRE: Capisco, Laura, ma è naturale che io ____ _____[5]...

F. **Idee politiche.** Completa le seguenti frasi, secondo i suggerimenti. Ripeti la risposta.

ESEMPIO: *Senti:* Vorrei che...
Leggi: il razzismo / non esistere
Dici: Vorrei che il razzismo non esistesse.

1. la gente / cercare di eliminare l'inquinamento
2. i genitori / apprezzare le idee dei giovani
3. la gente / prendere sul serio i problemi degli anziani
4. il governo / lavorare per eliminare la povertà

G. **Acquisti.** Giuseppe e Franca hanno appena acquistato una nuova macchina. Quando Giuseppe ti confida (*tells you*) i suoi pensieri sull'argomento, esprimi il tuo accordo. Ripeti la risposta.

ESEMPIO: *Senti:* Speriamo di avere fatto bene.
Dici: Anch'io spero che abbiate fatto bene.

1. ... 2. ... 3. ... 4. ... 5. ...

Lezione 4: Prospettive

Lettura

La società multiculturale

Leggi il brano e rispondi alle domande.

Anche l'Italia, oggi, è una società multiculturale. Deve affrontare i problemi che integrazione, razzismo e disoccupazione portano con se. Prima dell'arrivo dei nordafricani (dalla Tunisia, dall'Algeria e dal Marocco), l'Italia aveva già il problema interno, economico ma anche sociale, della differenza tra Nord e Sud (un Nord più ricco e un Sud meno sviluppato e più povero, che ancora oggi esiste). È uno stereotipo conosciuto bene quello dell'italiano meridionale considerato pigro, magari mafioso, non «italiano». Uno stereotipo che non prende in considerazione come la ricchezza del Nord è stata creata da migliaia di meridionali che sono emigrati dal Sud al Nord in cerca di lavoro e che si sono scontrati con le difficoltà di integrazione. Hanno aiutato l'economia della nazione, negli anni '50 e '60, quando l'Italia ha avuto una forte espansione economica.

Adesso l'Italia, quinta potenza industriale, è un paese ricco. Le crisi internazionali nei paesi a lei vicini hanno costretto grandi masse di uomini, donne e bambini a chiedere asilo in Italia dall'Albania, dalla Croazia, dalla Bosnia e ancora prima dal Marocco, dal Senegal o dall'Etiopia o Somalia (un tempo colonie italiane). Questo ha creato tensioni interne anche perché in Italia c'è una forte disoccupazione tra i giovani, specialmente nel Sud.

Alcuni partiti hanno chiesto di vietare l'ingresso a queste persone, altri hanno chiesto di dividere l'Italia in due o tre nazioni indipendenti, anche per tagliare ogni legame del Nord col Sud. La maggior parte della popolazione italiana ha risposto con la solidarietà, ma i problemi ovviamente continuano ad esistere.

Forse una politica unica europea e l'aiuto all'Italia da parte dell'Europa riusciranno a migliorare la situazione. Ma intanto l'Italia del 2000, da terra da cui si emigrava un secolo fa per andare in America, è diventata terra di immigrazione, una patria promessa per molti popoli e molta gente esiliata dai paesi dell'Est e del Sud del mondo.

1. Qual è uno stereotipo italiano nella divisione tra Sud e Nord? _____
   _____

2. Che cosa ha creato tensioni in Italia in anni recenti? _____
   _____

3. Che cosa è cambiato nell'Italia di oggi? _____
   _____

☼ Ed ora ascoltiamo!

Piero ed Elio, due vecchi amici cinquantenni, discutono della società italiana di oggi, e dei suoi problemi. Sentirai il loro dialogo. Puoi ascoltare il dialogo quante volte vuoi. Sentirai, per due volte, cinque frasi e dovrai segnare, per ciascuna frase, vero o falso.

1. vero   falso   4. vero   falso

2. vero   falso   5. vero   falso

3. vero   falso

Un po' di scrittura

❖ **Diversità.** Società multietnica: è possibile la convivenza (*living together*)? Scrivi una pagina e mezzo. Scrivi su un tuo foglio.

> ESEMPIO: Secondo me, la convivenza non è solo possibile ma è anche necessaria. Dire che il mondo sta diventando più piccolo è un cliché, ma è un cliché verissimo; se la gente imparasse a rispettare le differenze...

☼ Dettato

Sentirai un dettato tre volte. La prima volta, ascolta attentamente. La seconda volta, il dettato verrà letto con pause tra le frasi. Scrivi quello che senti. La terza volta, correggi quello che hai scritto. Scrivi sulle righe date. Controlla il tuo dettato con le soluzioni date in fondo al libro.

Laura è italoamericana ed è _____

_____

_____

_____

_____

_____

_____

_____

_____

_____

_____

_____

_____

Attualità

A. Basta un po' di buona volontà (*will*)! Leggi lo spot pubblicitario sotto e rispondi alle domande che seguono. Scrivi frasi complete.

C'È BISOGNO ANCHE DEL TUO AIUTO PER LOTTARE CONTRO L'AIDS
SOSTIENI LA LILA

LILA
LEGA ITALIANA PER LA LOTTA CONTRO L'AIDS

PREVENZIONE
INFORMAZIONE
ASSISTENZA
SOLIDARIETÀ
DIFESA DEI DIRITTI

Versamenti sul c/c postale N° **12713202** intestato a:
L.I.L.A. Sede di Milano: V.le Tibaldi, 41 - 20136 MILANO
oppure: Cariplo - Agenzia 29 - Milano c/c N° **17350/1** intestato a
L.I.L.A. Nazionale

Per informazioni telefona ai seguenti numeri dove potrai ricevere direttamente
risposte alle tue domande o chiedere l'indirizzo delle 25 sedi dislocate su tutto il
territorio nazionale per avere informazioni più specifiche sulla tua realtà.

LILA Nazionale 02/58114980 Servizio informazioni 02/58103515

1. Cos'è la Lila?

   _____

2. Secondo te, a chi è diretto questo appello (*appeal*)?

   _____

3. A che numero bisogna telefonare per avere informazioni?

   _____

❖   4. Ci sono leghe simili a questa in questo paese? Come si chiamano? Le sostieni (*Do you support them*)?

   _____

   _____

❖ **B. Solidarietà.** Alcolismo, tossicodipendenza, razzismo, intolleranza religiosa, malattie incurabili: crea un tuo annuncio pubblicitario che abbia a che fare con uno dei problemi elencati. Specifica di che associazione si tratta, cosa si richiede, dove telefonare, eccètera. Scrivi da 8 a 10 frasi. Scrivi su un tuo foglio.

   ESEMPIO: LALC, la Lega Americana per la Lotta contro il Cancro! Preveniamolo (*Let's prevent it*), informiamoci! Molte persone hanno bisogno del tuo aiuto... Per informazioni, telefona a...

Prova-quiz

A. Piccoli dialoghi. Completa i dialoghetti con la forma adeguata di **avere** o **essere** (all'indicativo o al congiuntivo).

1. s1: Mi hanno detto che Massimo si _____ laureato in fisica. _____ vero?

   s2: A dire la verità, ho l'impressione che _____ la laurea in biologia, ma non sono sicuro.

2. s1: Come stanno i signori Ruggieri? Ho l'impressione che _____ molto stanchi.

   s2: Anch'io lo penso. So che _____ fatto un lungo viaggio; può darsi che _____ bisogno di riposarsi.

3. s1: Sono sicura che Mario _____ partito stamattina.

   s2: E allora dov'è? È possibile che non _____ ancora arrivato?

4. s1: Sai, Giorgio mi ha detto che Cinzia e Sandro si _____ lasciati.

   s2: Se te l'ha detto lui, è chiaro che _____ una bugia!

B. Davvero? Nicola è sempre contento di sentire belle notizie sugli altri. Scrivi le sue reazioni alle seguenti affermazioni. Comincia ogni frase con **Davvero? Sono contento che...** Segui l'esempio.

ESEMPIO: Sai che non ci sono lezioni oggi? →
Davvero? Sono contento che non ci siano lezioni oggi!

1. Sai che Giovanna si sposa?

   _____

2. Sai che Mario è stato eletto?

   _____

3. Sai che Maurizio va in America?

   _____

4. Sai che gli zii si sono trasferiti a Sirmione?

   _____

5. Sai che Stefania ha avuto una borsa di studio (*scholarship*)?

   _____

6. Sai che il signor Feltrinelli sta meglio?

   _____

7. Sai che Guido si è sposato?

   _____

8. Sai che i Bargellini hanno comprato una casa?

   _____

C. Mi tengo il mio lavoro! Mimmo ha deciso di non accettare un lavoro che gli è stato offerto. Completa la sua lettera con le adeguate preposizioni (se necessarie) e la forma giusta dei verbi tra parentesi.

Gentile Dottor Perdomini,

dopo _____[1] (pensare) a lungo alla Sua proposta di lavoro, ho deciso

_____[2] continuare _____[3] scrivere per il mio giornale. Per

quanto allettante (*enticing*) _____[4] (essere) lo stipendio, mi sembra

_____[5] non trovare le condizioni di lavoro abbastanza soddisfacenti.

Sfortunatamente non sono riuscito _____[6] convincerLa _____[7]

accettare le mie richieste contrattuali, sebbene queste _____[8] (essere) tutte molto

ragionevoli.

Non credo _____[9] poter mai _____[10] abituarmi

_____[11] lavorare ottanta ore la settimana; _____[12] (viaggiare)

ogni week-end mi sembra poi assurdo.

A meno che Lei non _____[13] (riconsiderare) questi due punti, non penso

_____[14] essere il candidato giusto per la Sua ditta.

La prego gentilmente _____[15] rispondere alla mia lettera prima che io

_____[16] (partire) per le vacanze.   Distinti saluti,

                                                                                    Mimmo Celletti

D. Discussioni. Guido, Enrico e Giulia discutono le ultime dichiarazioni politiche del governo. Completa il dialogo con il congiuntivo presente, congiuntivo passato o l'infinito dei verbi dati tra parentesi.

GIULIA: Allora, sembra che (loro) _____[1] (volere) tagliare (*to cut*) le pensioni...

GUIDO: Sì, pare che (loro) _____[2] (ridurre) la percentuale dello stipendio con cui si va

          in pensione.

ENRICO: Non hanno ancora capito che bisogna che i ricchi _____[3] (pagare) più tasse

          mentre è giusto che gli operai, gli impiegati, gli insegnanti _____[4] (avere) la

          pensione che si sono guadagnati!

GIULIA: Nella riunione di ieri credo che _____[5] (decidere) anche di dare più soldi alle

          scuole private. Così è probabile che le nostre scuole pubbliche, che adesso funzionano molto

          meglio di quelle private, _____[6] (diventare) le scuole dei poveri. Peccato che

          io non _____[7] (essere) ministro!

GUIDO: Mi sembra che (noi) _____[8] (essere) tornati indietro di cinquant'anni!

E. Traduzioni. Traduci in italiano. Scrivi su un tuo foglio.

When Fatima and Manuel arrived in Italy, they were hoping to become integrated (**integrarsi**) into the new society without too many problems. They would have preferred to stay in their country, if it had only been possible. . . . It was important for them to find a job right away, but it wasn't easy. They had to fight against the intolerance of many, and sometimes they wished they had never come. Fortunately, they met many people engaged in social causes who were happy to help them.

Answer Key

For the Laboratory Manual portions of this *Workbook/Laboratory Manual*, the only answers provided here are those not provided on the audio program itself.

CAPITOLO PRELIMINARE   *COMINCIAMO!*

A. Saluti ed espressioni di cortesia.   A. Presentazioni e saluti. DIALOGUE 1: 1. giorno 2. chiamo 3. Sono 4. di. DIALOGUE 2: 1. sera 2. Mi 3. studente 4. Sono.   B. Espressioni di cortesia. 1. Mi scusi! 2. Prego? or Scusi? 3. Piacere! 4. Prego!   C. Presentazioni. 1. Mi 2. Sono 3. di 4. giorno 5. chiamo 6. professoressa.   E. DIALOGUE 1: 1. Scusi 2. si 3. piacere 4. E. DIALOGUE 2: 1. Bene 2. Lei 3. male 4. Arrivederci DIALOGUE 3: 1. va 2. tu 3. Ciao.   **B. In classe.**   A. Espressioni, domande e istruzioni. 1. Non ho capito. 2. Come si scrive cappuccino? 3. Cosa vuol dire primavera? 4. Ascoltate! 5. Ripetete per favore!   B. Nell'aula. 1. una lavagna 2. un voto 3. una matita 4. una mappa 5. un dizionario 6. un libro.   C. Come si dice? 1. come 2. dice 3. Benissimo 4. Scusi 5. scrive 6. Prego 7. Aprite 8. come 9. capisco 10. favore.   D. Ecco una classe. 1. un banco 2. una sedia 3. un compito 4. un gesso 5. una penna 6. un foglio di carta 7. una matita 8. un quaderno 9. una porta 10. una lavagna.   **C. Alfabeto e suoni.**   A. L'alfabeto italiano e le parole straniere. 1. j (i lunga) k (cappa) y (epsilon) x (ics) w (doppia vu) 2. h (acca).   B. Come si scrive? 1. A, enne, di, erre, e, a. Bi, o, ci, e, doppia elle, i. 2. Esse, o, pi, acca, i, a. Elle, o, erre, e, enne. 3. Erre, o, bi, e, erre, ti, o. Bi, e, enne, i, gi, enne, i. 4. Di, a, enne, ti, e. A, elle, i, gi, acca, i, e, erre, i. 5. U, emme, bi, e, erre, ti, o. E, ci, o. 6. Gi, u, gi, elle, i, e, elle, emme, o. Emme, a, erre, ci, o, enne, i.   I. Accento tonico. 1. gramm̲atica 2. import̲anza 3. part̲ire 4. partir̲ò 5. m̲usica 6. trentatr̲é 7. s̲ubito 8. umilt̲à 9. ̲abitano 10. cant̲avano.   J. Accento scritto. 1. prendere 2. prenderò 3. caffè 4. università 5. cinquanta 6. civiltà 7. virtù.   **D. Numeri da uno a cento.**   A. Quanti? 1. sessantadue 2. ventitré 3. ottantuno 4. diciannove 5. cento 6. cinquantasette.   B. Operazioni matematiche. 1. undici 2. cinquanta 3. settantatré 4. ventisette 5. cinquantatré 6. dodici 7. tre 8. ottantacinque.   **E. Calendario.**   A. Mesi e stagioni. 1. inverno: dicembre/gennaio/febbraio/marzo 2. primavera: marzo/aprile/maggio/giugno 3. estate: giugno/luglio/agosto/settembre 4. autunno: settembre/ottobre/novembre/dicembre.   B. Anni, date di nascita. Answers will vary. C. Calendario. 1. È mercoledì. 2. È lunedì. 3. È martedì. 4. È domenica.   F. Giorni della settimana. 1. martedì 2. giovedì 3. sabato 4. domenica 5. venerdì 6. lunedì 7. mercoledì.   **F. Parole simili.** A. Parole corrispondenti. 1. national 2. information 3. opportunity 4. excellent 5. courageous 6. actor.   B. Indovina! 1. soluzione 2. scienza 3. capacità 4. internazionale 5. curioso 6. impossibile. E. Tocca a te! 1. Mi chiamo… 2. Sono di… 3. Ho… anni 4. Sono studente/studentessa d'italiano.

CAPITOLO 1   *BENVENUTI A TUTTI!*

LEZIONE 1: VOCABOLARIO   A. In una stazione italiana. 1. Buon giorno 2. cognome 3. prego 4. scusi 5. un ufficio cambi 6. una banca 7. arrivederci 8. Prego; 1. Walker 2. Venezia 3. no 4. in Piazza Verdi.   B. I mezzi di trasporto. 1. una bicicletta 2. un autobus 3. una macchina 4. un aeroplano.   C. Dove sono? 1. in un aeroporto 2. in un cinema 3. in un museo 4. in una scuola 5. in un ospedale 6. in un negozio 7. in uno stadio 8. in un ristorante.   LEZIONE 2: GRAMMATICA   **A. Nomi: genere e numero.**   A. In una stazione. Irene: una birra; Alessandra: un caffè; Leonardo: una banana, una bottiglia d'acqua minerale e un panino.   B. Sul genere 1. m 2. f 3. m 4. m 5. m 6. f 7. f 8. m 9. m 10. f   C. Singolari → plurali. 1. lire 2. stazioni 3. dollari 4. caffè 5. panini 6. birre 7. uffici 8. film.   D. Plurali → singolari. 1. signora 2. professore 3. vino 4. aranciata 5. ragazzo 6. ragazza 7. università 8. lezione.   **B. Articolo indeterminativo e *buono*.**   A. Un, una… 1. un/una 2. una/uno 3. un'/un 4. uno/una 5. un/un 6. un'/un 7. uno/una 8. un/un.   B. Uno, non due! 1. un treno 2. un aeroplano 3. un'automobile 4. un autobus 5. una bicicletta 6. uno zoo 7. una foto 8. una motocicletta.   C. Una buon'idea. 1. un buon amico 2. una buon'amica 3. una buona cioccolata 4. un buono zio 5. una buon'automobile 6. un buon ospedale 7. un buono stipendio 8. un buon vino.   **D.** Che buono! 1. Che buona pasta! 2. Che buon cappuccino! 3. Che buon panino! 4. Che buon'aranciata! 5. Che buon tè! 6. Che buon latte! 7. Che buon caffè! 8. Che buon gelato!   **E.** Facendo le valige. *You should have checked the following items:* un passaporto, una mappa della città, un biglietto aereo, una carta di credito, una borsa grande, uno zaino.   **F.** Un buon caffè in aeroporto. 1. buon 2. buon 3. buon 4. buoni 5. buon' 6. buona 7. buon 8. buoni.   LEZIONE 3: GRAMMATICA   **C. Presente di** *avere* **e pronomi soggetto.**   **A.** Io, tu… loro. 1. Loro hanno parenti in Italia. 2. Voi avete amici? 3. Lui/Lei ha un buon lavoro. 4. Tu non hai dollari. 5. Noi abbiamo un gatto. 6. Carlo? Lui non ha un cane. 7. Teresa? Lei non ha soldi. 8. Loro non hanno una bicicletta.   **B.** Chi ha? 1. abbiamo 2. ha 3. hanno 4. Avete 5. ho/hai 6. avete.   **C.** Curiosa! 1. Ha un gatto. 2. Abbiamo una casa. 3. Hanno uno zio in Argentina. 4. Ho un buon amico. 5. Ha un dollaro. 6. Ho un buon libro.   **E.** Parenti, amici, cugini in America. 1. io 2. Loro 3. Hai 4. ho 5. Hai 6. Lei 7. avete 8. abbiamo.   **D. Espressioni idiomatiche con** *avere.*   **A.** Ho voglia di una pizza! 1. ha quattro anni. 2. hanno sete. 3. abbiamo fretta. 4. avete sonno. 5. ha fame. 6. ha voglia di un gelato.   **B.** Io ho caldo, e tu? Answers will vary.   **C.** Una nuova compagna di stanza. 1. Quanti anni hai? 2. Hai un gatto o un cane? 3. Hai una macchina? 4. Hai voglia di un caffè? 5. Hai allergie?   **D.** Ho… 1. hai 2. ho 3. voglia 4. fame 5. di 6. abbiamo 7. Hai 8. ragione.   LEZIONE 4: PROSPETTIVE   **Lettura.** Una bella città e una bella regione… 1. Venezia è in Veneto, una regione del Nord d'Italia. 2. È una città antica, con molti monumenti, su una laguna. A Venezia non ci sono macchine, ma gondole. 3. Sono isole. 4. A Burano le case sono di molti colori. Murano è famosa per la produzione del vetro. Torcello ha una chiesa famosa con bellissimi mosaici. 5. le Alpi, le Dolomiti, Verona, Padova, il fiume Brenta.   **Un po' di scrittura.** Answers will vary.   **Dettato.** Ecco che cosa ha Filippo in una valigia: un computer, cinque libri di testo di italiano, un dizionario, una carta dell'Italia, quattro quaderni, tre penne e due matite.   **Attualità.**   **A.** *P* come Perugia… Answers will vary.   **B.** Buon viaggio! 1. Buon appetito! 2. Buon anno! 3. Buon viaggio! 4. Buon divertimento! 5. Buon compleanno! 6. Buon week-end! 7. Buon lavoro! 8. Buona fortuna!

CAPITOLO 2   *LA CLASSE E I COMPAGNI*

LEZIONE 1: VOCABOLARIO   **A.** Come sono? 1. una studentessa allegra e uno studente triste 2. una ragazza giovane e un uomo vecchio 3. un ragazzo biondo e una ragazza bruna 4. un uomo basso e una donna alta.   **B.** Qualità! 1. vecchio 2. magro 3. triste 4. bruno 5. piccolo 6. corto 7. basso 8. liscio 9. antipatico 10. disonesto 11. rilassato 12. irresponsabile.   **C.** Bandiere e colori! 1. È bianca, rossa e blu. 2. È verde, bianca e rossa. 3. Answers will vary.   **E.** La classe e i compagni. Aula: grande, due lavagne e un orologio; Numeri di studenti: 20 nuovi compagni di classe, 13 ragazze e 7 ragazzi; Descrizione di Caterina: alta, burna, occhi neri magnetici, con gli occhiali, simpatica; Descrizione di Enrico: robusto, sportivo, allegro, bruno, occhi verdi; Descrizione di Angelo: magro, piccolo, biondo, occhi azzurri, sportivo ed energico.   LEZIONE 2: GRAMMATICA   **A. Aggettivi.**   **A.** Ecco la foto di un amico… 1. È di Firenze. È italiano. 2. È un bravo studente. 3. È stressato e nervoso. 4. È divertente e allegro.   **B.** Italiani e francesi.   **1.** 1. italiana 2. italiana 3. italiana 4. italiane 5. italiani 6. italiano 7. italiana   **2.** 1. francese 2. francese 3. francesi 4. francesi 5. francesi 6. francesi.   **C.** Plurali. 1. esercizi facili 2. lezioni difficili 3. appartamenti cari 4. ragazze cinesi.   **D.** Singolari. 1. cameriere simpatico 2. studentessa intelligente 3. dollaro canadese 4. piazza italiana.   **E.** Genova, una città poco conosciuta all'estero. 1. molto 2. molto 3. molti 4. molti 5. molte 6. molto 7. molto 8. molto 9. molta.   **B. Presente di** *essere.*   **A.** Siamo di…   **1.** 1. sono 2. sono 3. siamo 4. è 5. sei 6. siete   **2.** 1. è 2. siamo 3. è 4. è 5. sono.   **B.** Sei Luca? 1. No, non sono alta. 2. No, non siamo bruni. 3. No, non sono giapponese. 4. No, non siamo bassi. 5. No, non sono coreano. 6. No, non siamo magri.   **C.** Non uno, ma due! 1. No, ci sono due aeroporti! 2. No, ci sono due cani! 3. No, ci sono due macchine! 4. No, ci sono due studenti! 5. No, ci sono due studentesse!   **D.** Chi sono Simone, Emanuele e Roberto? Età e professione di Simone: vent'anni, studente di Economia. Età e professione di Emanuele: ventidue anni, studente di Educazione fisica. Com'è Emanuele? È molto energico e sportivo. Età e professione di Roberto: diciannove anni, studente di Veterinaria. Com'è Roberto? È molto simpatico e divertente. Chi sono Rodolfo e Macchia? Rodolfo è un gatto e Macchia è un cane. Com'è Rodolfo? Rodolfo è pazzo ma carino. Com'è Macchia? Macchia è tranquilla e vecchia. Ha 15 anni.   LEZIONE 3: GRAMMATICA

C. Articolo determinativo e bello.   A. Ecco qui! 1. Ecco il professore! 2. Ecco la professoressa! 3. Ecco lo studente! 4. Ecco l'americano! 5. Ecco l'americana! 6. Ecco l'ospedale! 7. Ecco il supermercato! 8. Ecco lo zoo!   B. Caratteristiche psicologiche. 1. L' 2. l' 3. La 4. il 5. Lo 6. la 7. Le 8. i 9. Gli 10. gli.   C. Che bello! 1. Che bei negozi! 2. Che bella piazza! 3. Che begli stadi! 4. Che bell'università! 5. Che belle chiese! 6. Che bello zoo! 7. Che bell'albergo! 8. Che bella stazione!   D. Gli amici di Mark. 1. i 2. gli 3. La 4. bei 5. begli 6. I 7. i 8. L' 9. i.   **D. Ancora sui plurali.**   A. Singolari e plurali. 1. due valige grige 2. due vecchi ristoranti 3. due negozi magnifici 4. due amiche greche 5. due amici simpatici 6. due lunghi viaggi.   B. Di tutto un po'. 1. I medici hanno due figlie simpatiche. 2. I gatti sono animali domestici. 3. Ecco gli spaghi per legare i pacchi! 4. Abbiamo due valigie di buona marca. 5. Abbiamo due colleghe apatiche.   LEZIONE 4: PROSPETTIVE   **Lettura.**   Italiano a Perugia.   1. simpatica, ci sono venticinque studenti, una professoressa brava e entusiasta 2. gli Stati Uniti, il Giappone, la Cina, la Germania, la Spagna, la Grecia, la Russia, la Polonia 3. Ivan: alto, robusto, biondo, con gli occhi azzurri, molto gentile; Benita: piccola e magra, con capelli bruni e lisci e gli occhi neri, seria e simpatica 4. Simone è un italo-americano di New York. È a Perugia per studiare italiano. 5. A Perugia ci sono molti musei e monumenti, e molte piazze e chiese. In estate c'è una manifestazione musicale importante.   **Un po' di scrittura.**   Answers will vary.   **Dettato.**   In quest'aula grande e luminosa, ci sono ventisei studenti. Ci sono quattordici studentesse e dodici studenti. I banchi sono nuovi, le sedie sono comode, c'è l'aria condizionata, e abbiamo anche un bel poster italiano e una bella carta geografica dell'Europa. La professoressa d'italiano è brava e le lezioni sono interessanti.
Attualità.   Answers will vary.

CAPITOLO 3   *MIA SORELLA STUDIA ALL'UNIVERSITÀ*

LEZIONE 1: VOCABOLARIO   A. Relazioni familiari. 1. mio zio 2. mia zia 3. mio fratello 4. mio nonno 5. mia madre 6. i miei cugini; Answers will vary.   B. Associazioni. 1. e 2. d 3. f 4. a 5. b 6. c.   C. Un piccolo cruciverba. Orizzontali: 2, 1 filosofia; 5, 1 medicina; 5, 10 orali; 9, 1 architettura; 15, 6 storia; 17, 1 matematica; Verticali: 2, 2 ingegneria; 4, 13 lettere; 6, 7 materie; 8, 7 antropologia; 11, 2 giurisprudenza; 13, 1 facoltà; 13, 10 scritti.   D. La mia settimana all'università. Answers will vary.   G. Io studio… 1. storia 2. letteratura 3. greco 4. latino 5. matematica 6. trigonometria 7. lettere 8. letteratura 9. Fisica.
LEZIONE 2: GRAMMATICA   **A. Presente dei verbi in -*are*.**   A. Che gruppo in gamba! 1. studia 2. lavora 3. parla 4. studiano 5. parlano 6. mangiano 7. lavorano 8. tornano 9. abito 10. arrivo 11. Frequento 12. imparo 13. spiegano 14. studiamo 15. mangiamo 16. lavoriamo 17. suoniamo.   B. Io e la mia famiglia. 1. amo 2. abitiamo 3. vive 4. frequenta 5. telefonano 6. parlare 7. torna 8. porta.   C. Il mondo della scuola e il mondo del lavoro. 1. lavora 2. insegno 3. studiate 4. suonate 5. dimentichi 6. frequenta 7. balla 8. canta.   D. Un'altra famiglia di insegnanti e studenti. 1. insegna 2. frequentano 3. studio 4. Frequento 5. studio 6. studiamo 7. lavoriamo 8. studia 9. lavora.   **B. *Dare, stare, andare* e *fare*.** A. Lezioni private. 1. do 2. danno 3. dai 4. diamo 5. date 6. dà.   B. A un congresso. 1. andiamo 2. vado 3. vanno 4. va 5. vai 6. andate.   C. Cosa facciamo stasera? 1. stai 2. Sto 3. fai 4. facciamo 5. stiamo 6. faccio 7. fate 8. stanno 9. stanno 10. fanno 11. sta 12. sta.   D. Che noia! 1. Cosa fai stasera? 2. Gianni dà una festa? 3. Marco e Adele stanno a casa? 4. Andiamo a mangiare ad una pizzeria e poi andiamo al cinema. 5. Tu e Manuela date gli orali di sociologia lunedì? 6. Fa proprio caldo qui e sono solo le undici e un quarto. 7. Domani vado a casa in treno. 8. Perché non stai attento quando il professore parla? H. La vita degli studenti. 1. va 2. Sto 3. Dai 4. stare 5. dai 6. do 7. Sto 8. andiamo.   **C. Aggettivi possessivi.**   A. Di chi sono? 1. la mia 2. i nostri 3. le sue 4. i miei 5. i suoi 6. i loro.   B. Sì o no. 1. S1: È la mia scuola? S2: No, non è la tua scuola. 2. S1: Sono i tuoi compiti? S2: Sì, sono i miei compiti. 3. S1: Sono le vostre matite? S2: Sì, sono le nostre matite. 4. S1: È la bicicletta di Luisa? S2: No, non è la sua bicicletta. 5. S1: Sono i gatti di Stefano? S2: Sì, sono i suoi gatti. 6. S1: Sono i nostri quaderni? S2: No, non sono i vostri quaderni.   C. Che lista lunga… 1. il suo zaino 2. la sua penna 3. Il suo block-notes 4. la sua borsa 5. i loro occhiali 6. le loro chiavi della macchina 7. il suo cellulare.   E. La mia professoressa preferita è… 1. L'assistente di astronomia è la sua insegnante preferita. 2. Le sue lezioni sono super-affascinanti. 3. Perché è la sua fidanzata.   LEZIONE 3: GRAMMATICA   **D. Possessivi con termini di parentela.**   A. Mini-dialoghi. 1. la mia/il mio/i tuoi/i miei 2. i vostri/I nostri/le vostre/Le nostre 3. Suo/I loro.   B. Chi arriva oggi? 1. Oggi arriva un mio nipote. 2. Oggi arrivano due nostre

cugine/nostri cugini. 3. Oggi arrivano due tue zie. 4. Oggi arrivano due vostre sorelle. 5. Oggi arriva una loro nipote. 6. Oggi arriva un suo fratello.   C. Un albero genealogico. (*Answers to art*) 1. mio nonno 2. mia nonna 3. mio nonno 4. mia nonna 5. mia zia: professoressa di biologia 6. mio zio: medico 7. mio padre: insegnante di matematica 8. mia madre: insegnante di chimica 9. mia zia: dentista 10. mio zio: dentista 11. mia zia: segretaria 12. io: studente di fisica 13. mio fratello: studente di fisica (*Answers to exercises*) 1. Il suo 2. Suo padre 3. Sua madre 4. suo zio 5. La sua zia 6. suoi zii 7. Suo 8. I suoi.
E. *Questo e quello*.   A. Quello, non questo! 1. No, quel ragazzo! 2. No, quell'automobile! 3. No, quelle amiche! 4. No, quel autobus! 5. No, quello zoo! 6. No, quegli studenti! 7. No, quei negozi! 8. No, quegli amici!   B. Questa o quella per me pari sono? 1. Questo 2. Questi 3. Quell' 4. Quelle 5. Questo 6. Quel.
LEZIONE 4: PROSPETTIVE   **Lettura.**   Studiare in Italia.   1. la scuola elementare; 5 anni; la lingua italiana, la storia, la geografia, la matematica, le scienze, il disegno, la educazione fisica, l'inglese o il francese; esami finali complessivi 2. la scuola media; 3 anni; la lingua italiana, la storia, la geografia, la matematica, le scienze, il disegno, la educazione fisica, l'inglese o il francese; esami finali complessivi 3. la scuola superiore; 5 anni; l'italiano, la storia, la matematica, le scienze, la lingua straniera; l'esame di maturità.   Answers will vary.   **Un po' di scrittura.**   Answers will vary.   **Dettato.**   Mariella, Stefano e Patrizia, amici d'infanzia, si ricordano il loro passato di studenti: quegli otto anni passati insieme, cinque alla scuola elementare e tre alla scuola media. Ed ora frequentano licei diversi. E sicuramente nel loro futuro, le facoltà universitarie sono ancora diverse.   **Attualità.**   A. Un ricordo di scuola. Answers will vary.   B. Una lettera. Answers will vary.
PROVA-QUIZ.   **A. Ecco un esercizio!** 1. una/un 2. una 3. un' 4. uno/una/un 5. uno 6. un/un'
B. Anche lei. 1. sono irlandesi 2. è russo 3. è inglese 4. è stanco 5. sono felice **C. Io ricordo tutti!** 1. lavora 2. insegno 3. studiate 4. suonano 5. guidiamo 6. dimentichi 7. frequenta 8. balla 9. cominciamo 10. canto.   **D. Traduzioni.** 1. Io ho una bicicletta, tu hai un motorino e lei ha una macchina. 2. Non hanno un appartamento. Hanno una casa. 3. Abbiamo un buono zio; ha sempre fretta! 4. Pietro ha un lavoro. Ha un buon lavoro e un buono stipendio. 5. Hai voglia di un gelato?

CAPITOLO 4   *FORZA, AZZURRI!*

LEZIONE 1: VOCABOLARIO   A. Cosa fanno? 1. ascoltano la musica 2. giochiamo a pallacanestro 3. cucina 4. fate una passeggiata 5. nuotate 6. scii 7. vanno a teatro. 8. viaggia.   B. Com'è il tempo? 1. Tira vento. 2. Nevica. 3. È nebbioso. 4. Piove. 5. È sereno.   C. Mini-sondaggio. Answers will vary.   E. Cosa facciamo stasera? 1. facciamo 2. Andiamo 3. vediamo 4. ho 5. voglia 6. danno 7. vuoi 8. facciamo 9. guardiamo 10. Fa 11. passare 12. abbiamo 13. pulire 14. capisco 15. faccio 16. pulisci.   LEZIONE 2: GRAMMATICA   **A. Presente dei verbi in *-ere* e *-ire*.**   A. Cosa preferisci? 1. preferisco andare 2. preferiamo partire 3. preferisce dormire 4. preferiamo ricevere la posta 5. preferisce aprire i regali 6. preferiscono pagare 7. preferisco scrivere 8. preferiamo servire.   B. Anch'io! 1. prendo lezioni di musica e di ballo 2. segue un corso di giapponese 3. ricevono molti inviti 4. serve vino rosso con la carne 5. leggo solo romanzi classici 6. corriamo tutti i giorni.   C. Capire, finire o pulire? 1. capisco/capiamo 2. finiscono/finisci/finisco 3. pulite/pulisci.   **B. *Dire*, *uscire* e *venire*; *dovere*, *potere* e *volere*.**   A. Chi viene al concerto? 1. vieni 2. vengo 3. venite 4. veniamo 5. vengono 6. vengono. B. Abitudini di famiglia. 1. esco 2. esce 3. escono 4. usciamo 5. esci.   C. Cosa dicono? 1. dicono/Dicono 2. dici/dici 3. dico/dico 4. dite/diciamo.   D. Caccia al verbo. 1. voglio 2. posso 3. devo 4. Possiamo 5. può 6. vuole 7. deve 8. vuole 9. Devo 10. Voglio.   E. Voglio, devo, posso... 1. vuole 2. dobbiamo 3. devo 4. potete 5. vogliono 6. Posso 7. Vuoi 8. può 9. Vogliamo 10. devi.
LEZIONE 3: GRAMMATICA   **C. Pronomi di oggetto diretto.**   A. Gusti diversi. 1. la 2. li 3. le 4. li 5. la 6. le 7. li 8. lo/l'.   B. Posso parlarti? 1. disturbarlo 2. vederti 3. invitarvi 4. comprarla 5. invitarle 6. aspettarci 7. prepararli 8. vederLa.   **D. L'ora.**   A. Ancora una volta! 1. Sono le tre e un quarto. 2. Sono le nove meno venti. 3. È l'una e mezza. 4. È mezzogiorno meno un quarto. 5. Sono le otto meno uno. 6. Sono le dieci meno diciassette.   B. La tua giornata. Answers will vary.   C. Qual è la tua **routine di solito?** Answers will vary.   D. La giornata di Luca. 1. 8.00 2. 10.30 3. 11.45 4. 1.00 5. 2.20 6. 4.00 7. 7.30.   LEZIONE 4: PROSPETTIVE   **Lettura.**   La mia famiglia e il mio tempo libero.   Answers will vary.   **Un po' di scrittura.**   Answers will vary.   **Dettato.**   Giovanna e Rossana sono due ragazze di Milano. Frequentano l'Università statale, facoltà di lettere e filosofia. Alessandra, invece, lavora: è

architetto in uno studio del centro. La domenica le tre amiche stanno insieme: fanno gli esercizi di yoga, danno delle feste oppure vanno in campagna. **Attualità.** Answers will vary.

<h2 style="text-align:center">CAPITOLO 5 PRENDIAMO UN CAFFÈ?</h2>

LEZIONE 1: VOCABOLARIO   A. Cosa ordinano? 1. una spremuta d'arancia 2. un bicchiere di vino rosso 3. una CocaCola 4. un tè caldo con miele 5. una cioccolata calda con panna 6. un tè freddo 7. un succo di carota 8. un cappuccino.   B. Al bar. Lo spuntino di Silvia: una pasta, un cappuccino e un'acqua minerale. Lo spuntino di Andrea: una pasta e un succo di arancia.   C. Domande personali. Answers will vary.   LEZIONE 2: GRAMMATICA   **A. Preposizioni articolate.**   A. Di chi sono queste cose? 1. I biscotti sono del bambino. 2. La brioche è dello zio. 3. I salatini sono della nonna. 4. Il burro, il pane e la marmellata sono dello studente straniero. 5. Le paste sono delle signore. 6. Le bibite sono degli studenti americani.   B. Di che cosa hanno paura? 1. Hanno paura del buio. 2. Abbiamo paura della bomba atomica. 3. Ha bisogno delle vacanze. / Ha voglia delle vacanze. 4. Hai voglia del caffè macchiato. 5. Hanno paura delle tasse. 6. Ha paura degli ospedali. 7. Ha paura dell'esame di matematica. 8. Answers will vary.   C. Da chi ricevono lettere? 1. La mamma riceve lettere dal papà. 2. Io e Grazia riceviamo lettere dalla nonna. 3. Tu ricevi lettere dalla tua ragazza. 4. I nonni ricevono lettere dalle zie. 5. Francesca riceve lettere dagli amici. 6. Il signor Agnelli riceve lettere dall'avvocato. D. A che ora? 1. Va in bicicletta alle otto meno un quarto. 2. È a lezione di chimica alle nove. 3. Fa ginnastica alle undici e mezza. 4. Mangia un panino all'una. 5. Va in biblioteca alle due. 6. Prepara la cena alle sette e mezza. 7. Studia alle nove. 8. Va a letto alle undici e mezza.   E. Dove? 1. in/in 2. dalla 3. in 4. della/sul 5. dall'/alle 6. in/dall' 7. di/in.   **B. Passato prossimo con *avere*.**   A. Che cosa fanno stasera e che cosa hanno fatto ieri sera? 1. ha scritto 2. abbiamo finito 3. ho avuto 4. ho messo 5. abbiamo cantato 6. avete letto 7. hanno preso 8. hai bevuto 9. ho pulito 10. ho dipinto.   B. Questa sera e ieri sera. Ieri sera io ho finito il romanzo di Antonio Tabucchi e Marianna ha incominciato i racconti di Enrico Deaglio. Alle dieci io ho telefonato a Federico e abbiamo parlato della riunione del Centro sociale; Marianna ha chiamato Rossana e hanno parlato della lezione di fotografia. Alle undici Marianna ha preparato la camomilla, alle undici e mezza abbiamo letto una rivista. A mezzanotte ho guardato un po' di televisione mentre Marianna ha preparato un panino. All'una abbiamo ascoltato un po' di musica... Quella sera abbiamo avuto un po' d'insonnia?.   C. Cosa hai fatto ieri? Answers will vary.   D. Cosa ha fatto Marcello? 1. deciso 2. pagato 3. dato 4. preparato 5. bevuto.   LEZIONE 3: GRAMMATICA   **C. Passato prossimo con *essere*.**   A. Questa mattina e ieri mattina. Ieri mattina alle nove è arrivata Margherita e insieme siamo andati a fare colazione al caffè. Alle dieci lei è andata alla Stazione Centrale e alle dieci e mezza è partita per Torino. Io sono andato all'università perché a mezzogiorno una professoressa americana è venuta a fare una conferenza sul femminismo. Anche Mauro e Federico sono venuti alla conferenza ma non Gianni: è stato impegnato fino alle tre del pomeriggio.   B. La tua giornata ieri. Answers will vary.   C. Viaggiare! 1. Noi siamo stati a Roma e abbiano visto il Colosseo. 2. Marco è stato a Parigi e ha visto la Torre Eiffel. 3. Gli zii sono stati a New York e hanno visto la Statua della Libertà. 4. Tu sei stato a Venezia e hai visto il Ponte dei Sospiri. 5. Voi siete stati a Madrid e avete visto il Museo del Prado. 6. Io sono stato/stata a Milano e ho visto il Teatro alla Scala.   D. *Essere* o *avere*? 1. hai chiesto 2. è andato 3. Hai detto 4. ha risposto 5. è venuto 6. ha salutato 7. sono arrivata 8. ho chiesto 9. Ho preparato.   **D. Conoscere e sapere.**   A. Sai fare questo esercizio? 1. conosco 2. sai 3. sapete 4. conosce 5. sappiamo 6. conoscono.   B. Conosci l'Italia? 1. Sì, conosco/No, non conosco un buon ristorante italiano. 2. Sì, so/No, non so parlare francese. 3. Sì, so/No, non so dove abita l'insegnante. 4. Sì, conosco/No, non conosco Giuseppe Tornatore. 5. Sì, so/No, non so chi è Isabella Rossellini. 6. Sì, so/No, non so fare il pesto. 7. Sì, conosco/No, non conosco delle ricette italiane. 8. Sì, so/No, non so ballare il tango.   C. Non La conosco! 1. Non lo conosco! 2. Non ti conosco! 3. Non vi conosco! 4. Non la conosco! 5. Non le conosco! 6. Non li conosco! 7. Non La conosco! 8. Non La conosco!   LEZIONE 4: PROSPETTIVE   **Lettura.** Il bar italiano. ATTIVITÀ POSSIBILI AL BAR ITALIANO: 1. prendere un caffè 2. prendere un gelato 3. giocare a carte 4. parlare del calcio 5. leggere il giornale 6. comprare le paste.   ATTIVITÀ POSSIBILI AL BAR IN QUESTO PAESE: Answers will vary.   **Un po' di scrittura.** Answers will vary.   **Dettato.** Oggi, al bar, non ho preso il solito caffè. Ho voluto solo un latte, semplice, caldo. Poi ho mangiato una brioche e ho bevuto anche una spremuta d'arancia. A dire il vero, il latte e il succo non sono andati bene insieme e sono stato male per il resto della mattina. Ho avuto mal di stomaco.   **Attualità.** Answers will vary.

LEZIONE 1: VOCABOLARIO A. Cosa preparo? Answers will vary. B. Che confusione!

```
P A S T I P F S P A G O L
A S P A G H E T T I C C O
N L A F F O R N A L R A G
L A S A A D F E T T S P U
A L F O L O R A V I O L S
S O N A F R O P E Q U R L
A R A N O B R A C A L L A
G U O N R N I S T U C C G
N O N N I S T C C I N R
E Q I L O I V A R T A G O
I G I E N I C C U T T E F
```

D. C'è chi è a dieta e chi a dieta non è… 1. un minestrone 2. gli gnocchi 3. al pomodoro 4. bistecca 5. patate fritte 6. un'insalata 7. il dolce 8. tiramisù. LEZIONE 2: GRAMMATICA **A. Pronomi di oggetto indiretto.** A. Cosa mi dite? 1. le 2. ci 3. mi 4. vi 5. ti 6. gli 7. gli 8. Le. B. Situazioni. Answers will vary. C. Diretto o indiretto? 1. li 2. lo 3. telefonarle 4. lo/l' 6. li. D. Una brutta notizia… o una bella notizia? Answers will vary. **B. Accordo del participio passato nel passato prossimo.** A. Sì o no? Risposte possibili: 1. No, non le ho imparate. 2. Sì, l'ho preso. 3. Sì, l'ho lasciata. 4. Sì, li ho comprati. 5. No, non le ho scritte. 6. Sì, l'ho letto. 7. Sì, le ho fatte. 8. Sì, le ho mangiate. 9. No, non l'ho suonata. 10. Sì, li ho visti. 11. No, non l'ho data. 12. No, non l'ho capita. B. Velocemente! 1. L'ho già scritta. 2. Li ho già lavati. 3. Le ho già pagate. 4. L'ho già comprato. 5. L'ho già presa. 6. Le ho già imparate. C. Un giro in Sicilia. 1. hai 2. ho 3. Hai 4. sono 5. siete 6. abbiamo. LEZIONE 3: GRAMMATICA **C. Piacere.** A. Ti piace il minestrone? 1. Vi piacciono gli gnocchi? 2. Non mi piacciono gli spinaci. 3. Ti piace il risotto? 4. Le piace Roma? 5. Mi piacciono gli spaghetti alla carbonara. 6. Vi piace giocare al pallone? 7. Gli piace cucinare? 8. Le piace insegnare alle otto? B. Non mi è piaciuto! Riposte possibili: 1. Sì, mi sono piaciute moltissimo. 2. Sì, mi sono piaciuti moltissimo. 3. Sì, ma non mi è piaciuta. 4. Sì, ma non mi è piaciuto. 5. Sì, mi sono piaciuti moltissimo. C. L'amico/ L'amica ideale. Answers will vary. D. Gianni e Gianna. 1. Gli piace 2. gli piacciono 3. gli piace 4. gli piace 5. le piace 6. Le piacciono 7. le piace 8. le piace. **D. Interrogativi.** A. Quante domande! 1. Come 2. Dove 3. Con chi 4. Che cosa 5. Quando. B. Test velocissimo! 1. Chi 2. Quale 3. Perché 4. Qual 5. A chi 6. Di chi 7. Che 8. Quanti.
LEZIONE 4: PROSPETTIVE **Lettura.** Il pranzo della domenica. PIATTI CHE ROBERTO MANGIA: Antipasto: prosciutto e melone, verdure miste, salumi; Primo: la pasta al sugo o gli gnocchi di patate col sugo di carne; Secondo: la bistecca, le salsicce, il coniglio, il pollo, i formaggi; Contorno: patate arrosto e l'insalata mista; Dolce: la frutta, le crostate di frutta e il caffè. PIATTI CHE ROBERTO NON MANGIA PIÙ: Antipasto: crostini; Secondo: pollo assosto, pollo farcito; Dolce: il tiramisù o il gelato. **Un po' di scrittura.** Answers will vary. **Dettato.** Danilo ha cucinato la cena di compleanno per sua sorella Valentina. Danilo è l'esperto di cucina della famiglia e, naturalmente, conosce anche i vini. Per Valentina, invece, i vini sono tutti uguali. Danilo spiega a Valentina che i vini rossi devono accompagnare le carni mentre quelli bianchi sono adatti per il pesce e per le carni bianchi. **Attualità.** 1. Perilli 2. Il Pulcino ballerino 3. Nuova Fiorentina 4. Ambasciata d'Abruzzo 5. Nuova Fiorentina. PROVA-QUIZ. **A. La conosci?** 1. Conosci 2. la 3. piace 4. cena 5. mi 6. darle 7. So 8. telefono. **B. Domande, domande…** 1. Chi 2. Come 3. Da dove 4. Perché 5. Quanto 6. Quando 7. Cosa 8. Perché. **C. Al bar.** 1. al 2. al 3. Alle 4. con 5. A 6. Nell' 7. del 8. nel 9. del 10. dello 11. Alle 12. con 13. a 14. Nella 15. del. **D. Un appuntamento.** 1. dici 2. dico 3. dice 4. esce 5. Viene 6. escono 7. Dicono. **E. Traduzioni.** 1. s1: Non chiami mai Federico! Lui ti chiama sempre! s2: Non è vero! Lo chiamo ogni settimana. s1: E non scrivi mai a Giovanna! s2: Le scrivo ogni mese! 2. s1: Nina mi dice che non ti piacciono i libri di cucina. s2: Non mi piace cucinare ma mi piace leggere i libri di cucina! 3. s1: Ci inviti

a cena? Cosa ci prepari? S2: Mi dispiace davvero. Non vi posso invitare a cena stasera, ma vi preparerò degli gnocchi freschi domani! 4. S1: Pronto? Posso parlare con Cinzia? S2: Mi dispiace, non c'è. È andata via dieci minuti fa. S1: Quando torna? S2: Tra un'ora. 5. Mi chiamo Marco. Sono uno studente italiano. Studio all'Università di Roma. Parlo italiano e inglese. Amo tutti gli sport. Vado a sciare ogni volta che posso. Mi piace guidare la macchina ma odio volare. Ho paura degli aeroplani! Voglio visitare New York a settembre. Come vado a New York? In nave!

CAPITOLO 7   *FARE BELLA FIGURA*

LEZIONE 1: VOCABOLARIO   **A.** Le attività di ogni giorno. 1. Francesca si alza. 2. Francesca si lava. 3. Francesca si veste. 4. Francesca si mette le scarpe.   **B.** Laurearsi o diplomarsi? 1. chiamo/chiami 2. sentite 3. laurearsi/specializzarsi 4. diplomano 5. fermarsi.   **C.** Le lamentele di Tiziana. 1. arrabbia 2. divertono 3. annoia 4. ricorda 5. dimentica 6. accontentarsi 7. addormenta.   **D.** Ancora sulla vita di tutti i giorni. Answers will vary.   LEZIONE 2: GRAMMATICA   **A. Verbi riflessivi.   A.** Riflessivo o no? 1. sveglio 2. ci laviamo 3. chiama 4. sbaglia 5. si organizzano.   **B.** Nel passato. 1. ci siamo svegliati/ci siamo alzati / abbiamo fatto colazione 2. si è fermato 3. vi siete vestiti / siete usciti 4. ti sei annoiato/annoiata / si sono divertiti 5. Ci siamo laureati 6. Mi sono sposato/sposata.   **C.** È sempre la stessa vita! 1. È andato in bagno per una doccia. 2. Si è asciugato. 3. Si è lavato i denti. 4. Si è fatto la barba. 5. Si è guardato allo specchio e si è pettinato. 6. Si è messo le lenti a contatto. 7. Si è vestito. 8. È uscito di casa alle otto per prendere l'autobus.   **B. Costruzione reciproca.   A.** Aiutarsi. 1. si incontrano / si abbracciano / si baciano 2. ci facciamo 3. vi dite / vi salutate 4. si scrivono / si telefonano 5. ci conosciamo / ci capiamo 6. vi aiutate.   **B.** La storia di Paolo e Francesca. 1. Si sono incontrati in un bar. 2. Si sono visti all'università. 3. Si sono rivisti due giorni dopo. 4. Si sono telefonati ogni giorno. 5. Si sono baciati dopo un mese. 6. Si sono sposati dopo un anno.   **C.** Giulio e Anna. 1. si conoscono 2. Si vedono 3. si parlano 4. si capiscano.   **C. Presente + *da* + espressioni di tempo.   A.** Da quanto tempo? 1. Da quanto tempo Nicoletta esce con Marco? Da quattro anni. 2. Da quanto tempo voi scrivete racconti? Da molti anni. 3. Da quanto tempo Mario e Renata vivono in Svizzera? Da cinque anni. 4. Da quanto tempo aspetti? Da mezz'ora. 5. Da quanto tempo non pulisco il frigo? Da un mese. 6. Da quanto tempo prende lezioni di musica Leo? Da molto tempo.   **B.** Domande per te. Answers will vary.   LEZIONE 3: GRAMMATICA   **D. Avverbi.   A.** Facilmente! 1. chiaramente 2. particolarmente 3. affettuosamente 4. fortunatamente 5. intelligentemente 6. probabilmente 7. interamente 8. gentilmente 9. specialmente 10. veramente.   **B.** Personalmente. Answers will vary. **E. Numeri superiori a 100.   A.** Prezzi italiani. 1. mille euro 2. trecentosettantacinque euro 3. quattrocento euro 4. trecentotrenta euro 5. milleduecento euro 6. duecentoventicinque euro 7. quattrocentocinquanta euro 8. centoquarantacinque euro.   **B.** Prezzi americani. Answers will vary. **C.** Quanto fa? 1. centocinquantotto 2. cinquecentoottantuno 3. novecentoquarantatré 4. milleottocentottanta 5. duemilauno 6. un milione.   LEZIONE 4: PROSPETTIVE   **Lettura.** La vita di tutti i giorni.   1. si sveglia presto, si alza dopo mezz'ora, si lava con una doccia fredda, si asciuga, si guarda allo specchio, si pettina, si trucca, si veste con cura, guarda la televisione, esce per andare all'università 2. fa una pausa e prende un cappuccino o un caffè, lei e Massimo si incontrano al bar, si abbracciano, si baciano e si raccontano le loro cose, va ancora a lezione, va a mangiare un panino, lei e Massimo si telefonano, va a lezione, va in biblioteca, torna a casa e cena 3. lei e Massimo si incontrano per andare al cinema o per guardare la televisione, oppure esce e va in palestra, torna a casa e studia 4. si rilassa; Answers will vary.   **Un po' di scrittura.** Answers will vary.   **Dettato.** Marilena, Franca, Elena e Silvia vivono insieme in un appartamento nel centro di Roma. Marilena studia all'università, Franca insegna Lettere in una scuola media, Elena, la più grande, si è laureata da sei anni e lavora in laboratorio, Silvia si è specializzata in informatica e lavora in un ufficio. Le quattro ragazze non si annoiano mai: vivere insieme è stimolante e interessante, anche se qualche volta è difficile. Ma le ragazze, invece di arrabbiarsi, si capiscono e si aiutano tra di loro.   **Attualità.** Answers will vary.

CAPITOLO 8   *C'ERA UNA VOLTA...*

LEZIONE 1: VOCABOLARIO   **A.** Piccole conversazioni.   **1.** 1. recensione 2. attori 3. colonna sonora.   **2.** 1. cronista 2. interviste 3. redattrice 4. giornalista.   **3.** 1. stampa 2. pubblicano 3. redazione.   **B.** Che significa? Riposte possibili: 1. tradurre 2. filmare 3. creare e sviluppare un film, una rappresentazione teatrale, una trasmissione, ecc. 4. scrivere la propria opinione su un film, uno spettacolo, un libro, ecc. 5. mandare in onda.   C. Televisione o cinema? 1. una partita di calcio 2. Vede la televisione per gli sport e per il telegiornale. 3. Legge riviste o settimanali. 4. Fabrizio può registrare la partita al videoregistratore. 5. Fabrizio risponde che la partita è in diretta e non vuole vederla col videoregistratore.   E. La stampa. 1. il settimanale 2. la pubblicità 3. la recensione 4. il mensile 5. la cronaca 6. il quotidiano.   LEZIONE 2: GRAMMATICA **A. Imperfetto.**   A. Ora e prima. 1. Prima avevo sete. 2. Prima avevamo paura. 3. Prima avevano fretta. 4. Prima avevi freddo. 5. Prima avevate caldo. 6. Prima aveva sonno.   B. Un cantante del passato. 1. era 2. scriveva 3. suonava 4. cantava 5. abitava 6. prendeva 7. aveva 8. amavano.   C. Da bambino/bambina... 1. eri 2. Giocavi / eri 3. abitavi / avevi 4. piaceva 5. preferivi 6. bevevi 7. Dicevi 8. raccontava 9. Sapevi 10. Potevi / volevi 11. dovevi 12. facevi Answers to second part of each question will vary.   **B. Imperfetto e passato prossimo.**   A. Quella volta, invece... 1. ho preso... 2. ci alzavamo... 3. abbiamo parlato... 4. andavi... 5. le avete regalato... 6. mi diceva... 7. ho fatto... 8. pioveva... Answers to second part of each question will vary. B. Pigrone! 1. studiavo / ascoltava 2. puliva / faceva 3. faceva / cantava 4. guardavate / parlava 5. preparavi / mangiava.   C. L'appuntamento. 1. era 2. aveva capito 3. era 4. è andata 5. è arrivato 6. era... uscita.   E. La fiaba confusa. 1. era 2. abitava 3. Si chiamava 4. aveva 5. era 6. doveva 7. camminava 8. si era... svegliata 9. aveva trovato 10. aveva detto 11. era andato 12. aveva perso 13. era andato 14. aveva trovato.   LEZIONE 3: GRAMMATICA **C. Trapassato.**   A. Perché erano tristi o allegri? 1. Valeria era contenta perché aveva imparato a guidare l'automobile. 2. Gabriella e Paolo erano scontenti perché non avevano potuto trovare lavoro. 3. Claudio era contento perché era uscito con Marcella. 4. Eravamo contenti perché avevamo dormito bene. 5. Eravate scontenti perché non eravate andati al cinema. 6. Eri contento perché avevi sognato di avere molti soldi. 7. Erano scontenti perché non avevano fatto bene gli esercizi di grammatica. 8. Ero contento perché avevo ricevuto una lettera da Alberto.   B. Sapevi che...? 1. Sapevi che Stefano aveva comprato una Mercedes? 2. Sapevi che aveva avuto un incidente? 3. Sapevi che era andato all'ospedale? 4. Sapevi che era uscito dall'ospedale dopo una settimana? 5. Sapevi che Marina aveva trovato un buon lavoro? 6. Sapevi che si era sposata con Roberto? 7. Sapevi che avevano comprato una casa a Roma?   C. Domande per te. Answers will vary. **D. Suffissi.**   A. Letterina o letterona? 1. No, è un ragazzone. 2. No, ha dei piedini. 3. No, hanno fatto delle pizzette. 4. No, ha un nasino.   B. La favola di Hansel e Gretel. Hansel e Gretel erano due bambini piccoli piccoli. Loro abitavano in un bosco con il loro papà e la loro mamma. Un bel giorno, mentre camminavano per il bosco hanno perso la strada. Dopo molte ore, sono arrivati a una casa con un giardino piccolo e grazioso. La casa era tutta di cioccolato, ma ci abitava una vecchia e brutta strega. Questa strega era molto cattiva, e voleva prepararsi un bel pranzo con Hansel e Gretel. Fortunatamente, i genitori dei bambini sono arrivati in tempo a salvarli dalla pentola... Loro hanno mandato via la strega e hanno riportato Hansel e Gretel a casa loro. E, da quel giorno, tutti vissero felici e contenti. LEZIONE 4: PROSPETTIVE **Lettura.**   La televisione del passato.... 1. Non c'erano più di un televisore in una stessa casa, il videoregistratore, il computer, il telecomando e tante canali televisivi. 2. Era una trasmissione di varietà. Era un rituale del sabato sera amato dagli italiani. 3. Sua madre faceva le faccende, sua sorella studiava, sua nonna curava il giardino e suo padre guardava le partite di calcio alla televisione e le ascoltava alla radio. 4. Preferiva «tutto il calcio minuto per minuto». 5. Answers will vary. 6. Answers will vary. **Un po' di scrittura.**   Answers will vary. **Dettato.**   Maurizio e Rinaldo sono due vecchi amici. Si conoscono da quando erano piccoli. Rinaldo si è sposato e ha una bambina che va all'asilo. Lui e sua moglie, Giuliana, sono molto contenti. Maurizio, invece, è divorziato, lui e sua moglie non si capivano. Da quando Maurizio è divorziato sua madre fa tutto per il figlio: stira, lava, cucina eccetera. Angela, la sorella di Maurizio, vive in America. È una donna indipendente ed è andata in America da sola. **Attualità.**   A. Cosa dice Umberto Eco? 1. spesso 2. talvolta 3. raramente 4. un critico di libri 5. critici cinematografici.   B. Tu e i critici. Answers will vary.

CAPITOLO 9   *COME TI SENTI?*

LEZIONE 1: VOCABOLARIO A. Come ti senti? 1. ha mal di pancia 2. ha mal di denti 3. ha mal di testa 4. ha mal di gola 5. ha mal di schiena.   B. Le parti del corpo. 1. la bocca 2. i polmoni 3. la gola 4. i denti 5. le mani 6. il cuore 7. le braccia e le gambe 8. gli occhi.   C. Domande per te. Answers will vary. LEZIONE 2: GRAMMATICA **A. Pronomi tonici.**   A. Per me o per te? 1. h 2. f 3. e 4. g 5. a 6. c 7. d 8. b. B. Da voi o da loro? 1. per te 2. di sé 3. di lui 4. di me 5. voi 6. da noi 7. di me.   B. Comparativi.

A. Comparativi. 1. Mara è più veloce di Nella. 2. Per il signor Rossi, è più facile nuotare che fare lo sci. 3. Gregorio è così forte come Michele. / Gregorio è tanto forte quanto Michele. 4. Per Gianna, il footing è più faticoso del ciclismo. 5. Stefania fa più ginnastica di Roberto.   B. Sei più bravo di me? Riposte possibili: 1. Giuliana è più alta di Maria. 2. Francesco pesa più di Marco. 3. Per Cristina è più difficile nuotare che pattinare. 4. Simone si allena quanto Chiara. 5. Il baseball è meno faticoso del calcio. 6. L'alimentazione è tanto importante quanto lo sport.   C. Ancora comparativi. 1. di 2. di 3. che 4. che 5. che 6. di 7. che 8. che.   LEZIONE 3: GRAMMATICA   C. Superlativi relativi.   A. Un tipo entusiasta. 1. È lo stadio più grande della regione. 2. È l'albergo più moderno della città. 3. È il museo più famoso della città. 4. È il ristorante più buono del paese. 5. È il teatro più bello del mondo. 6. È il viale più lungo del paese.   B. Il più o il meno di tutti? Answers will vary.   C. Domande per te. Answers will vary.
D. Comparativi e superlativi irregolari.   A. Meglio o migliore? 1. migliori 2. meglio 3. meglio 4. migliori 5. migliore 6. meglio.   B. I buoni propositi. Answers will vary.   C. Bene o male? 1. meglio 2. meglio 3. migliori 4. peggiore 5. meglio 6. la migliore 7. la peggiore 8. il migliore 9. i migliori 10. peggio.   D. La medicina di Pinocchio. 1. meglio 2. peggio 3. peggiore 4. migliore 5. peggiore.
LEZIONE 4: PROSPETTIVE   **Lettura.**   La sanità in Italia.   1. Alice è a favore del sistema sanitario. Dice che funziona abbastanza bene. 2. Si è rotta un braccio mentre sciava sulle Dolomiti. 3. Ha avuto un buon rapporto coi dottori. Dice che le hanno trattato subito e in modo completo. 4. Answers will vary. 5. Answers will vary. 6. Answers will vary.   **Un po' di scrittura.**   Answers will vary.   **Dettato.**   Il sistema nazionale sanitario in Italia, anche se ha dei problemi, è di un buon livello. Il diritto alla salute e alle cure, come quello al lavoro, è garantito dalla Costituzione italiana. L'assistenza medica è certo meno costosa che negli Stati Uniti, ma i servizi a volte sono meno buoni, anche se adeguati. La maggior parte degli ospedali italiani sono pubblici, non privati.   **Attualità.**   Mangiare sano! 1. falso 2. falso 3. falso 4. falso.
PROVA-QUIZ.   **A. Il punto della situazione.** 1. tristemente 2. difficilmente 3. frequentemente 4. violentemente 5. raramente 6. inaspettatamente.   **B. Cronaca di un amore.** 1. è stata 2. Era 3. Studiava 4. lavorava 5. mi divertivo 6. davo 7. perdevo 8. si è laureata 9. ha aperto 10. prendevo in giro 11. stava 12. è partita 13. Sono andati 14. sono tornati 15. si sono sposati 16. hanno imparato.
C. Due fratelli. 1. tanto quanto 2. meno velocemente 3. migliore 4. che 5. meglio 6. ottimo 7. minore 8. più 9. poco.   **D. Dov'eri?** 1. Dov'eri quando sono andata al cinema? Ero in biblioteca. Cosa facevi? Leggevo una rivista. 2. Dov'eri quando sono ritornata a casa? Ero al supermercato. Cosa facevi? Facevo la spesa. 3. Dov'eri quando sono passata a trovarti? Ero in palestra. Cosa facevi? Giocavo a pallone.
E. Una giornata. Answers will vary.   **F. Traduzioni.** 1. S1: Come si sente oggi? Un po' meglio? S2: No dottore, mi sento peggio! 2. S1: Angela, cercavo proprio te! Vieni a casa mia alle cinque: ho una sorpresa per voi due. S2: Dario lavora stasera. Devo venire senza di lui. 3. S1: Sapevi che Stefania è più vecchia del marito? S2: Davvero? Sembra molto più giovane di lui. 4. S1: È stata la partita peggiore dell'anno. Ti devi allenare di più. S2: È vero. Non è stata la mia partita migliore. 5. S1: Parli italiano così bene come tuo nonno? S2: No, ma lo parlo meglio di mio fratello. 6. S1: Patrizia, la mia sorella più piccola, si sposa alla fine del mese. S2: Non è Piero, il suo ragazzo, il maggiore dei figli del signor Baresi?

CAPITOLO 10   *BUON VIAGGIO!*

LEZIONE 1: VOCABOLARIO   A. Io vado all'estero! 1. Paola e Andrea vanno al mare. 2. La famiglia Sbraccia va in campagna. 3. I ragazzi vanno all'estero. 4. Io e Gabriele andiamo in montagna.   B. Viva le vacanze! 1. itinerari 2. noleggiare 3. con televisore 4. tappe 5. economico 6. affittare 7. con l'aria condizionata 8. una cartolina 9. con tutte le comodità 10. lasciato un deposito / Natale.   C. Domande personali. Answers will vary.   F. Progetti di vacanze. COPPIA 1: Viareggio, treno, albergo a tre stelle, carta di credito; COPPIA 2: l'Umbria (Gubbio, Assisi, Perugia), macchina, pensione, carta di credito/contanti; COPPIA 3: Creta/Grecia, nave, albergo di lusso, carta di credito.   LEZIONE 2: GRAMMATICA
A. Futuro semplice.   A. Domani! 1. si sposeranno 2. verrà 3. lo direte 4. la comprerai 5. lo vedranno 6. ci andrete 7. la capirò.   B. L'anno che verrà. 1. Quest'anno scriverò agli amici italiani ogni mese. 2. Quest'anno finirai di scrivere il romanzo. 3. Quest'anno Paolo e Gabriele giocheranno a tennis ogni settimana. 4. Quest'anno non guarderemo la TV ogni sera. 5. Quest'anno vi laurerete. 6. Quest'anno Priscilla non mangerà tanti dolci.   C. Non più! Answers will vary.   D. Programmi estivi. 1. partirò 2. Prenderemo 3. andremo 4. Passeremo 5. noleggeranno 6. continueranno 7. andrò 8. studierò 9. ritorneremo.   **B. Usi speciali del futuro.**   A. Forse. 1. Sarà 2. verrà 3. Avrà 4. viaggerà 5. seguirà

6. vorrà 7. andrà 8. visiterà 9. salirà 10. guarderà. **B.** Se, quando, appena. 1. Chiamerò la zia Pina se avrò bisogno di soldi. 2. Andrò dal dottore se starò male. 3. Farò il letto appena mi alzerò la mattina. 4. Non prenderò la macchina di papà quando uscirò la sera. 5. Non organizzerò feste quando voi non ci sarete. 6. Berrò il latte quando farò colazione. 7. Darò da mangiare ai gatti quando tornerò a casa. 8. Laverò i piatti appena finirò di mangiare. **C.** Un grosso colpo. Answers will vary. **D.** Starà bene? 1. Sarà 2. Avrà 3. Mangerà 4. Dormirà 5. Avrà 6. Scriverà. LEZIONE 3: GRAMMATICA **C. Il *si* impersonale.** **A.** Come si preparano? 1. S1: si preparano S2: si fa / si aggiungono / si mette 2. S1: si fa S2: Si dorme / ci si diverte 3. S1: si fa S2: si può 4. S1: si parte S2: Si parte / ci si ferma / si arriva. **B.** Una visita a Milano. 1. Si è arrivato all'aeroporto Malpensa. 2. Si è trovato un albergo nel centro storico. 3. Si è mangiato fuori ogni sera. 4. Ci si è fermato sui navigli. 5. Si sono fatte tante foto. 6. Si è visitato il museo di Brera. 7. Si è andato a vedere la casa di Manzoni. 8. Ci si è divertito un mondo. **C.** Tutto da scoprire. Answers will vary. **D. La formazione dei nomi femminili.** **A.** Chi sono? 1. una poetessa e un poeta 2. uno sciatore e una sciatrice 3. un cantante e una cantante 4. un re e una regina 5. un dentista e una dentista 6. un cameriere e una cameriera. **B.** Uomini e donne interessanti. 1. pittrice 2. professoressa 3. scultrice 4. attrice. LEZIONE 4: PROSPETTIVE **Lettura.** Le vacanze negli Stati Uniti. 1. Conosce le città principali: New York, Los Angeles, San Francisco, Miami, e anche Chicago. 2. Gli elementi sono le distanze, i negozi sempre aperti, gli aberghi e i cinema grandi. 3. È quasi impossibile muoversi a piedi. 4. Enrico la descrive come una città magnifica, nervosa, dinamica, ossessiva, ottimista e che non dorme mai. La descrive con più qualità positive. **Un po' di scrittura.** Answers will vary. **Dettato.** Due coppie di amici hanno deciso che quest'anno passeranno le vacanze nel sud d'Italia. Desiderano un posto tranquillo, con il mare pulito e le spiagge non affollate. Hanno scelto la costa del Mare Adriatico, le Puglie. Per molti anni Enrico e Zara hanno trascorso vacanze movimentate: viaggi in paesi lontani, avventure ed esotismo. Renato e Laura hanno sempre preferito ricercare dei posticini isolati e tranquilli dove potersi rilassare, lasciarsi trasportare dalle letture preferite, contemplare le bellezze naturali. Per loro il fascino dei paesi lontani non è mai stato tale da giustificare la rinuncia alle piccole comodità, al buon cibo, al buon vino e alla sicurezza della lingua. **Attualità.** Andiamo in vacanza! 1. Gli uffici sono a Roma e a Milano. 2. Organizza viaggi nelle isole del Pacifico. 3. I viaggi sono fatti su misura. 4. L'agenzia ha una base di esperienze approfondite e molteplici.

CAPITOLO 11   *QUANTO NE VUOI?*

LEZIONE 1: VOCABOLARIO **A.** Spese. 1. grande magazzino 2. fanno la spesa 3. venditori/venditrici 4. un negozio di abbigliamento 5. commessi/commesse 6. fare le spese. **B.** Dove vanno a fare la spesa (le spese). Answers will vary. **C.** Domande personali. Answers will vary. LEZIONE 2: GRAMMATICA **A. Usi di *ne*.** **A.** Ne parli? Possible responses: 1. S1: Parli spesso di filosofia? S2: No, non ne parlo spesso. 2. S1: Parli spesso di moda? S2: Sì, ne parlo spesso. 3. S1: Parli spesso di letteratura? S2: Sì, ne parlo spesso. 4. S1: Parli spesso di sport? S2: No, non ne parlo spesso. 5. S1: Parli spesso della violenza nella società moderna? S2: No, non ne parlo spesso. **B.** No, ne voglio… 1. No, ne voglio uno al cioccolato. 2. No, ne voglio molti di musica country. 3. No, ne voglio mezzo chilo. 4. No, ne voglio una di seta. 5. No, ne voglio comprare uno di alimentari. 6. No, ne voglio studiare molte. **C.** Perché mi piace! 1. Perché mi piace mangiarne molto. 2. Perché ci piace vederne molti. 3. Perché le piace farne molte. 4. Perché gli piace darne molti. 5. Perché gli piace farne. 6. Perché mi piace portarne molti. **B. Usi di *ci*.** **A.** Domande personali. Answers will vary. **B.** *Ci* o *ne*? Answers will vary. LEZIONE 3: GRAMMATICA **C. Pronomi doppi.** **A.** Ha provato tutto? 1. a 2. b 3. a. **B.** Sì, te la compro! 1. Sì, te la offro! 2. Sì, te lo faccio! 3. Sì, te li pago! 4. Sì, te la presto! 5. Sì, ve li prendo! 6. Sì, te le compro! 7. Sì, glielo regalo! 8. Sì, gliela spiego! **C.** Quanti? 1. Gliene ho date sei. 2. Gliene ho scritte molte. 3. Gliene ho regalati cinque. 4. Gliene ho portati due. 5. Gliene ho prestate una. 6. Gliene ho venduti pochi. **D.** Chi te l'ha regalata? 1. S1: Che bell'orologio, Carlo! Chi te l'ha regalato? S2: Me l'ha regalato la mia ragazza. 2. S1: Che bei guanti, Carlo! Chi te li ha regalati? S2: Me li ha regalati la mia ragazza. 3. S1: Che bella sciarpa, Carlo! Chi te l'ha regalata? S2: Me l'ha regalata la mia ragazza. 4. S1: Che begli stivali, Carlo! Chi te li ha regalati? S2: Me li ha regalati la mia ragazza. **E.** Al negozio di abbigliamento. 1. Gliela 2. me la 3. gliela. **D. Imperativo (*tu, noi, voi*).** **A.** Non fare così! Possible responses: 1. Non comprare carne: compra pesce! 2. Non studiare lo spagnolo: studia il francese! 3. Non vivere in campagna: vivi in città! 4. Non metterti la gonna: mettiti i jeans! 5. Non pulire il bagno: pulisci la cucina! 6. Non andare dal macellaio: va' dal salumiere! 7. Non dire «Ciao!»: di' «Buon giorno!» 8. Non fare le crêpe: fa' una torta.   B. Entra! 1. Apri la bocca! 2. Mostra la lingua! 3. Guarda in alto! 4. Stai fermo! 5. Prendi la medicina prima dei pasti! 6. Bevi tanta acqua!   C. State fermi! 1. Non mangiate con la bocca aperta! 2. Fate i compiti! 3. Siate buoni! 4. Abbiate pazienza! 5. Non tornate a casa tardi! 6. Alzatevi!   D. I consigli. 1. non scappare 2. Studia 3. fatti 4. trova.   LEZIONE 4: PROSPETTIVE   **Lettura.** Fare la spesa.   1. Era come un'avventura. 2. Il negozio di alimentari era il suo preferito. 3. Ricorda con piacere gli odori, le chiacchiere e l'attenzione personale per i clienti. 4. Anche i supermercati hanno un loro fascino: hanno ogni merce possibile, sono colorati, pieni di oggetti curiosi. 5. Answers will vary. **Un po' di scrittura.**   Answers will vary.   **Dettato.**   Giovanna e Silvana sono in giro per la città per fare spese. Oltre alla spesa per il fine settimana le due amiche vogliono fare un giro per i negozi del centro e per i grandi magazzini alla ricerca di qualche affare. I negozi di abbigliamento di alta moda sono sempre molto cari ma nei grandi magazzini è possibile trovare delle svendite. Al mercato all'aperto, poi, non è difficile trovare dei buoni affari. Girare per le bancarelle di un grande mercato è piacevole e interessante. C'è di tutto: frutta, verdura, formaggi e salumi da un lato e dall'altro vestitit, scarpe e tutti gli oggetti utili per la casa.   **Attualità.**   Tutto in vendita! 1. Ha una vendita totale perché cedono il negozio. 2. No, non include l'abbigliamento per bambino. 3. Sì, sono in vendita anche capi firmati. 4. No, è in vendita la nuova collezione autunno-inverno. 5. La vendita incomincia il sette novembre nei negozi a P.S. Maria Beltrade 1 e a Via Vitruvio 1. 6. C'è un autobus e c'è un tram.

CAPITOLO 12   *ARREDARE LA CASA*

LEZIONE 1: VOCABOLARIO   A. La casa e l'affitto. 1. L'affitto della casa è molto costoso. 2. È un appartamento ammobiliato e molto buio. 3. È una soffitta senza mobili. 4. Secondo lei è meglio l'appartamento del suo amico.   B. Da Simonetta. 1. nella camera per gli ospiti 2. in camera da letto 3. nello studio 4. in soggiorno 5. in bagno 6. sul balcone.   C. Cambiare casa. 1. soffitta 2. ascensore 3. riscaldamento 4. inquilino 5. padrona di casa 6. monolocale 7. vista.   D. Il matrimonio e la casa. 1. casa 2. stanze 3. bagni 4. camere 5. matrimoniali 6. singola.   E. Parliamo della casa. 1. un palazzo 2. l'ascensore 3. nella strada 4. al secondo piano 5. a sinistra.   LEZIONE 2: GRAMMATICA   **A. Aggettivi indefiniti.**   A. E l'ascensore? 1. Alcune mansarde costavano 500 milioni. 2. Alcuni appartamenti non avevano balconi. 3. Alcune stanze erano troppo piccole. 4. C'erano alcuni topi in cantina. 5. Alcuni inquilini facevano troppo rumore. 6. Alcune villette erano senza garage e senza soffitta.   B. Non tutti. 1. Alcune ragazze erano belle. 2. Alcuni ospiti si sono divertiti. 3. Alcuni vini costavano molto. 4. Alcuni nostri amici sono venuti. 5. Alcune stanze erano affollate. 6. Alcune persone hanno ballato sul tavolo. C. Un appartamento in centro o una casa in campagna? 1. alcuni 2. Ogni 3. tutti i giorni 4. tutte 5. qualunque 6. Ogni 7. tutte 8. Alcune.   D. Ogni volta che… Answers will vary.   E. La nuova casa. 1. tutta 2. qualche 3. Alcune.   **B. Pronomi indefiniti.**   A. Qualcuno. 1. Alcuni parlavano, alcuni ascoltavano. 2. Qualcuno può aiutarci. 3. Ognuno ha il diritto di protestare. 4. Si lamenta di tutto e di tutti!   LEZIONE 3: GRAMMATICA   **C. Negativi.**   A. Né questo né quello. 1. No, non mi telefonano mai. 2. No, non sono ancora partiti per Siena. 3. No, non conoscono nessuno in Italia. 4. No, non hanno né un cane né un gatto. 5. No, non mi hanno portato niente dalla Francia.   B. Pessimisti e ottimisti. 1. Le persone si aiutano sempre! 2. Fanno ancora dei bei film! 3. C'è rispetto per i vecchi e per i giovani! 4. Succede qualcosa di interessante nel mondo! 5. Tutti mi amano!   **D. Imperativo (*Lei, Loro*).**   A. Mi dica! 1. Professoressa, ce ne parli! 2. Professoressa, prenda un caffè! 3. Professoressa, aspetti un momento! 4. Professoressa, finisca con calma! 5. Professoressa, si riposi un po'! 6. Professoressa, venga in giardino!   1. Professori, ce ne parlino! 2. Professori, prendano un caffè! 3. Professori, aspettino un momento! 4. Professori, finiscano con calma! 5. Professori, si riposino un po'! 6. Professori, vengano in giardino!   B. Sempre in ufficio. 1. Signorina, me la porti! 2. Signorina, le scriva subito! 3. Signorina, glielo spedisca oggi! 4. Signorina, non ne parli con nessuno! 5. Signorina, me lo prenoti! 6. Signorina, ci vada stamattina!   C. Abbia pazienza! 1. telefoni 2. dica 3. abbia 4. richiami.   LEZIONE 4: PROSPETTIVE **Lettura.** L'appartamento ideale.   Answers will vary.   **Ed ora ascoltiamo!** *You should have labeled the floor plan as follows:* 1. il ripostiglio grande 2. la camera da letto grande 3. il bagno piccolo 4. la sala da pranzo 5. la cucina 6. il bagno grande 7. la camera da letto piccola 8. lo studio 9. il soggiorno.   **Un po' di scrittura.**   Answers will vary.   **Dettato.**   Simonetta e Lucia hanno frequentato lo stesso liceo ed ora si sono iscritte alla facoltà di sociologia dell'Università di Roma. Andare a Roma a frequentare

l'università significa trovare casa, abitare da sole, sviluppare il senso dell'autodisciplina e della responsabilità. Tutto questo non spaventa le due ragazze, al contrario, le stimola. Dei loro compagni di classe loro sono le uniche che hanno scelto Roma. Presa la decisione ora cominciano i primi problemi: trovare la casa e poi un lavoretto, magari mezza giornata. Ma le due ragazze sono coraggiose e si meritano un colpo di fortuna! **Attualità.** A. Il valore della casa. 1. Parla del valore degli appartamenti nelle città italiane. 2. Si riferisce a Roma e Milano. 3. No, il valore degli appartamenti è precipitato dappertutto. 4. La zona più costosa di Milano è via Montenapoleone. 5. I prezzi sono crollati di più in Corso Vittorio Emanuele. B. Una casa da costruire! Answers will vary.
PROVA-QUIZ. **A. A che piano?** 1. ogni 2. primo 3. ottavo 4. terzo 5. tutti 6. qualunque 7. qualcosa.
B. Mini-dialoghi. 1. Parlagl</sub>iene 2. incartarmela 3. ci 4. comprarmi/ne 5. Me ne. **C. Tutti, ognuno.**
1. Guardiamo la TV ogni sera. 2. Mi hanno raccontato ogni cosa. 3. Ogni inquilino ha pagato l'affitto.
4. Ognuno ha visto l'appartamento. 5. Vado all'università ogni giorno, anche il sabato. 6. Hanno perso ogni cosa durante la guerra. 7. Perché ti fermi davanti ad ogni vetrina? **D. Parlane!** 1. Comprane!
2. Scrivine! 3. Leggine! 4. Bevine! **E. Dateglieole subito!** 1. Riportateglieli subito! 2. Dateglielo subito!
3. Spiegateglielula subito! 4. Parlateglieione subito! **F. Un seminario** 1. Si sono fatti confronti costruttivi.
2. Si sono distrutti dei miti. 3. Si è criticato l'atteggiamento di alcuni. 4. Ci si è lamentato dei pregiudizi di molti. 5. Si sono studiate le usanze di alcuni popoli. 6. Si sono rintracciate le radici di una famiglia di immigrati. **G. Traduzioni** 1. s1: La pronuncia dell'inglese è difficile. Non lo imparerò mai. s2: Ma signorina Duranti, Lei parla già molto bene l'inglese. 2. A nessuno piace una persona che porta brutte notizie. 3. Non domandarmi niente e non ti dirò nessuna bugia. 4. Ognuno ama qualcuno qualche volta.

CAPITOLO 13 *È FINITA LA BENZINA!*

LEZIONE 1: VOCABOLARIO A. Da abbinare. 1. f 2. e 3. h 4. g 5. d 6. c 7. a 8. b. B. Cosa non va? 1. la targa 2. il limite di velocità 3. la patente 4. guidare Answers to the second part of each question will vary. C. Guidare, parcheggiare. 1. L'automobilista fa il pieno. 2. Dario e Daniele fanno l'autostop. 3. Renata parcheggia. 4. Claudia e Patrizia riciclano. 5. Pina dà un passaggio a Giorgio. 6. Il signor Ronconi allaccia la cintura di sicurezza. 7. Il meccanico controlla l'olio. 8. Graziano e Lara rimangono senza benzina! D. Il traffico e l'ambiente. IL TRAFFICO 1. la targa 2. la patente 3. il pieno di benzina 4. le gomme 5. i mezzi di trasporto 6. il vigile. L'AMBIENTE 1. i rifiuti 2. il riciclaggio 3. l'effetto serra 4. la fasica d'ozono 5. l'inquinamento. LEZIONE 2: GRAMMATICA **A. Condizionale presente.** A. Cosa faresti per non guidare? Possible responses: 1. Venderesti la tua macchina? No, non venderei la mia macchina. 2. Faresti l'autostop tutte le mattine? No, non farei l'autostop tutte le mattine. 3. Chiederesti un passaggio a un amico? Sì, chiederei un passaggio a un amico. 4. Prenderesti l'autobus tutti i giorni? Sì, prenderei l'autobus tutti i giorni. 5. Andresti a lavorare a piedi? Sì, andrei a lavorare a piedi. 6. Compreresti un motorino o una bicicletta? Sì, comprerei una bicicletta. 7. Viaggeresti solo in treno? Sì, viaggerei solo in treno. B. Non mi stancherei mai di… Answers will vary. C. Un passaggio. 1. daresti 2. sarebbe 3. faresti. **B. *Dovere, potere* e *volere* al condizionale.** A. Dovresti aiutarmi… 1. Dovremmo allacciare le cinture di sicurezza. 2. Vorrei fare il pieno. 3. Potreste parcheggiare qui? 4. Scusi, potrebbe controllare l'olio? 5. Dovreste pagare prima di fare benzina. 6. Vorremmo guidare il meno possibile. B. Potrebbe? Possible responses: 1. Potrebbe dirmi dov'è il Centro per la protezione dell'ambiente? 2. Potrebbe mostrarmi quell'orologio? 3. Potrebbe darmi dello zucchero? C. Brevi pensieri. Answers will vary. LEZIONE 3: GRAMMATICA **C. Condizionale passato.** A. Io pensavo… 1. Io invece pensavo che avrebbe suonato la batteria. 2. Io invece pensavo che avreste studiato all'Università di Roma. 4. Io invece pensavo che si sarebbero messi i blue jeans. 5. Io invece pensavo che saresti diventato cantante d'opera. 6. Io invece pensavo che avrebbe passato due settimane a Roma. 7. Io invece pensavo che saresti andato a teatro. B. Ripensamenti. Answers will vary. C. Che cosa avresti fatto tu? Answers will vary. D. Vorrei andare in vacanza. 1. vorrebbe andare 2. lo potrebbe fare 3. dovrebbe studiare di più per recuperare il tempo perduto. **D. Pronomi possessivi.** A. Il nostro è quello. 1. La nostra è quella. 2. Le nostre sono quelle. 3. I nostri sono quelli. 4. Il nostro è quello. 5. Il nostro è quello. B. La tua com'è? 1. La tua com'è? 2. Il tuo com'è? 3. Le tue come sono? 4. Il tuo com'è? 5. La tua com'è? 6. I tuoi come sono? D. Una macchina economica… 1. mia 2. tua 3. mia 4. mia 5. sua 6. mia. LEZIONE 4: PROSPETTIVE **Lettura.** La patente in Italia. 1. Si prende la patente dopo i 18 anni. 2. È necessario prendere lezioni di guida e fare un esame scritto e uno di pratica. 3. È

una patente provvisoria. 4. Answers will vary. 5. Answers will vary. **Un po' di scrittura.** Answers will vary. **Dettato.** Enrico, Aldo e Paola si interessano di ecologia. Paola fa ricerca sui prodotti medicinali estratti dalle piante mentre Aldo ed Enrico si occupano di sensibilizzare l'opinione pubblica sui problemi ambientali. Il loro non è un lavoro facile: la gente è spesso pigra e preferisce non affrontare il problema. Naturalmente ci sono anche quelli che hanno scelto di essere attivi e partecipano ai gurppi dei Verdi. Ma la battaglia per la protezione dell'ambiente è lunga e incerta: interessi privati, giochi politici, apatia, pigrizia ed egoismo contribuiscono a renderla difficile. **Attualità.**
A. Interamente riciclabile! 1. La compagnia che l'ha creato è la Saba. 2. La caratteristica più importante del televisore è che è riciclabile. 3. Il prezzo è ragionevole: 350 euro circa. 4. Answers will vary.
B. Cerchiamo di capire! Answers will vary.

CAPITOLO 14 *UNO SPETTACOLO DA NON PERDERE!*

LEZIONE 1: VOCABOLARIO A. Vero o falso? 1. Falso; il regista mette in scena le rappresentazioni. 2. Falso; il cantautore scrive e canta le canzoni. 3. Falso; il compositore scrive la musica. 4. Falso; il baritono e il basso sono voci maschili. 5. Falso; *musica leggera* non è un sinonimo di *musica classica*. 6. Vero 7. Falso; la prima è la prima rappresentazione teatrale della stagione. 8. Falso; quando il pubblico è soddisfatto applaude. B. La parola giusta. 1. messo in scena 2. dilettante 3. tragedia 4. il balletto 5. autrice 6. canzoni. C. Fuori posto. 1. L'orchestra è l'espressione fuori posto, perché non riguarda la commedia. 2. Allestire uno spettacolo è l'espressione fuori posto, perché non riguarda il pubblico. 3. Il cantautore è l'espressione fuori posto perché non riguarda l'opera. D. Enrico, il musicista. 1. musicista 2. opera 3. concerti 4. jazz 5. sassofono 6. opera. LEZIONE 2: GRAMMATICA **A. Pronomi relativi.**
A. Che o cui? 1. che 2. cui 3. cui 4. che 5. che 6. cui 7. cui 8. che. B. Qual è? 1. Qual è la studentessa di cui eri innamorato? 2. Qual è la canzone a cui pensate? 3. Qual è la musicista per cui lavoreranno? 4. Qual è lo scrittore di cui hai sentito parlare? 5. Qual è il libro di cui avete bisogno? 6. Qual è la lettera a cui dovrebbe rispondere? 7. Qual è la compositrice con cui uscirai? C. A cui, di cui… 1. di cui / in cui 2. a cui / con cui 3. per cui / a cui. **B. Chi.** A. Chi sta attento, capisce! 1. Chi ha studiato ha fatto bene l'esame. 2. Chi ha applaudito non ha capito niente. 3. I bambini non dovrebbero parlare con chi non conoscono. 4. Ad Elisabetta non piace chi cerca di attirare sempre l'attenzione. 5. Chi va nei ristoranti giapponesi ama mangiare il pesce crudo. 6. Chi suona il violino di professione è un/una violinista. B. Di chi parli? 1. a chi 2. Chi 3. di chi 4. A chi 5. con chi 6. Chi 7. a chi 8. Chi. LEZIONE 3: GRAMMATICA **C. Costruzioni con l'infinito.** A. In ufficio. 1. b 2. a 3. b 4. a. B. La preposizione corretta. 1. S1: di / di S2: di / a / a 2. S1: di / di S2: di 3. S1: a / a S2: a 4. S1: a / di S2: X / X / a. C. Un po' di fantasia. Answers will vary. D. Trovare biglietti per un concerto. *You should have underlined the following verbs:* trovare, chiedere, vendere, cercarli 1. trovare biglietti per il concerto di Zucchero è impossibile 2. chiedere al suo amico se conosce qualcuno che ha biglietti da vendere 3. di cercarli.
D. Nomi e aggettivi in -*a*. A. Risposte facili. 1. Sono turisti. 2. No, sono degli artisti. 3. È un poeta. 4. No, è ottimista. 5. È un musicista/pianista. B. Femminili e maschili. 1. un ragazzo ottimista 2. i professori comunisti 3. il famoso pianista 4. dei presentatori entusiasti 5. gli artisti interessanti 6. i peggiori turisti. C. Plurali e singolari. 1. l'ultimo problema 2. il papa straniero 3. nel programma comunista 4. al poeta originale 5. la regista italiana 6. il partito socialista. LEZIONE 4: PROSPETTIVE
Lettura. L'educazione musicale in Italia. 1. Rossini, Bellini, Donizetti, Verdi, Puccini, Mascagni 2. Maggio musicale fiorentino, Umbria Jazz, l'opera all'Arena di Verona 3. Gli italiani studiano poco la musica. 4. La musica è obbligatoria nella scuola media, poi esiste solo nei conservatori o poco anche all'università. **Ed ora acoltiamo!** 1. vecchia; trenta 2. il violino; il pianoforte 3. le canzoni sociopolitiche 4. il festival di Sanremo. **Un po' di scrittura.** Answers will vary. **Dettato.** Clark e Christie sono molto interessati alla musica italiana; tutta: dall'opera lirica alla musica leggera, dai cantautori, alla musica da liscio. Per molto tempo hanno associato all'immagine dell'Italia solo l'opera lirica ma ora si sono accorti che la produzione musicale italiana è vasta e disparata. I ragazzi vorrebbero andare al festival del jazz che viene allestito tutte le estati in Umbria. Quest'anno partecipano delle nuove cantanti jazz italiane e i ragazzi sono molto curiosi. È un po' tardi per trovare un albergo ma gli amici per l'amore della musica dormirebbero anche all'aperto! **Attualità.** A. Roma punta su Verdi. 1. f 2. e 3. d 4. g 5. a 6. c 7. b B. Parole in musica. Answers will vary.

LEZIONE 1: VOCABOLARIO   A. Chi sono? Che cosa fanno?   1. Paolo è architetto. Disegna edifici.
2. Giuliano è scultore. Fa sculture. 3. Claudia è pittrice. Fa quadri/ritratti. 4. Lina è pittrice. Fa affreschi.
B. Il linguaggio della letteratura. Answers will vary.   C. Preferenze. 1. racconti 2. romanzi 3. poesie
4. scrittore 5. scrittrice 6. poeta 7. capolavori.   D. Il linguaggio dell'arte.

```
C  A  R  O  A  D  I  P  I  N  T  O  H
R  L  L  O  I  G  G  A  S  E  A  P  P
E  N  T  E  G  R  U  D  E  R  O  N  I
S  O  M  M  O  S  A  I  C  O  E  R  T
T  E  A  R  L  A  R  C  H  E  N  G  T
A  R  E  P  O  I  R  E  D  U  R  O  U
U  S  T  R  E  L  L  E  N  I  V  O  R
R  A  R  C  H  I  T  E  T  T  U  R  A
O  S  T  R  C  C  A  N  I  N  O  B  E
O  S  F  E  R  A  C  S  E  R  F  F  A
I  N  Q  U  A  D  R  O  T  R  I  A  N
```

E. *Il Cenacolo* di Leonardo. 1. *Il Cenacolo* di Leonardo 2. per un'ora 3. Non si aspettava tanti italiani.
4. ancora molto rovinato 5. questo fine settimana.   F. Un capolavoro della letteratura italiana: Dante e
la *Divina Commedia*. 1. capolavoro 2. autore 3. poesia 4. citato 5. Riassumere 6. romanzo.   LEZIONE 2:
GRAMMATICA   **A. Passato remoto.**   A. Parliamo d'arte. 1. Michelangelo ha affrescato la Cappella
Sistina. Michelangelo affrescò la Cappella Sistina. 2. Botticelli ha dipinto la *Primavera*. Botticelli dipinse
la *Primavera*. 3. Gli studenti di storia dell'arte hanno ammirato i disegni di Leonardo. Gli studenti di
storia dell'arte ammirarono i disegni di Leonardo. 4. Giovanni ha fotografato i mosaici di Ravenna.
Giovanni fotografò i mosaici di Ravenna. 5. La guida ha mostrato le rovine del Foro Romano ai turisti.
La guida mostrò le rovine del Foro Romano ai turisti. 6. I greci hanno costruito molti templi in Sicilia. I
greci costruirono molti templi in Sicilia.   B. Gli zii d'America. 1. ha preso 2. è partito 3. è durato 4. è
arrivato 5. ha avuto paura 6. Ha cercato 7. ha trovato 8. ha conosciuto 9. ha chiesto 10. ha risposto 11. si
sono sposati 12. hanno fatto 13. hanno avuto 14. Hanno vissuto 15. sono mai ritornati.
C. Avvenimenti del passato. 1. vennero 2. videro 3. mise / credè 4. visse / dipinse 5. diventò
6. esplorò / dette (diede).   D. Una favola: Cappuccetto Rosso. 1. C'era 2. si chiamava 3. doveva 4. era
5. uscì 6. entrò 7. vide 8. decise 9. incontrò 10. chiese 11. andava 12. rispose 13. salutò 14. andò 15. corse
16. mangiò 17. si mise 18. arrivò 19. trovò 20. sembrava 21. disse 22. rispose 23. saltò 24. mangiò.
E. Piccoli dialoghi. 1. si trasferirono / aveva / dovè 2. hai letto / volevo 3. Sono usciti / Avevano /
potevano.   **B. Numeri ordinali.**   A. Personaggi storici. 1. nono 2. tredicesimo/diciannovesimo
3. quarto 4. ottavo 5. terzo 6. seconda.   B. I secoli. 1. il ventunesimo 2. il quindicesimo 3. il diciottesimo
4. il diciannovesimo 5. il diciassettesimo.   LEZIONE 3: GRAMMATICA   **C. *Volerci* vs *metterci*.**   A. Cosa ci
vuole? 1. ci vuole 2. ci volevano 3. ci vogliono 4. ci vorranno 5. Ci vuole.   B. *Volerci o metterci?*
Answers will vary.   LEZIONE 4: PROSPETTIVE   **Lettura.**   Dall'Inferno di Dante: Canto V, l'episodio di
Paolo e Francesca.   1. Leggevano le avventure di Lancillotto e la storia d'amore con Ginevra. 2. Perché
imitano quello che succede nel libro. 3. Verbi al passato remoto: strinse, sospinse, scolorocci, fu, vinse,
leggemmo, baciò. Noi leggiavama un giorno per diletto / di Lancialotto come amor lo ha stretto; / soli
eravamo e sanza alcun sospetto. / Per più fiate li occhi ci ha sospinto / quella lettura, e ha scolorito il
viso; / ma solo un punto è stato quel che ci ha vinto. / Quando abbiamo letto il disiato riso / esser
baciato da cotanto amante, / questi, che mai da me non fia diviso, / la bocca mi ha baciato tutto
tremante.   **Un po' di scrittura.**   Answers will vary.   **Dettato.**   Petrarca scrisse le Rime o Canzoniere
per celebrare il suo amore per Laura, che era morta durante la peste del 1348. Il poeta lavorò al libro
per la maggior parte della sua vita, e lo finì poco prima di morire; ma sappiamo che avrebbe aggiunto
altre poesie, perché nel suo manoscritto ci sono spazi bianchi. Le Rime di Petrarca furono subito
celebrate dai poeti italiani e europei come un capolavoro e diventarono il modello cui ispirarsi. La
poesia rinascimentale europea prese Petrarca come punto di partenza, e imitò il suo Canzoniere, lo
riscrisse, lo adattò. Si cercò insomma di esprimere nelle varie lingue il contrasto tra amore spirituale,

amore carnale, poesia e memoria, che è centrale in Petrarca. **Attualità.** Sull'arte. 1. Parla di Leonardo da Vinci. 2. Monna Lisa sarebbe Leonardo. 3. Hanno fatto la ricerca con l'ausilio di un computer. 4. Lavora nella Cooperativa Mosaicisti a Ravenna. 5. Fa il mosaico. 6. Usano la tecnica bizantina. 7. Bruno Bandini è il direttore della Pinacoteca Comunale di Ravenna.

PROVA-QUIZ. **A. Io, al tuo posto...** 1. Io, al tuo posto, mi alzerei presto. 2. Io, al tuo posto, viaggerei in treno. 3. Io, al tuo posto, visiterei i piccoli paesi. 4. Io al tuo posto, mangerei nelle trattorie locali 5. Io al tuo posto, farei il giro dei quartieri popolari 6. Io al tuo posto, andrei a visitare i centri sociali. **B. La ragione per cui...** 1. cui 2. che 3. che 4. che 5. che 6. che 7. che. **C. Scrittori e opere del medioevo.** I tre grandi del Medioevo italiano furono Dante, Petrarca e Boccaccio. Dante nacque e visse a Firenze. Partecipò attivamente alla vita politica della città. Si occupò di questioni filosofiche, teologiche e linguistiche. Scrisse, quando aveva circa trentatré anni, la sua opera più famosa, la *Divina Commedia*. L'opera più nota di Petrarca fu invece *Il Canzoniere*. Il poeta dedicò la sua opera alla donna amata, Laura, che aveva incontrato ad Avignone nel 1327. Nel corso della sua vita Petrarca preparò nove versioni del *Canzoniere*. Boccaccio scrisse il suo capolavoro, *Il Decameron*, subito dopo la peste di Firenze del 1348. Come anticipò il titolo greco (che significò «Dieci giornate»), l'azione rappresentata si svolse in dieci giorni. In questo periodo di tempo, mentre infuriava la peste a Firenze, sette donne e tre uomini si riunirono in una villa di campagna e raccontarono le novelle che leggemmo nel *Decameron*. **D. Traduzioni.** 1. Una data che non dimenticheremo mai è il 21 luglio 1969, il giorno in cui l'uomo mise piede sulla luna per la prima volta. 2. Non appena uscirono, cominciò a piovere. Cercarono di trovare un tassì, ma c'erano troppe persone che cercavano di fare la stessa cosa. Finirono per camminare. 3. Fabio, dimmi la ragione per cui sei così preoccupato. Niente, davvero—solo che non ho fatto tutto quello che potevo fare. 4. Gina, mi potresti dare una mano? Sicuro, ma dovresti davvero imparare a cambiare le gomme da solo.

CAPITOLO 16   *PER CHI VOTI?*

LEZIONE 1: VOCABOLARIO A. Definizioni. 1. d 2. f 3. a 4. e 5. c 6. b. B. La Repubblica. 1. presidente 2. primo ministro 3. partiti 4. Camera / Senato 5. elezioni / voto. C. Il costo della vita. 1. aumento 2. aumentano 3. tasse 4. diminuiscono 5. stipendi. D. Domande personali. Answers will vary. G. La politica italiana e sociale... Definizioni. LO STATO 1. il primo ministro 2. il Presidente della Repubblica 3. il deputato, la deputata 4. votare 5. le elezioni 6. la Costituzione 7. la Camera dei Deputati 8. il voto. I PROBLEMI SOCIALI 1. uno sciopero 2. il salario, lo stipendio 3. l'impiegato, l'impiegata 4. l'operaio, l'operaia 5. le tasse 6. la disoccupazione. LEZIONE 2: GRAMMATICA **A. Congiuntivo presente.** A. Un padre troppo protettivo. 1. No, non voglio che tu prenda la macchina. 2. No, non voglio che tu vada in discoteca. 3. No, non voglio che facciate una passeggiata dopo cena. 4. No, non voglio che tu ti metta la minigonna. 5. No, non voglio che torni dopo mezzanotte il sabato sera. 6. No, non voglio che frequenti un corso di nuoto. B. Io non credo! 1. Io non credo che il governo diminuisca davvero le tasse. 2. Io non credo che il governo aiuti davvero gli immigrati. 3. Io non credo che i ministri risolvano davvero il problema del deficit. 4. Io non credo che i ministri migliorino davvero l'assistenza medica. 5. Io non credo che il governo faccia davvero qualcosa per l'Aids. 6. Non credo che il parlamento approvi le leggi per cambiare il sistema universitario. C. Spero che... 1. Non so, ma spero che partano domenica sera. 2. Non so, ma spero che dormano nella stanza degli ospiti. 3. Non so, ma spero che si alzino presto. 4. Non so, ma spero che discutiamo di arte e cultura, non di politica. D. I problemi dei pensionati. 1. siano 2. aumenti 3. crescano 4. siano 5. pensi 6. sia 7. si occupino. **B. Verbi ed espressioni che richiedono il congiuntivo.** A. È bene? Possible responses: 1. È bene che il governo sia un sistema di due partiti. 2. Non è bene che negli Stati Uniti non ci sia assistenza medica per tutti i cittadini. 3. È bene che Le Nazioni Unite aiutino i paesi più poveri. 4. È bene che i lavoratori esigano stipendi migliori. 5. È bene che le femministe organizzino una manifestazione per la parità dei diritti. B. Indicativo o congiuntivo? 1. S1: stia S2: esca / beva 2. S1: arrivi S2: legga / vada 3. S1: vi alziate / vi prepariate S2: andiamo. C. Opinioni personali. Answers will vary. LEZIONE 3: GRAMMATICA **C. Congiuntivo passato.** A. Ieri. 1. abbiano finito 2. abbia votato 3. siano divertiti 4. siate trasferiti 5. abbiate chiesto 6. abbia capito. B. Può darsi. 1. Può darsi che siano già andati a dormire. 2. Può darsi che abbiano già fatto colazione. 3. Può darsi che abbiano già pagato. 4. Può darsi che siano già usciti. 5. Può darsi che sia già partito. 6. Può darsi che abbiano già dato i risultati delle elezioni. C. Piccoli dialoghi. 1. S1: abbiano incontrato S2: abbiano 2. S1: si annoi S2: si sia divertito 3. S1: sia successo S2: abbia dimenticato 4. S1: sia S2: ottengano (abbiano ottenuto). LEZIONE 4: PROSPETTIVE **Lettura.** La politica in Italia. 1. Gli italiani sono scettici e appassionati e vogliono fare sentire la loro voce. 2. Pensano che siano troppe e che non vengano spese bene. 3. Dice che in Italia ci sono troppi partiti e negli Stati Uniti troppo pochi. È un male averne tanti. 4. Stefania pensa che l'unione sarà positiva perché l'Italia dovrà avere una politica più responsabile. **Un po' di scrittura.** Answers will vary. **Dettato.** Guido ha invitato a cena i suoi amici Giulia ed Enrico. Enrico fa il giornalista ed è sempre ben informato sulle novità politiche, Guido e Giulia si interessano di politica dai tempi del liceo, quando militavano nel movimento studentesco. Ognuno ha il proprio punto di vista e le proprie idee. Guido è ottimista ed è convinto che gli italiani sappiano gestirsi politicamente senza mettere in pericolo la democrazia. Giulia ritiene che la gente sia confusa e, forse, facile da manipolare. Per Enrico, invece, l'Europa intera è in un periodo di crisi e la rinascita dei vecchi nazionalismi ne è uno dei tanti sintomi. **Attualità.** A. La fine di un'epoca. 1. Vuol dire che è la morte della Dc. 2. Non ha governato bene. 3. C'era stata la guerra. 4. I fascisti avevano perso la guerra. 5. Non esistono più. 6. Gli italiani la considera traditrice. B. Politica italiana, politica americana. Answers will vary.

CAPITOLO 17 *FARE DOMANDA DI LAVORO*

LEZIONE 1: VOCABOLARIO A. Trovare un lavoro. 1. Ha fatto concorsi, domande, e ha risposto agli annunci. 2. Secondo Gabriella, è importante avere pazienza, persistere ed essere flessibili. 3. Pensa di trasferirsi a Milano o Torino, in una grande città. 4. Gabriella propone l'aiuto del sindacato. B. Un colloquio di lavoro. 1. un colloquio di lavoro 2. ditta (azienda) 3. un concorso 4. curriculum 5. moduli 6. fissato 7. assumeranno 8. lavoro 9. l'offerta 10. costo della vita. C. A caccia di lavoro. Answers will vary. LEZIONE 2: GRAMMATICA **A. Congiunzioni che richiedono il congiuntivo.** A. Il verbo giusto. 1. ha 2. entri 3. mi arrabbi 4. potrai 5. ci sia 6. capisco 7. studia 8. vedano 9. piove 10. piova. B. Il mondo del lavoro. 1. affinchè 2. a meno che 3. purché 4. Prima che 5. Benché 6. purché 7. affinché 8. senza che. C. Cerco un lavoro… Answers will vary. **B. Altri usi del congiuntivo.** A. Comunque… 1. qualunque 2. qualunque 3. Chiunque 4. Dovunque 5. Comunque 6. dovunque. B. Esagerazioni. 1. Sì, è il più alto che io conosca. 2. Sì, è il migliore che io conosca. 3. Sì, sono le più simpatiche che io conosca. 4. Sì, è la più cara che io conosca. 5. Sì, sono i più esigenti che io conosca. 6. Sì, sono le più ragionevoli che io conosca. C. Piccoli dialoghi. 1. S1: sappia S2: parla 2. S1: dia S2: ha 3. S1: ha S2: sia 4. S1: parte S2: si fermi. D. Il dittatore. 1. Chiunque 2. Qualunque 3. Dovunque. LEZIONE 3: GRAMMATICA **C. Congiuntivo o infinito?** A. L'aspettativa per le donne e per gli uomini. Answers will vary. B. È importante! 1. Sono contento che si siano fatti sentire. Pare che si siano fatti sentire. Credo che si siano fatti sentire. 2. È ora che il governo applichi le riforme. Voglio che il governo applichi le riforme. È importante che il governo applichi le riforme. 3. È meglio che tu abbia ripreso il lavoro. Lui spera che tu abbia ripreso il lavoro. Sei felice di avere ripreso il lavoro. 4. È opportuno che chiediate un grosso aumento. Desiderate chiedere un grosso aumento. Avete bisogno di chiedere un grosso aumento. LEZIONE 4: PROSPETTIVE **Lettura.** Il mio primo lavoro. 1. Dipende dal mercato, dal tipo di laurea e dai compromessi a cui siamo disposti. 2. È andata ad abitare in Val d'Aosta perché c'erano posti per l'insegnamento. 3. Perché le permette di seguire la crescita intellettuale degli studenti, di viaggiare e di parlare le lingue. **Un po' di scrittura.** Answers will vary. **Dettato.** Stamattina Cinzia, Gabriella e Francesco si sono incontrati per caso per le vie del centro. Così si sono concessi un caffè ed una chiacchierata con gli amici al bar. Francesco racconta dei motivi che lo hanno spinto a licenziarsi, decisione coraggiosa e difficile. Cinzia è ancora sotto tensione per il colloquio di lavoro appena fatto. Gabriella, incinta di sette mesi, racconta agli amici dell'esperienza della gravidanza e delle paure che l'accompagnano. Per i tre ragazzi questa improvvisa mattinata libera diventa l'occasione per parlare di se stessi e confidarsi. **Attualità.** Cercate un lavoro? 1. Mi sembra che Maria abbia tutti i requisiti necessari per lavorare come ingegniere. Maria dovrebbe fare domanda a Bain, Cuneo e Associati. 2. Mi sembra che Caterina abbia tutti i requisiti necessari per lavorare come allievo direttore. Caterina dovrebbe fare domanda a Supermercati Pam. 3. Mi sembra che Debora abbia tutti i requisiti necessari per lavorare come capo sport. Barbara dovrebbe fare domanda a Villaggi Vacanze Spa. 4. Mi sembra che Federico abbia tutti i requisiti necessari per lavorare come bibliotecario. Federico dovrebbe fare domanda all'Amministrazione provinciale di Brindisi.

CAPITOLO 18 *LA SOCIETÀ MULTICULTURALE*

LEZIONE 1: VOCABOLARIO A. La parola giusta. 1. d 2. g 3. a 4. f 5. b 6. e 7. h 8. c. B. Temi e problemi. 1. sull'alcolismo 2. impegnati 3. il consumismo e il materialismo 4. L'amicizia / la ricchezza 5. La violenza. C. La società d'oggi. 1. razzismo 2. della droga 3. la giustizia 4. la povertà / l'ingiustizia

5. l'uguaglianza.   LEZIONE 2: GRAMMATICA   **A. Imperfetto del congiuntivo.**   A. Bisognerebbe che…
1. Bisognerebbe che Marco facesse amicizia con persone meno materialiste. 2. Bisognerebbe che ti
decidessi a votare contro quella legge. 3. Bisognerebbe che ci iscrivessimo a quel seminario
sull'immigrazione. 4. Bisognerebbe che Silvia e Piera leggessero il giornale tutti i giorni. 5. Bisognerebbe
che io scegliessi la sede per la nostra prossima riunione. 6. Bisognerebbe che imparaste a convivere
meglio con gli immigrati.   B. Lettera a un'amica. 1. fossi 2. andassero 3. capisse 4. cercassi 5. fosse
6. potessimo 7. dovessero 8. pensassimo 9. parlassi 10. morissi.   C. Preferenze, voglie, esigenze… 1. S1:
facessi S2: di passare / restare 2. S1: studi S2: frequentare / riescano a 3. S1: provare S2: smetta di 4. S1:
fossi S2: pulisca 5. S1: dia S2: potessi.   D. Opinioni personali. Answers will vary.   E. Mio padre sperava
che… 1. ti fidanzassi 2. mi innamorassi 3. mi sposassi.   **B. Il trapassato del congiuntivo.**   A. Mah!
1. Credevo che avessero partecipato alla manifestazione contro il razzismo. 2. Credevo che Francesca
fosse andata alla riunione. 3. Credevo che si fossero fermati dal meccanico. 4. Credevo che avessimo
risolto il problema. 5. Credevo che aveste imparato ad usare il computer. 6. Credevo che ti fossi
laureata.   B. La settimana di Beatrice. 1. Beatrice era contenta di aver ricevuto una lettera da
un'azienda di Milano. 2. Era sorpresa che le avessero scritto. 3. Era probabile che qualcuno avesse fatto
il suo nome. 4. Sembrava strano che avessero deciso di chiamarla per un colloquio alle otto di mattina.
5. Aveva paura che l'azienda avesse ricevuto molte domande di lavoro. 6. Era contenta di non essere
andata in vacanza in quel periodo.   LEZIONE 3: GRAMMATICA   **C. Correlazione dei tempi nel
congiuntivo.**   A. Trasformazioni. 1. impari 2. avessero 3. facessi 4. elimini 5. si fidasse 6. fosse
7. facessero parte 8. finisse 9. leggeste 10. siano ritornati.   B. Problemi sociali. 1. Sarebbe bene che la
gente cercasse di eliminare l'inquinamento. 2. Bisogna che i genitori si fidino dei figli. 3. Tutti
vorrebbero che non esistesse il razzismo. 4. È necessario che il governo assicuri la parità di diritti tra
uomini e donne. 5. È bene che la gente lotti per proteggere i diritti di ogni cittadino.   C. Sbagliato!
1. Oh, pensavo che fossi contro la legge sull'aborto! 2. Oh, pensavo che si fosse fermata a fare spese!
3. Oh, pensavo che avessero organizzato uno sciopero! 4. Oh, pensavo che fossero extracomunitari!
D. Mini-dialoghi. 1. S1: sapesse S2: saperne 2. S1: stia / fare S2: vadano 3. S1: conosca S2: avessero /
trovato 4. S1: abbia / visto S2: vedessero 5. S1: di scrivere S2: a organizzare / lottare / avesse.
E. Sarebbe meglio che… 1. tu restassi 2. ti capiti 3. capissi 4. faccia 5. mi preoccupi.   LEZIONE 4:
PROSPETTIVE   **Lettura.**   La società multiculturale.   1. Uno stereotipo per il Sud è che l'italiano
meridionale è pigro o mafioso. 2. L'immigrazione di tanta gente dai paesi vicini all'Italia ha creato
tensioni in Italia dove c'è già una forte disoccupazione. 3. L'Italia è diventata una terra di immigrazione
e non più di emigrazione.   **Un po' di scrittura.**   Answers will vary.   **Dettato.**   Laura è italoamericana
ed è andata in Italia a visitare i luoghi di provenienza della sua famiglia. Da bambina sentiva spesso
parlare dell'Italia ed i nonni le parlavano di tanto in tanto in italiano, ma a scuola ha imparato l'inglese
e con i genitori non ha mai parlato italiano. L'immagine dell'Italia le era rimasta vaga ed incerta, gli
stereotipi ed i miti non le permettevano di averne una visione chiara. Solo un viaggio le avrebbe
consentito di farsi un'opinione personale del paese e dei suoi abitanti. In Italia Laura ha riscoperto la
propria identità etnica, ha capito meglio la cultura italiana e ha incontrato i parenti di cui aveva solo
sentito parlare. È stata un'esperienza significativa e Laura ne è molto soddisfatta.   **Attualità.**   A. Basta
un po' di buona volontà! 1. La Lila è un'organizzazione che lotta contro l'Aids. 2. L'appello è diretto
alla gioventù. 3. Bisogna telefonare per informazioni a 02/58103515. 4. Answers will vary.
B. Solidarietà. Answers will vary.
PROVA-QUIZ.   **A. Piccoli dialoghi.** 1. S1: è / È S2: abbia 2. S1: siano S2: hanno / abbiano 3. S1: è S2: sia
4. S1: sono S2: è.   **B. Davvero?** 1. Davvero? Sono contento che Giovanna si sposi! 2. Davvero? Sono
contento che Mario sia stato eletto! 3. Davvero? Sono contento che Maurizio vada in America!
4. Davvero? Sono contento che gli zii si siano trasferiti a Sirmione! 5. Davvero? Sono contento che
Stefania abbia avuto una borsa di studio! 6. Davvero? Sono contento che il signor Feltrinelli stia meglio!
7. Davvero? Sono contento che Guido si sia sposato! 8. Davvero? Sono contento che i Bargellini abbiano
comprato una casa!   **C. Mi tengo il mio lavoro!** 1. aver pensato 2. di 3. a 4. sia 5. di 6. a 7. ad / di
8. siano 9. di 10. • 11. a 12. viaggiare 13. riconsideri 14. di 15. di 16. parta.   **D. Discussioni.** 1. vogliano
2. riducano 3. paghino 4. abbiano 5. abbiano deciso 6. diventino 7. sia 8. di essere.   **E. Traduzioni.**
Quando Fatima e Manuel sono arrivati in Italia, speravano di integrarsi nella nuova società senza
troppi problemi. Avrebbero preferito stare nel loro paese, se fosse stato possibile… Era importante che
trovassero un lavoro subito, ma non era facile. Dovevano lottare contro l'intolleranza di molti, e qualche
volta speravano di non essere mai venuti. Fortunatamente, hanno conosciuto molte persone impegnate
in cause sociali che erano contente di aiutarli.

che non vengano spese bene. 3. Dice che in Italia ci sono troppi partiti e negli Stati Uniti troppo pochi. È un male averne tanti. 4. Stefania pensa che l'unione sarà positiva perché l'Italia dovrà avere una politica più responsabile. **Un po' di scrittura.** Answers will vary. **Dettato.** Guido ha invitato a cena i suoi amici Giulia ed Enrico. Enrico fa il giornalista ed è sempre ben informato sulle novità politiche, Guido e Giulia si interessano di politica dai tempi del liceo, quando militavano nel movimento studentesco. Ognuno ha il proprio punto di vista e le proprie idee. Guido è ottimista ed è convinto che gli italiani sappiano gestirsi politicamente senza mettere in pericolo la democrazia. Giulia ritiene che la gente sia confusa e, forse, facile da manipolare. Per Enrico, invece, l'Europa intera è in un periodo di crisi e la rinascita dei vecchi nazionalismi ne è uno dei tanti sintomi. **Attualità.** A. La fine di un'epoca. 1. Vuol dire che è la morte della Dc. 2. Non ha governato bene. 3. C'era stata la guerra. 4. I fascisti avevano perso la guerra. 5. Non esistono più. 6. Gli italiani la considera traditrice. B. Politica italiana, politica americana. Answers will vary.

CAPITOLO 17 *FARE DOMANDA DI LAVORO*

LEZIONE 1: VOCABOLARIO A. Trovare un lavoro. 1. Ha fatto concorsi, domande, e ha risposto agli annunci. 2. Secondo Gabriella, è importante avere pazienza, persistere ed essere flessibili. 3. Pensa di trasferirsi a Milano o Torino, in una grande città. 4. Gabriella propone l'aiuto del sindacato. B. Un colloquio di lavoro. 1. un colloquio di lavoro 2. ditta (azienda) 3. un concorso 4. curriculum 5. moduli 6. fissato 7. assumeranno 8. lavoro 9. l'offerta 10. costo della vita. C. A caccia di lavoro. Answers will vary. LEZIONE 2: GRAMMATICA **A. Congiunzioni che richiedono il congiuntivo.** A. Il verbo giusto. 1. ha 2. entri 3. mi arrabbi 4. potrai 5. ci sia 6. capisco 7. studia 8. vedano 9. piove 10. piova. B. Il mondo del lavoro. 1. affinchè 2. a meno che 3. purché 4. Prima che 5. Benché 6. purché 7. affinché 8. senza che. C. Cerco un lavoro… Answers will vary. **B. Altri usi del congiuntivo.** A. Comunque… 1. qualunque 2. qualunque 3. Chiunque 4. Dovunque 5. Comunque 6. dovunque. B. Esagerazioni. 1. Sì, è il più alto che io conosca. 2. Sì, è il migliore che io conosca. 3. Sì, sono le più simpatiche che io conosca. 4. Sì, è la più cara che io conosca. 5. Sì, sono i più esigenti. che io conosca. 6. Sì, sono le più ragionevoli che io conosca. C. Piccoli dialoghi. 1. S1: sappia S2: parla 2. S1: dia S2: ha 3. S1: ha S2: sia 4. S1: parte S2: si fermi. D. Il dittatore. 1. Chiunque 2. Qualunque 3. Dovunque. LEZIONE 3: GRAMMATICA **C. Congiuntivo o infinito?** A. L'aspettativa per le donne e per gli uomini. Answers will vary. B. È importante! 1. Sono contento che si siano fatti sentire. Pare che si siano fatti sentire. Credo che si siano fatti sentire. 2. È ora che il governo applichi le riforme. Voglio che il governo applichi le riforme. È importante che il governo applichi le riforme. 3. È meglio che tu abbia ripreso il lavoro. Lui spera che tu abbia ripreso il lavoro. Sei felice di avere ripreso il lavoro. 4. È opportuno che chiediate un grosso aumento. Desiderate chiedere un grosso aumento. Avete bisogno di chiedere un grosso aumento. LEZIONE 4: PROSPETTIVE **Lettura.** Il mio primo lavoro. 1. Dipende dal mercato, dal tipo di laurea e dai compromessi a cui siamo disposti. 2. È andata ad abitare in Val d'Aosta perché c'erano posti per l'insegnamento. 3. Perché le permette di seguire la crescita intellettuale degli studenti, di viaggiare e di parlare le lingue. **Un po' di scrittura.** Answers will vary. **Dettato.** Stamattina Cinzia, Gabriella e Francesco si sono incontrati per caso per le vie del centro. Così si sono concessi un caffè ed una chiacchierata con gli amici al bar. Francesco racconta dei motivi che lo hanno spinto a licenziarsi, decisione coraggiosa e difficile. Cinzia è ancora sotto tensione per il colloquio di lavoro appena fatto. Gabriella, incinta di sette mesi, racconta agli amici dell'esperienza della gravidanza e delle paure che l'accompagnano. Per i tre ragazzi questa improvvisa mattinata libera diventa l'occasione per parlare di se stessi e confidarsi. **Attualità.** Cercate un lavoro? 1. Mi sembra che Maria abbia tutti i requisiti necessari per lavorare come ingegnere. Maria dovrebbe fare domanda a Bain, Cuneo e Associati. 2. Mi sembra che Caterina abbia tutti i requisiti necessari per lavorare come allievo direttore. Caterina dovrebbe fare domanda a Supermercati Pam. 3. Mi sembra che Debora abbia tutti i requisiti necessari per lavorare come capo sport. Barbara dovrebbe fare domanda a Villaggi Vacanze Spa. 4. Mi sembra che Federico abbia tutti i requisiti necessari per lavorare come bibliotecario. Federico dovrebbe fare domanda all'Amministrazione provinciale di Brindisi.

CAPITOLO 18 *LA SOCIETÀ MULTICULTURALE*

LEZIONE 1: VOCABOLARIO A. La parola giusta. 1. d 2. g 3. a 4. f 5. b 6. e 7. h 8. c. B. Temi e problemi. 1. sull'alcolismo 2. impegnati 3. il consumismo e il materialismo 4. L'amicizia / la ricchezza 5. La violenza. C. La società d'oggi. 1. razzismo 2. della droga 3. la giustizia 4. la povertà / l'ingiustizia amore carnale, poesia e memoria, che è centrale in Petrarca.   **Attualità.**   Sull'arte. 1. Parla di Leonardo da Vinci. 2. Monna Lisa sarebbe Leonardo. 3. Hanno fatto la ricerca con l'ausilio di un computer. 4. Lavora nella Cooperativa Mosaicisti a Ravenna. 5. Fa il mosaico. 6. Usano la tecnica bizantina. 7. Bruno Bandini è il direttore della Pinacoteca Comunale di Ravenna.

PROVA-QUIZ.   **A. Io, al tuo posto...** 1. Io, al tuo posto, mi alzerei presto. 2. Io, al tuo posto, viaggerei in treno. 3. Io, al tuo posto, visiterei i piccoli paesi. 4. Io al tuo posto, mangerei nelle trattorie locali 5. Io al tuo posto, farei il giro dei quartieri popolari 6. Io al tuo posto, andrei a visitare i centri sociali.   **B. La ragione per cui...** 1. cui 2. che 3. che 4. che 5. che 6. che 7. che.   **C. Scrittori e opere del medioevo.**   I tre grandi del Medioevo italiano furono Dante, Petrarca e Boccaccio. Dante nacque e visse a Firenze. Partecipò attivamente alla vita politica della città. Si occupò di questioni filosofiche, teologiche e linguistiche. Scrisse, quando aveva circa trentatré anni, la sua opera più famosa, la *Divina Commedia*. L'opera più nota di Petrarca fu invece *Il Canzoniere*. Il poeta dedicò la sua opera alla donna amata, Laura, che aveva incontrato ad Avignone nel 1327. Nel corso della sua vita Petrarca preparò nove versioni del *Canzoniere*. Boccaccio scrisse il suo capolavoro, *Il Decameron*, subito dopo la peste di Firenze del 1348. Come anticipò il titolo greco (che significò «Dieci giornate»), l'azione rappresentata si svolse in dieci giorni. In questo periodo di tempo, mentre infuriava la peste a Firenze, sette donne e tre uomini si riunirono in una villa di campagna e raccontarono le novelle che leggemmo nel *Decameron*. **D. Traduzioni.** 1. Una data che non dimenticheremo mai è il 21 luglio 1969, il giorno in cui l'uomo mise piede sulla luna per la prima volta. 2. Non appena uscirono, cominciò a piovere. Cercarono di trovare un tassì, ma c'erano troppe persone che cercavano di fare la stessa cosa. Finirono per camminare. 3. Fabio, dimmi la ragione per cui sei così preoccupato. Niente, davvero—solo che non ho fatto tutto quello che potevo fare. 4. Gina, mi potresti dare una mano? Sicuro, ma dovresti davvero imparare a cambiare le gomme da solo.

CAPITOLO 16 *PER CHI VOTI?*

LEZIONE 1: VOCABOLARIO   A. Definizioni. 1. d 2. f 3. a 4. e 5. c 6. b.   B. La Repubblica. 1. presidente 2. primo ministro 3. partiti 4. Camera / Senato 5. elezioni / voto.   C. Il costo della vita. 1. aumento 2. aumentano 3. tasse 4. diminuiscono 5. stipendi.   D. Domande personali. Answers will vary.   G. La politica italiana e sociale... Definizioni. LO STATO 1. il primo ministro 2. il Presidente della Repubblica 3. il deputato, la deputata 4. votare 5. le elezioni 6. la Costituzione 7. la Camera dei Deputati 8. il voto.   I PROBLEMI SOCIALI 1. uno sciopero 2. il salario, lo stipendio 3. l'impiegato, l'impiegata 4. l'operaio, l'operaia 5. le tasse 6. la disoccupazione.   LEZIONE 2: GRAMMATICA   **A. Congiuntivo presente.** A. Un padre troppo protettivo. 1. No, non voglio che tu prenda la macchina. 2. No, non voglio che tu vada in discoteca. 3. No, non voglio che facciate una passeggiata dopo cena. 4. No, non voglio che tu ti metta la minigonna. 5. No, non voglio che torni dopo mezzanotte il sabato sera. 6. No, non voglio che frequenti un corso di nuoto.   B. Io non credo! 1. Io non credo che il governo diminuisca davvero le tasse. 2. Io non credo che il governo aiuti davvero gli immigrati. 3. Io non credo che i ministri risolvano davvero il problema del deficit. 4. Io non credo che i ministri migliorino davvero l'assistenza medica. 5. Io non credo che il governo faccia davvero qualcosa per l'Aids. 6. Non credo che il parlamento approvi le leggi per cambiare il sistema universitario.   C. Spero che... 1. Non so, ma spero che partano domenica sera. 2. Non so, ma spero che dormano nella stanza degli ospiti. 3. Non so, ma spero che si alzino presto. 4. Non so, ma spero che discutiamo di arte e cultura, non di politica.   D. I problemi dei pensionati. 1. siano 2. aumenti 3. crescano 4. siano 5. pensi 6. sia 7. si occupino.   **B. Verbi ed espressioni che richiedono il congiuntivo.**   A. È bene? Possible responses: 1. È bene che il governo sia un sistema di due partiti. 2. Non è bene che negli Stati Uniti non ci sia assistenza medica per tutti i cittadini. 3. È bene che Le Nazioni Unite aiutino i paesi più poveri. 4. È bene che i lavoratori esigano stipendi migliori. 5. È bene che le femministe organizzino una manifestazione per la parità dei diritti.   B. Indicativo o congiuntivo? 1. S1: stia S2: esca / beva 2. S1: arrivi S2: legga / vada 3. S1: vi alziate / vi prepariate S2: andiamo.   C. Opinioni personali. Answers will vary.   LEZIONE 3: GRAMMATICA   **C. Congiuntivo passato.** A. Ieri. 1. abbiano finito 2. abbia votato 3. siano divertiti 4. siate trasferiti 5. abbiate chiesto 6. abbia capito.   B. Può darsi. 1. Può darsi che siano già andati a dormire. 2. Può darsi che abbiano già fatto colazione. 3. Può darsi che abbiano già pagato. 4. Può darsi che siano già usciti. 5. Può darsi che sia già partito. 6. Può darsi che abbiano già dato i risultati delle elezioni.   C. Piccoli dialoghi. 1. S1: abbiano incontrato S2: abbiano 2. S1: si annoi S2: si sia divertito 3. S1: sia successo S2: abbia dimenticato 4. S1: sia S2: ottengano (abbiano ottenuto).   LEZIONE 4: PROSPETTIVE   **Lettura.** La politica in Italia.   1. Gli italiani sono scettici e appassionati e vogliono fare sentire la loro voce. 2. Pensano che siano troppe e